## 県名

① アヴェロン
② アリエ
③ アリエージュ
④ アルデーシュ
⑤ アルデンヌ
⑥ アルプ・ド・オート・プロヴァンス
⑦ アルプ・マリチム
⑧ アン
⑨ アンドル
⑩ アンドル・エ・ロワール
⑪ イヴリーヌ
⑫ イゼール
⑬ イル・エ・ヴィレーヌ
⑭ ヴァール
⑮ ヴァル・ド・マルヌ
⑯ ヴァル・ドワーズ
⑰ ヴァンデ
⑱ ヴィエンヌ
⑲ ヴォクリューズ
⑳ ヴォージュ
㉑ ウール
㉒ ウール・エ・ロワール
㉓ エソンヌ
㉔ エーヌ
㉕ エロー
㉖ オード
㉗ オート・ヴィエンヌ
㉘ オート・ガロンヌ
㉙ オート・コルス
㉚ オート・サヴォワ
㉛ オート・ザルプ
㉜ オー・ド・セーヌ
㉝ オート・ソーヌ
㉞ オート・ピレネ
㉟ オート・マルヌ
㊱ オート・ロワール
㊲ オーブ
㊳ オー・ラン
㊴ オルヌ
㊵ オワーズ
㊶ ガール
㊷ カルヴァドス
㊸ カンタル
㊹ クルーズ
㊺ コート・デュ・ノール
㊻ コート・ドール
㊼ コルス・デュ・スュッド
㊽ コレーズ
㊾ サヴォワ
㊿ サルト
(51) シェール
(52) ジェール
(53) シャラント
(54) シャラント・マリチム
(55) ジュラ
(56) ジロンド
(57) セーヌ・エ・マルヌ
(58) セーヌ・サン・ドニ
(59) セーヌ・マリチム
(60) ソーヌ・エ・ロワール
(61) ソンム
(62) タルン
(63) タルン・エ・ガロンヌ
(64) テリトワール・ド・ベルフォール
(65) ドゥ
(66) ドゥー・セーヴル
(67) ドルドーニュ
(68) ドローム
(69) ニエーヴル
(70) ノール
(71) パ・ド・カレ
(72) バ・ラン
(73) ピュイ・ド・ドーム
(74) ピレネ・アトランチック
(75) ピレネ・ゾリアンタル
(76) フィニステール
(77) ブッシュ・デュ・ローヌ
(78) マイエンヌ
(79) マルヌ
(80) マンシュ
(81) ムーズ
(82) ムルト・エ・モゼル
(83) メーヌ・エ・ロワール
(84) モゼル
(85) モルビアン
(86) ヨンヌ
(87) ランド
(88) ロゼール
(89) ロート
(90) ロート・エ・ガロンヌ
(91) ローヌ
(92) ロワール
(93) ロワール・アトランチック
(94) ロワール・エ・シェール
(95) ロワレ

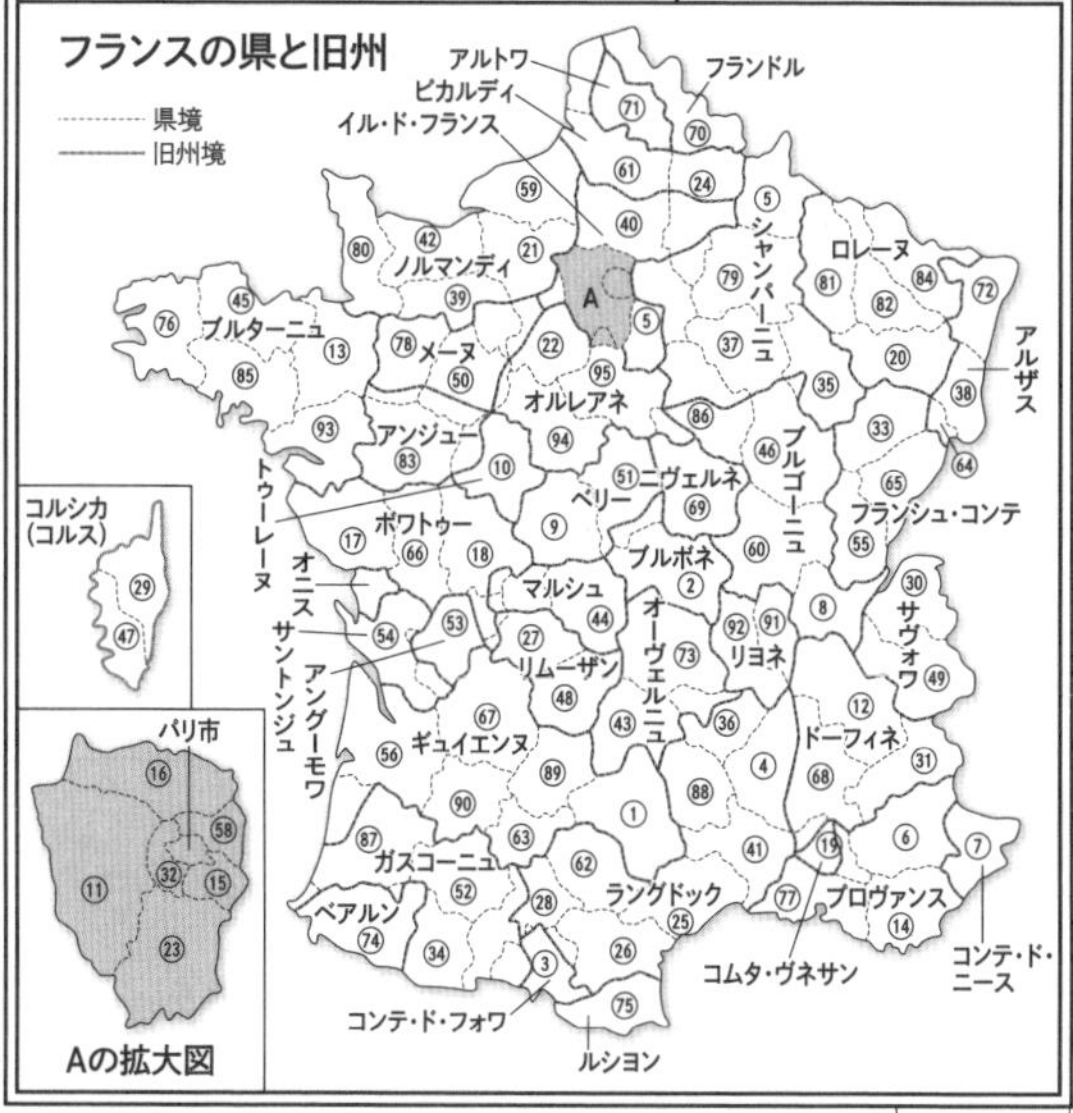

YAMAKAWA SELECTION

# フランス史 上

福井憲彦 編

山川出版社

［カバー写真］
ベリー公のいとも豪華なる時禱書

# まえがき

チューブが絡みついたような建築で有名な、パリのポンピドゥー・センターの内部施設や美術館は、できたころは賛否両論あったが、いまでは世界中で有名になっている。二十世紀末にルーヴル美術館の中庭に出現した、ガラスのピラミッドにしても同様だ。なにか、パリの歴史的な景観に戦いを挑んでいるようでいて、ときとともにそのなかに、不思議に溶け込んでいる。

それは、十九世紀末に、エッフェル塔がパリの街中に出現して、当時の人びとの賛否両論を巻き起こし、結局はいまやパリになくてはならないモニュメントと化したのと同様の風情である。

フランス、とくにパリは、世界でもっとも多くの観光客をひきつけるところとなった。コロナウイルス・パンデミックが過ぎれば、おそらくまた復活するだろう。

編者は、一九九七年暮れ、ハノイ郊外にオープンしたばかりのベトナム民族学博物館を訪れる機会をもった。まだ庭園展示スペースは完成していなくて、現代建築の展示会場が真新しく、がらんとした郊外地の周辺から浮き立つように聳えていた。内部の展示は、フランスのこの種の博物館をそっくり思わせるような、現代的展示方法である。図録も、基本コンセプトはフランス的だ。

それもそのはず、この博物館は、フランスの人的援助と資金援助で完成したもので、しかもその開館式は、フランスが中心になって毎年各地で開催しているフランス語圏地域国際大会にあわせて、当時のフランス大統領シラクの臨席のもとにおこなわれたのであった。植民地支配や独立戦争は脇において、かつての宗主国フランスから取るべきところはしっかり吸収するベトナムの懐の深さに、植民地支配についての再考をうながす力があるのと同様、悪びれるでもないフランスの態度にも、良かれ悪しかれ驚嘆する。

最近の歴代大統領の時代においても明らかなのは、この国が、文化政策をきわめて重視する姿勢である。それは、なかなか短期では結果の見えない、長期的な戦略思考が裏打ちしている姿勢である。たしかに、過去においても現在でも、それは文化帝国主義や自己中心的な文明化意識と紙一重であるかもしれない。だがまた、自分の国では得られない援助を、前衛芸術グループがフランスでこそ得て、活動の拠点を置くといった現実もある。私の知っている日本のグループもその一例であった。

いったいこの国は、どういう過去をもっているのであろうか。二〇〇三年に米軍がイラク戦争に突入する際に、フランスは、国連の場で公然と批判の論陣をはった。この国は、どのような歴史の経験から、こうした外交的駆け引きや独自路線を組み立てるようになったのであろうか。

近代国家がこだわってきたような国境線を引いて、その内部の一国史だけ見ていれば歴史がわかる時代ではもはやない。そういう声も聞こえる。それはその通りである。編者はじめ、本書の書き手は皆そう考えている。

しかしまた、フランスも音頭をとってきた統合ヨーロッパが現実の枠組になっている現在でも、それぞれの国の政治は、依然として国としてのまとまりを完全には外そうとしていない。それはどういうことなのであろうか。本書では、フランスという国の空間的枠組みや人間的構成、国民統合と国民意識自体の歴史的な推移を念頭におきながら、こうした疑問を解きほぐすための前提となる、基本的な歴史理解を提示している。

取り巻く世界とのやり取りのなかで、フランス社会はじつに多様な要素を抱え、しばしば内部で鋭い対立を、ときには荒々しく内乱を戦いあうほど激烈に、繰り返してきた。そうであるからなのか、この社会の人たちは、その立場を問わず、はっきりとみずからの意見を表明してぶつかり合うことをいとわない。弁論が、存在証明であるかのように。子どもにも、小さいころから、自分の意見をはっきりさせるように求められる。

しかし他方、二〇一八年暮れからＳＮＳを情報ツールとして起こされた「ジレ・ジョーヌ（黄色いベスト）運動」は、経済格差や地域格差の大きさを明瞭にさせるとともに、公権力側も対抗運動側も、暴力行使の度が極端に悪化している面も露呈させた。国内のムスリム住民のごく一部とはいえ、極端なテロ活動に走る背景には、この国の「政教分離」の原則が現代において抱える困難も見え隠れしている。

であればいっそうのこと、歴史の各時点が抱えていた諸問題について、そしてまた現代世界が目の前にしている諸問題について、フランス史をとらえることで私たちの頭脳は、相当に回転をあげるようによぎなくされるはずである。歴史を問うことは、また現在を問うことでもある。現在の世界を問いつつ、それぞれの時代の苦闘をそれぞれの時代においてとらえるようなフランス史の叙述ができていれば幸いである。

二〇二一年三月

福井憲彦

目次

第四章——近世のフランス　161　林田伸一

下巻目次

山川セレクション

# フランス史 上

序章

# フランスという「国」

## 1 世界のなかのフランス

### 日本にとってのフランス・イメージ

改暦前の明治五年十一月十六日、西暦でいうと一八七二年も押しつまった十二月十六日、英仏海峡の町カレーに上陸したあと汽車で北フランスをかけぬけ、日の落ちたパリに到着した日本人の一行がいた。彼らは条約改正を求め、また欧米の実情から多くを学びとろうと、アメリカ合衆国を手はじめに各国を歴訪している途上であった。全権大使岩倉具視を団長とする、いわゆる岩倉使節団である。

使節団の一員に、のちに歴史家となる久米邦武がいた。彼がまとめた、使節団による歴訪の報告書『米欧回覧実記』を読むと、明治初頭に、日本の将来をどう舵取りすべきか模索していたリーダーや、その候補生にとって、欧米各国やその首都がどのようなイメージに映っていたのかがよくわかる。彼らはパリに着いて、まず宿舎のある凱旋門広場に向かう道筋からして、その町並みのみごとなさまに驚嘆したのであった。

駅から馬車で市内をはしると、石畳の街路の両側には高さのある建物がそびえ、街路樹がならぶあいだにガス灯がともっている。店々にはみごとな品物が陳列され、飲み屋にはたくさんの遊客がむらがり、にぎわっている。と、月がまさにのぼり始めた夕暮れのパリのにぎわいに、おおよそこのような調子で、目を奪われた様子が記されている。

報告書はまたパリをロンドン、ニューヨークと比較して、流行の中心となる「世界工産物の都市」としたうえで、「文明都雅」の最先端をいく都市であると位置づけている。工芸品やアート、ファッションの中心だという認識だけでなく、パリに代表されるフランスを「文明国の最上等」とみなすことになろう。『回覧実記』の記述は、じつにその後も長く近代日本人に与えるフランスのイメージでありつづける光太郎のような詩人、そしてフランスの地に住みついた藤田嗣治《つぐはる》のような画家など、その名を連ねていけば限りがない。同時代の中江兆民はいうにおよばず、昭和になっても、永井荷風のような作家や高村

たしかにフランスを首都パリや文化、思想の豊かさで代表させ、その豊かなイメージをなにより称える言説は、日本だけでなく、ヨーロッパやアメリカをもまたとらえるものであった。十九世紀末や、あるいは二十世紀になって両大戦間期に、ヨーロッパ内からはもちろん、アメリカやアジアからも、

多くの芸術家や文学者が、あるいは学者や政治家が、パリの町に出会いや学びを求めてやってきた。

ことばの面でもフランス語は、長らく外交用語として第一に用いられていた。それはフランス語が論理的で明晰だからだ、と、フランス文化を誇ろうとする者たちは唱えた。たしかにそういう面がないではないだろう。だが、ドイツ語もまた哲学の分野で知られるように、負けずに論理的ではないか。フランスは、いわゆる絶対王政期から、領土拡大戦略を展開した政治と軍事の大国となったばかりでなく、じつに国家的な文化戦略にも早くから着手していた。長期的にみたとき、その意味は大きい。そしてヴェルサイユに形成された宮廷社会は、ヨーロッパ各国の王室や皇室にとっては一種の鑑《かがみ》となり、フランス語はそうした上流の支配階層においては、国の境をこえて日常のことばとして当然のように用いられていたのであった。

## フランスという空間の枠組み

今、とくになにも説明することなくフランスという表現を用いてきた。二十世紀末になってヨーロッパ連合の時代になったといっても、このユーラシア大陸の西の端にある国のことは、日本でもほとんど自明の存在になっている。しかし、歴史を考える場合には、フランスという空間の枠組みじたいに、少し立ちどまってふれておくべきであろう。

英仏百年戦争渦中のジャンヌ・ダルクといえば、フランスを救った「救国の少女」、というイメー

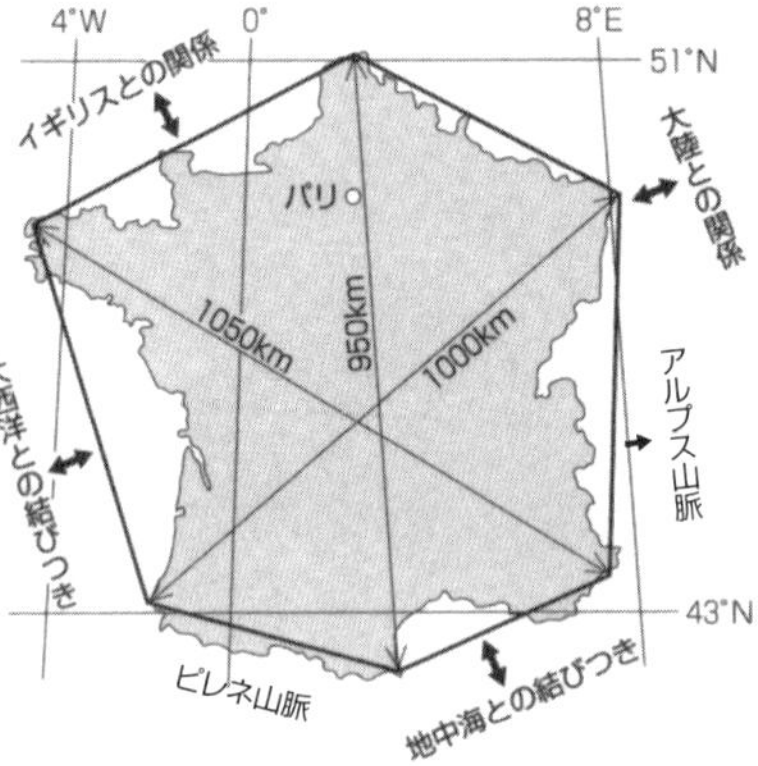

「エグザゴン」（面積544,000km²）

ジを多くの人がもつ。たしかに彼女は、神の声を聞いたとして、なにかに憑《つ》かれたようにフランス国王軍に加勢しにやってきた。しかしフランスという国家にとっての「救国の少女」という説は、後世になってから、とくに十九世紀末に愛国主義が台頭してくるなかで、一種の神話のように形成されていったもの以外ではなかった。ジャンヌの時代には、フランスはいまだブルゴーニュやノルマンディと同列ともいえそうな概念であって、のちのフランス国家を投影して考えては、間違うのである。

もともとパリ盆地を拠点としていたフランス王国が勢力を伸張していくなかで、のちに「エグザゴン」と呼ばれるようになる領域が画定されていった。エグザゴン、英語的な発音表記にすればヘクサゴンとは六角形のことであるが、その国土が、直径約一〇〇〇キロメートルの円内におさまるような、ほぼ正六角形の形状をしているので、フランス人はしばしば好んでこの表現を用いる。

現在の中北部フランスに拠点があった王国は、十三世紀には南フランスを制圧し、さらに十五世紀末から十六世紀にはイタリアにまで進出しようと策動した。現在のベルギー国境に近い地域を手にいれたのはルイ十四世の時代であったし、アルザス地方にしても同様である。こうした展開は、十九世紀のなかば、第二帝政下にナポレオン三世によってサヴォワとニース一帯が掌中におさめられて一段落する。しかしそのナポレオン三世がドイツとの戦争に敗れた結果、アルザスとロレーヌの両地方を、一八七一年から第一次世界大戦が終結するまでドイツに奪われていたことは、よく知られているであろう。要するに周辺勢力との戦争や外交戦略によって、エグザゴンは形成されたのである。

しかしまた、現在のフランス共和国には海外県(DOM)や海外領土(TOM)というものがある。たとえば、カリブ海の島グアドループやマルチニック、あるいはインド洋のレユニオン、太平洋のタヒチ、ニューカレドニア(ヌーヴェル・カレドニー)などである。これらは、かつて地球規模で展開していたイギリス帝国と覇を競った、植民地帝国フランスのなごりであり、現在フランスが世界の海に持っている排他的経済水域は、フランス本土面積の約二〇倍、世界二位で、じつは海洋大国でもある。

植民地獲得の展開は、これも王政のもとに始まる。この展開は、世界的な経済覇権競争ともかかわるものであって、周辺領土の拡大戦略とはやや趣きを異にする。植民地経営は経済的には収支の帳尻があうものではなかった、という経済史家たちの議論がある。たしかに純経済的な目的では理解不可能であるが、植民地獲得の展開は絶対王政から始まって第三共和政にいたるまで、やむことがなかった。ときに、文明化の推進という美名のもとに進められていった植民地拡大の動きは、当然ながら現地の人たちに歓迎されたとは限らない。なかには最終的にフランス圏内に残る道を選んだところもあ

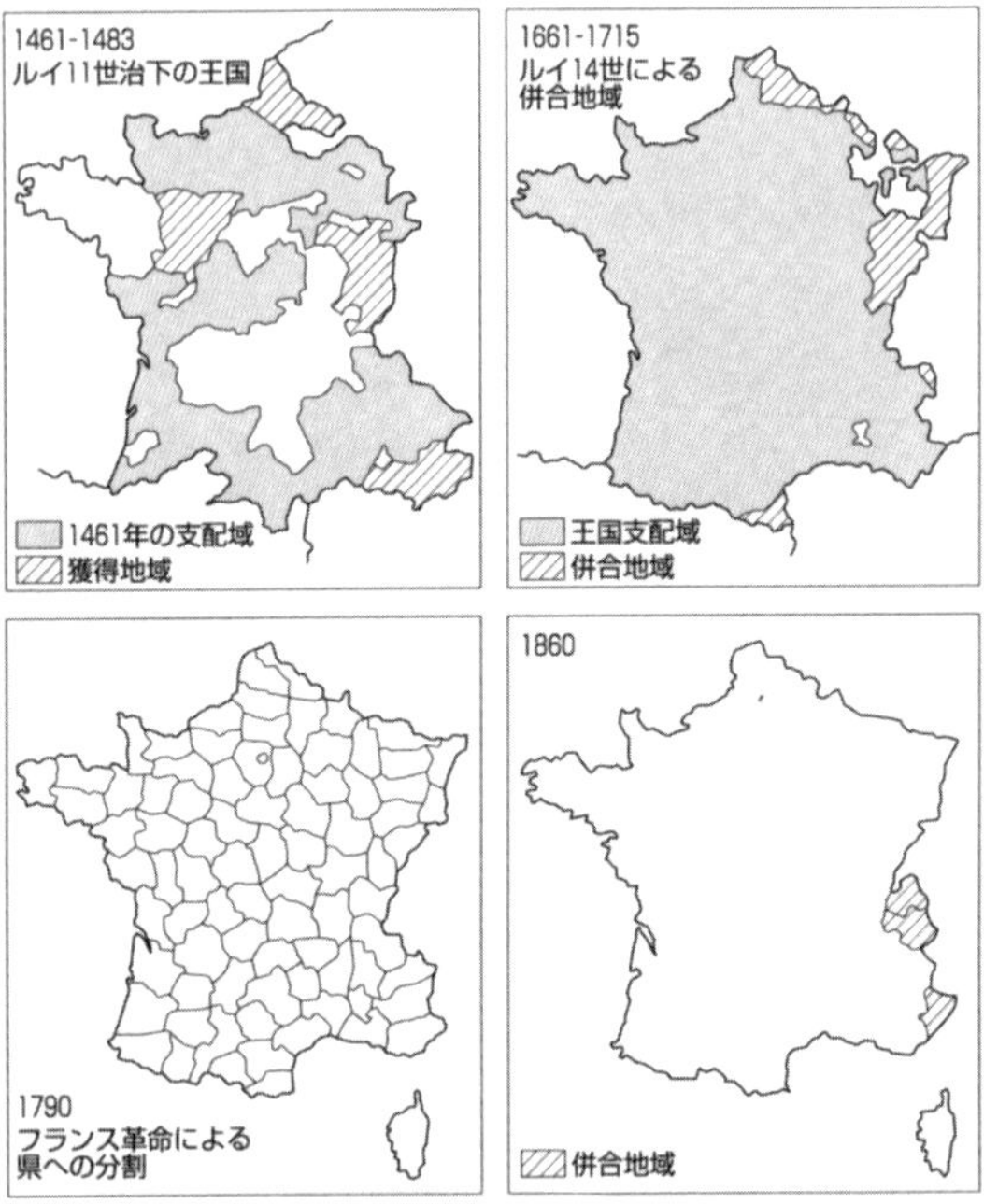
1461-1483
ルイ11世治下の王国
1461年の支配域
獲得地域
1661-1715
ルイ14世による
併合地域
王国支配域
併合地域
1790
フランス革命による
県への分割
1860
併合地域

フランスの変遷

った。しかし、古くは十八世紀末のサン・ドマング(ハイチ)や、二十世紀になってからのベトナム、マグレブ三国(チュニジア、アルジェリア、モロッコ)が代表するように、独立を求めてフランスに戦いを挑んだところもあった。そうした歴史的展開の結果、残っているのが現在の海外県、海外領土である。

したがって、時代によってフランスという国家が示す範囲は大きく異なっていた。本書では、その点に留意しながら、フランス史の基本的な展開をおさえるようにしたい。すでに述べたように、現在のエグザゴンの範囲は絶対王政下にほぼ輪郭ができ、革命とナポレオン戦争をへたのち、十九世紀になってかたまったものである。それは、国民国家フランスの形成という政治課題として、十九世紀に意識された空間の枠組みであった。第三共和政のもとで成立したフランスの近代歴史学は、この空間の枠組みを自明の前提のようにして立てていたきらいがある。しかし同時にその時代は、インドシナやマグレブ、さらにはマダガスカルやアフリカ大陸内部などへと、植民地支配を拡大していこうとする時代でもあった点には、十分に注意したい。二十世紀の末からは、フランスの歴史家たち自身、このフランスという空間の枠組みを自明なものと考えるのではなく、その歴史的形成や表象について、世界のなかでのその位置についても、再考察してきたのである。

## 人と地域の多様性

二〇一〇年の時点でフランスの総人口は、約六五〇〇万人となっている。フランスで国勢調査が始

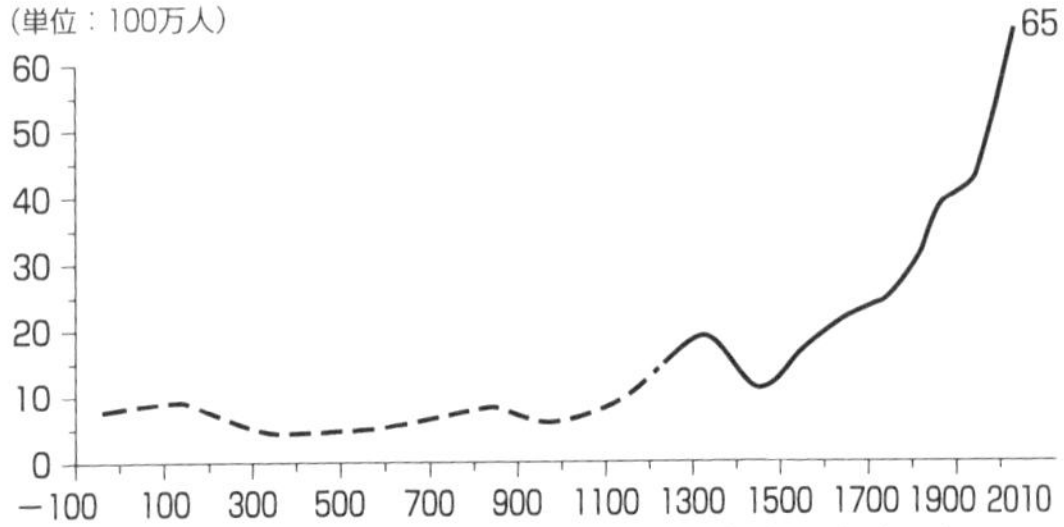

フランスの総人口の推移(現在の国境線内を枠組みとする)

められたのは一八〇一年より、本格的に実施されるようになったのは一八三一年からであるから、それ以前についてはごく概数しかわからない。それでも、かつて教区教会でつけられていた帳簿を基礎史料とした歴史人口学の発展は、フランスの人口をめぐる、ずいぶん多くの知見をもたらしてくれた。

総人口の変遷は、上掲のグラフにみられるとおりである。これはフランスに限らずヨーロッパ全域についていえるのだが、十八世紀から農業生産が改善されて人口も持続的に伸び始めるまで、あえていえば過疎的な状況が支配していた。多くの子供が生まれたが、また多くの子供は成長する前に死んだ。多産多死型の社会だったのである。十九世紀になっても、ひどい年の乳児死亡率は一〇〇〇人当り一〇〇人をこえている。しかしまた、状況が改善されていったことも確かで、フランスの場合には十九世紀から、一所帯当りの子供の数は意識してかなりおさえられ始めている。子供が育つことを前提にした、産児制限の普及である。それにともなって、早くも社会の少子高齢化現象がゆっくりと開始されていたのであった。

十九世紀に本格化する工業発展は、イギリスやドイツでは人口の急激な増加と都市への集中をもたらしたが、フランスの場合には、この点での様相はかなり異なっていた。グラフでもわかるように、たしかにそれ以前に比較すれば人口の増加は大きかったが、しかし伸び率からいうとそれほどでもない。都市への集中も、二十世紀なかばまではゆっくりとしか進展しなかった。労働人口は不足がちとなり、外部からの流入人口の受入れが十九世紀から始まる。季節的な移動を別にすれば、一八五一年に約三八万人であった外国人人口は、一九一一年には一一三万人に増加した。この時期には、おもにイタリアとベルギーという隣国からの移民が主であった。こうした外国からの移民受入れによる労働人口の補充は、第一次世界大戦後は、イタリア・ポーランド・スペインなどヨーロッパ内から一九三一年で約二九〇万人という数にのぼり、第二次世界大戦後の戦後復興から経済成長期により一層顕著となる。とくにマグレブ三国など旧植民地からの導入は、一時政策的になされた。ヨーロッパ連合による連合内の移住の簡易化も関係して、二〇一七年の調査では六三〇万人を超える移民がエグザゴン内部に生活している。

フランス国内で生まれた移民第二世代以降の国籍所有者の場合、こうした統計調査の移民人口には反映されてこない。したがって、現実にはそうとうの異文化保有者同士が接触しあうという状態を、現代のフランスは経験してきた。とりわけ二十世紀末から顕著となったのは、マグレブ三国出身者などイスラームを信仰する人たちとの共存をいかに可能とするか、という問題である。経済成長が鈍化し、失業が深刻化するなかで、政治の動向にも大きな影響を生じている。

多様な文化をもった人々が国内に存在するようになってきた一方、エグザゴン内部に限っていったとしても、それぞれの地域がまた、それぞれに多様な文化を保持してきた点も見逃すことはできない。そのなかには、ケルト語の系列に属するブルトン語を基盤にもつブルターニュ、あるいはオック語の圏域であったラングドックなど南フランス、カタロニア語の圏域であったペルピニャンなどルシヨンの一部、そしてアルザスやバスクといったように、もともとフランス語とは異なる言語文化をもった地域がある。

これらの言語文化は、国民国家としての統合性を強化する政治が展開された十九世紀から二十世紀のなかばにかけては、おおむね抑圧の対象となり、時代遅れの消え去るべきものと位置づけられていた。しかし、二十世紀後半における地域主義の台頭や、また地方分権と地域生活重視への政治的な方向転換のなかで、はっきりと力をもったものとなってきた。それが可能なだけ、それぞれの地域内部で独自性が保持されつづけていたということである。こうした異言語文化をもともともっていたわけではなくても、それぞれの地域がそれぞれの環境条件と折合いをつけながら、歴史的に形成してきていた地域的な性格は、そう簡単には払拭されなかったといってよい。町や村のたたずまいや景観にも、それはよく示されている。

## 2　環境的な諸条件

### 「うまし国」フランス

歴史は空中で展開しているわけではなく、具体的な場所を舞台としている。フランスは赤道と北極点のちょうど中間に位置し、日本に比べれば緯度はかなり高い。最近の気候変動の影響で酷暑の夏もあるが、大西洋を北上してくる海流のおかげで気候は、総じて温暖である。年間を通じて平均気温は摂氏九度から一五度のあいだにおさまり、湿度も低い。おおかたの日本人にとっては涼しいという感じがするような、心地よいおだやかさをもっている。ときに突風や嵐はあるにしても、モンスーン地帯のように台風が必ずやってくるとか、竜巻が起こることもまずない。フランスが「うまし国」と形容されるのは、そうした気候条件のなかで豊かな風土をつちかってきたからである。

エグザゴンの範囲は、その南端でも北海道、首都のパリともなればサハリンの緯度である。温帯であるから四季の移ろいはあるものの、夏は白夜ほどではないが太陽のでている時間が長く、逆に冬のあいだは暗い夜が非常に長い。ほぼ四月から五月にかけて、復活祭や五月の祝祭のころ、いっせいに木々が緑を吹き出し、花々が咲き出して春の到来を告げてくれる。それは、冬の暗い期間が重く長いだけに、きわめて印象的である。かつての農村にあっては、いよいよ本格的な屋外活動が開始される時期であった。夏の本当に暑い時期は短く、九月から十月にもなると森がみごとに紅葉して、枯葉が街路に舞う季節となる。野兎や鹿や猪など、狩猟が解禁されて肉屋の店先にそれらジビエ（獲物）の肉がならび、海からは牡蠣《かき》が届く季節となる。十一月ともなれば、もうすっかり冬の風情である。

アルプス山脈には、ヨーロッパ最高峰のモンブランをはじめ四〇〇〇メートル級の山々がそびえ、スペイン国境のピレネ山脈には三〇〇〇メートル級の山々が峰を連ねている。しかし中央山地にはさほど急峻な山は多くなく、その国土の三分の二は標高二五〇メートル以下に位置する。見晴るかす麦畑やヒマワリ畑の続くボース平野をはじめ、中央以北にはとくに平坦な土地が多く、波打つ丘陵は全体に地味も豊かで、耕作にも牧畜にもよい条件が用意されていた。フランスはかつても今も、ヨーロッパ有数の農業国である。第二次世界大戦後に農業人口は就労人口の一割を切ったが、その重要性は現在も減じてはいない。

岩倉使節団が、冬の北フランスを汽車の車窓から眺めて、なにか荒涼とした広がりをそこに認めたのは、冬なればこそであっただろう。日本ではめったにないほどただ平たい土地が、冬のうすら寒い曇天の下に広がっているさまは、日本の集約農業がかたちづくった景観を見慣れた目には、たしかに茫漠としたイメージを与えたかもしれない。国土の面積は日本の約一・五倍。その内部には、じつは地域的な特性をもった自然と、またその自然に働きかけて人々が形成してきた文化が、地域ごとの独特な景観をかたちづくって多様なモザイクをなしている。

フランスの地勢

大きく分けると、ほぼロワール川の流域を挟んで、北と南の二つのフランスがあるのだ、とよくいわれてきた。北は平野部が広がり、南は丘陵地帯が多い。ゲルマン的な慣習法が支配的であった北と、ローマ法の影響を受けていた南。フランス語のもとになったオイル語圏の北と、オック語圏の南。こうした自然条件や歴史的な背景の違いだけではなく、早いころから資本主義の発展が開始された北と、伝統性の強い南、という対比も存在した。これは、経済格差の問題でもあるが、また、一種の南北問題が国内に存在していることの認識は、十九世紀から各種の著作のなかでも指摘されていた。ものや金銭にかんする犯罪の多い北と、人身にたいする犯罪の多い南といった指摘も、また社会関係が近代的な合理性に基づき識字率も高い北と、濃密な人間関係が維持され、識字率も低い南、といった対比も、十九世紀にはなされている。この南北を仕切る境は、サン・マロ―ジュネーヴ線ともいわれていた。ちょうど、ブルターニュ半島の北の付け根に位置する中世以来の港町サン・マロと、スイスのレマン湖のほとりのジュネーヴとを結んだ線に、ほぼ照応しているというのである。

このようなおおまかな対比が、どこまで説得的かには疑義がありえよう。肝心なことは、前節の最後にも述べたように、エグザゴンに限ってみてもその内部に、けっして一色に塗りつぶすことのできない多様性が存在していたことを、しっかり認識したうえで、それらの相互に支配関係や浸透関係があったかもしれないという可能性を、各時代において考えてみるという姿勢である。

## 地域ごとの気候条件の違い

総じて温暖だとはいっても、それぞれの地域はその位置に応じて、異なる自然地理的な条件をもっている。大別すると、気候の地域的な型は以下の五つに分類することができる。まず海沿いからみていこう。

第一は、地中海沿岸一帯にみられる地中海性の気候である。夏は強烈な日差しが照りつけて気温は高く、雨はほとんどふらずに乾燥している。フランスでももっとも日照時間が長いが、秋の終わりから冬の初めにかけては激しい驟雨《しゅうう》がしばしばふり、総体的には雨量もかなりある。冬の天候はよくないことが多く、地中海はあれるから、かつて冬季には船出することは困難であった。しかし冬のあいだも温暖で、霧がでたり雪がふったりすることはめったにない。イタリアと接しているプロヴァンスからスペインと接するルシヨンまで、そしてマルセイユ近くの河口からローヌ川を北上して中央山地の南端あたりまでが、この気候帯にはいる。いわゆる南仏的な気候というのが、これである。

第二は、北はフランドルから、くだってノルマンディやブルターニュをへて、南はピレネ山脈の付け根のバスクにいたる、大西洋岸にみられる海洋性気候である。沿岸からほぼ一〇〇ないし一五〇キロメートルまでの範囲が、この気候帯にはいる。冬季も暖流の影響でさほど寒くはならないが、しかし夏は第一の地中海性気候とは違って涼しく、したがって年間の気温差は小さい。海からの影響によって温暖湿潤型の気候を示し、年間を通じて細かい雨が多いことで知られる。もちろん同じ海洋性とはいっても、霧で知られるフランドルやピカルディのような北の地域と、ボルドー・ワインでも有名な南のギュイエンヌや、十九世紀から保養地として名高いビアリッツのあるスペイン国境近くとでは、条件はかなり異なる。北のほうが日照時間は短く、当然ながら気温もだんぜん低い。

第三は、大陸的海洋性気候という、海洋性気候と大陸性気候との中間型を示す一帯で、大西洋沿岸から一〇〇ないし一五〇キロメートルをこえた内陸部に広がる地域である。冬季には、大陸から北東の寒い風が吹き込んで気温はかなりさがることがあり、ときには雪まじりの雨が地表に凍りつく、ヴェルグラ(雨氷)という現象が起こることもある。夏季には一時気温がかなり上昇するので、年間の気温差は大きくなる。海洋と大陸の双方から影響を受けるために、天気は変わりやすく、一日のうちでも日が射《さ》していたと思ったらにわか雨がふりだし、じきにまた太陽が明るく輝く、などということも珍しくない。パリやイル・ド・フランスなどは、典型的にこの型の気候を示す。

第四は、山岳性気候である。中央山地やアルプス、ピレネの山間部、さらにスイスとの境に位置するジュラ山脈、北東フランスのヴォージュ山地なども、この型に属している。標高が高くなればなるほど、条件が厳しくなるのは当然だが、冬は長く、雪も多くて気温は低い。夏はかなり気温が上がることもあるが、期間は短く、総じて低温多湿型の気候である。アルプスに残る氷河の推移にかんする史料は、歴史的過去のヨーロッパの気温状態を知るための、重要な手掛りとなっている。

最後に第五は大陸性気候で、アルザス、ロレーヌなど、北東のドイツ国境地帯に位置している地域がこれにあたる。夏のあいだに気温はかなり上がるが、冬季の寒さは厳しく、雪がかなりふることもある。したがって年間の気温差は大変大きく、冬と夏の対照がはっきりしていて、春や秋といった移行期間はきわめて短い。

もちろんこれらは平均的な気候の型の整理であるから、現実には年ごとに状況が変わるのは当然である。また、より広範囲にわたる気候の変動趨勢の存在が重要である、と指摘する歴史家もいる。たとえば、ちょうど十二世紀ころの大開墾の進展は、気候が比較的温暖であったという好条件が無視できない。もちろん自然環境や気候だけが、人間活動を枠づけてきたのではない。環境決定論的な考え方をとってはならない。人間はさまざまな技術と想像力を駆使して、歴史をかたちづくってきたのである。しかしまた、自然地理的な条件が人間活動を大きく左右してきたこと、それを見落とすのも間違いである。

## 河川と森林

フランスに限ったことではないが、河川交通、海上交通は、とくに道路が未整備で鉄道も未発達であった時代には、きわめて大きな役割を演じていた。川や海は、魚介類をとる漁業のためだけでなく、移動と輸送にとって大変大きな位置を占めていたのである。

フランスは平坦な地形が多いこともあって、一部の急峻な山間部を除けば、急流や激流を示す河川は少なく、川の流れは全体にゆったりと、水量も豊かである。セーヌ、ロワール、ガロンヌ、ローヌ、そしてラインの五大河川と、それに合流している河川、そして運河網によって、フランスの航行水路は総延長でヨーロッパ有数である。ただしフランスでの最長河川であるロワール川は、流量が季節によって一定しないことから、河口部以外は航行には適さず、大型の移動交通用には使われてこなかった。

運河の開鑿《かいさく》は、絶対王政下の十七世紀から各地で本格的に開始され、現在でも使用可能な総延長は八五〇〇キロメートルにおよんでいる。トラック輸送が主力になった現代においても、河川港や航行水路がはたしている役割は無視しがたいものがある。首都パリの紋章に船がついているように、パリ

ノルマンディの森

は長らくセーヌ川の港でもあった。鉄道が発達するまで、量の大きいもの重いものは、たとえば地中海からジブラルタルをぬけて大西洋にまわりこみ、セーヌを遡上《そじょう》してパリに届けられていたのである。

　海の主要港は、現在では南のマルセイユと北のル・アーヴルが圧倒的な位置にある。しかしかつて十八世紀には、大西洋交易の発展を受けて、ボルドーやナントが大きな役割を演じていたし、軍港としてブレストやトゥーロンは重要な位置にありつづけてきた。

　フランスの自然環境として、もうひとつあげるとすれば、その豊かな森林であろう。かつてガリアの時代には、現在の国土空間の六割がたは深い森に覆われていたと推定されている。それらの森は、ある場合には開墾され、あるいは燃料のために伐採され、十八世紀末には約六七〇〇万ヘクタールにまで減少してしまっていた。事態の深刻さが認識されるようになった十九世紀から、植林政策が遂行された結果、逆に森林面積は復活していった。それでも一九〇〇年には一〇〇〇万ヘクタール、国土の約一七％を覆うにすぎなかった。その後も森林再生のための植林と保全の事業は進められ、二十世紀末にいたって約一五〇〇万ヘクタールにまで回復し、全土の四分の一をこえる空間が森林に覆われるようになったのである。

したがって自然には違いないが、これらの木々は手つかずの原生林ではない。いわば人が手塩にかけてはぐくんできた森なのである。一九九九年末にフランス一帯をかけぬけた強風の嵐の結果、都市の街路樹だけでなく森林も、ひどい打撃を受け、根気強い再生事業にふたたび取り組まれた。木々の種類も、さまざまな地域的特徴をもっている。ノルマンディのブナ、中央山地裾野のブルボネや西部地域のカシやナラ、ジュラやアルプスのモミなど針葉樹、南西部ランド平野のマツ、地中海沿岸のマキと呼ばれる灌木林、さまざまな落葉樹に満ちたフォンテーヌブローやオルレアンの森など、まだまだきりがない。

妖精がとびかった中世から、盗賊団の根城となったアンシアン・レジーム、そして十九世紀のバルビゾン派が描く絵画にいたるまで、森は人々の想像力に深く働きかけてきた。いや想像力だけではない。秋の狩猟、キノコや木の実の採集、薪や炭焼き、建築や家具への材料供給など、その役割は、とくに前工業時代にはきわめて大きかった。そして今も、というより、人工的な都市生活が基調になってきた現代であるからこそ、フランスの森林は、ヨーロッパ随一の貴重な自然の宝物となっているのである。

### 都市のフランス・農村のフランス

パリをもってフランスを代表させ、文明都雅の最先端をイメージする視点からは、豊かな農村地帯をもった奥深いフランスのイメージはでてこない。もちろん、岩倉使節団を非難しているのではない。都市のフランスと農村のフランスと、どちらが本物かなどと言い争っても意味はない。フランスは、その歴史を通じて、相互に矛盾をはらむような要素を巧みに並存させて調和を保ってきた、という側面をもっている。

地域性にしても、自然条件にしても、じつに多様な様相をはらみながら、相互に連関して歴史がきざまれてきた。十九世紀後半から民俗学者たちが収集してくれた各地の農村習俗は、それぞれの場所に固有の歴史と環境と生業のあり方と関係して、じつに多様な顔つきをもちながら、しかし一年のサイクル、あるいは一生のライフサイクルとの関連においては、共通した側面を多く共有している。

単一不可分の共和国、という政治理念を押し出したフランス革命以後、二十世紀のなかばにいたるまで、政治的立場の左右を問わず、フランスの一体性、国民国家としての統合性を強調する言説が、圧倒的に支配した時代があった。しかし同時に、統一的な言語を使った国民教育の現場では、各地域ごとの歴史や現在の独自性を意識する感性が、つぶされるどころか逆にはぐくまれるような展開もみられたのであった。

近代的な合理思想は、極端なまでの個人主義的生き方を生み出してきた一方、社会的な弱者への無私の連帯の行動も、きわめて自発的に活発である。ノーベル平和賞を受賞した「国境なき医師団」や「メドゥサン・デュ・モンド」といったNPOの活動は、いまや世界各地の難民や被災民たちにとって貴重な、なくてはならないものになっている。科学技術など、新しいものに鋭敏に反応する面がある一方、歴史的に受け継がれてきたものにたいしては最大の愛着を示しもする。すでに十九世紀なかばには、細菌の活動を発見したパストゥールや、あるいはその世紀末からのキュリー夫妻らによる原子物理学開拓に代表されるような、科学の先端を疾駆する動きが生み出される一方で、国内各地の歴史的遺産の保存にも、早くから組織的に着手されていたのであった。

人口比からいえば、両大戦間期に都市人口が農村人口を上回った。第二次世界大戦後には農業人口も激減していった。しかし、一極集中の気味のあるパリ首都圏など、一部を除けば、フランスの都市のスケールはきわめて限定的におさえられている。それぞれの地域の都市には、その都市なりに形成された生活があり、田園部には田園部なりの生活の調子がある。新しい時代に向けての課題は山積している。しかしヨーロッパ連合の時代に、あらたな都市連合や自治体間の協力体制が試行され、多様な地域性は健在である。そこには、一種のしたたかな歴史の連続性が認められる。

第一章

# 先史時代からローマ支配下のガリアまで

## 1 先史時代

### 旧石器時代

最古の人類の化石骨はアフリカで発見されている。そのアウストラロピテクスと呼ばれる猿人の出現から約六〇〇万年程をへて、今から八〇万年前に西ヨーロッパにも原人が登場した。この原人は石灰石や硅石《けいせき》を打ち砕いただけの礫や剝片を石器として用いており、狩猟や採集を営んでいた。先史時代の人類の居住は気候の変動に左右されやすい。四〇万年前ころに温暖化が始まると、遺跡の数は急激にふえ、居住の分布もヨーロッパ北部にまで広がっている。やがてヨーロッパは寒冷化するが、ふたたび三〇万年前ころから温暖化すると、石核をつくりそれを道具にして加工された石器が出現する。このころの洞窟遺跡のなかには炉床の跡が残るものがあり、火の使用を知っていたらしい。その後ふたたびヨーロッパは寒冷化する。

アフリカでは約六〇万年前ころから、原人と並存して旧人が登場する。移動ののち二〇万年前ころからヨーロッパに居住する旧人であるネアンデルタール人は、搔器や握斧などを中心にしながら用途に応じてさまざまな種類の石器を用いていた。彼らは、毛皮の衣服をまとい、道具や身体に彩色することもあった。注目されるのは、洞窟や掘穴に死者を埋葬する習俗があり、かすかな宗教意識のめばえが感じられることである。

少なくとも四万年前ころから、現生人類の直接の子孫となる新人がヨーロッパにも出現する。一八六八年、南西フランスのレ・ゼジーの岩陰で化石骨が発見され、岩陰遺跡名にちなんでクロマニョン人と名づけられている。その後の発掘でも人骨が出土し、それらを算定したところ、クロマニョン人の成人男子の平均身長は驚くべきことに一八〇〜一九四センチメートルだったという。近年の形質人類学の調査によれば、これらのクロマニョン人と現代のバスク人とのあいだには直接のつながりが認められるらしい。

新人が生きた時代は氷河期であったが、そのことが彼らの大きな体軀《たいく》と関係があるだろう。一般に哺乳類は、寒冷地では体熱を保温するうえで大きくずんぐりした身体になりがちである。そうした地域に棲息する動物には、マンモス、野牛、野生馬、犀《さい》などの大型野獣があり、それらの狩猟のためにも強靱《きょうじん》な体力が必要とされたからである。彼らは知略をしぼり、団結して大型動物の狩猟にあたった。その模様を思い描くのに、フランス東部にあるソリュートレの遺跡はすこぶる興味をそそるものがある。

およそ一ヘクタール余りの空間のなかに、動物の骨なかでも野生馬の骨がおびただしくあり、九メートルの深さに堆積している。その隣には断崖がそびえており、発見当初は切り立った崖の上から追い落とされたと考えられていた。しかし、馬の習性や周辺の地形が再検討され、とりわけ骨の破砕状態がそれほどひどくないことが明らかになり、その悲劇の物語は今日では否定されている。それにかわる仮説によれば、馬の群が草食地を求めて夏の高地に移動するときに、そのうしろを狩人たちがつけねらい、絶壁面に追い込んで槍で突き殺したことが考えられる。もちろんこうした野生馬は食用になったが、化石の堆積量からして、馬の季節移動と人の狩猟活動がそこで数万年も繰り返されていたのは驚嘆すべきことである。こうした狩猟や採集の活動のために、多種多様な石器類が製作されている。クロマニョン人は石塊を削ぎ落とした石片で矢尻や槍の穂先をつくる技術をもち、それによって投槍ができるようになったので狩猟技術は著しく進歩した。さらには、動物の骨や角から釣針や縫針、銛の穂先などの骨角器をもつくれるようになり、漁労活動も登場している。

新人は生産活動ばかりにはげんでいたわけではなく、芸術をも創出することになる。アルタミラやラスコーに代表される洞窟壁画は、イベリア半島北部からピレネ地方をこえてフランス南西部に広く分布している。これらの壁画には動物をモチーフにしたものがきわめて多く、野牛や野生馬のほかに、熊やトナカイなどが描かれている。動物像は洞窟を飾る目的で描写されたのではなく、狩猟前に獲物の動物に呪術をかけたり、多産を祈願したりしたものとみなされている。しかし、牛と馬が圧倒的に多いことから、女性と男性を象徴する二元論の神話世界と解釈する見解もでてきている。壁画のほかにも、粘土製の動物彫像や象牙製の女性像などの動産品も出土している。

## 中石器時代から新石器時代へ

今から一万年前ころから地球の温暖化が始まり中石器時代にはいる。ツンドラ地帯にも森林が広がって、それとともに大型動物よりも小型動物が多くなったため、突槍や投槍の効果はうすれ、細石器が登場し、弓矢が考案された。フランスの中・南部一帯で小尖頭器や小石刃などの細石器文化が認められ、細石器の矢尻で狩猟法は大きく変化した。また、植物性繊維を材料として網や釣糸などの漁具もつくられるようになった。さらに、すでに西アジアで営まれていた羊の家畜化が、前六千年紀には地中海沿岸地域でも始

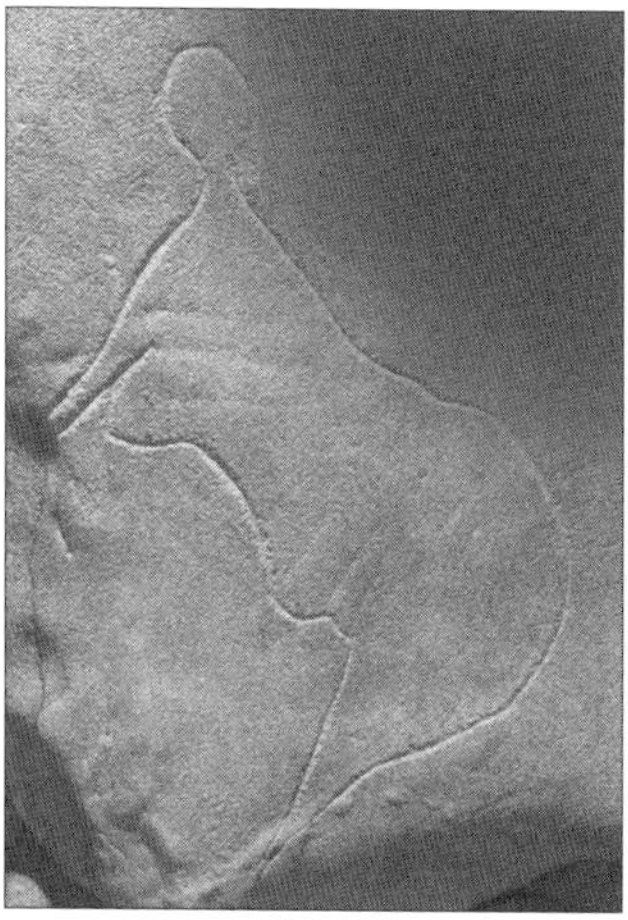

クロマニョン人女性を描いた線刻画
ボルドー近郊キュサックの洞窟で発見された。

まっている。といってもいぜんとして野生の牛、鹿、兎《うさぎ》などを食用としており、飼育された羊は食肉の一割にも満たないものだった。しかし、前五千年紀には、羊とともに牛も飼育されるようになり、飼育地も内陸部から大西洋沿岸部にまで広がっていった。

すでに前六千年紀には、フランスでも石器の製造法に著しい変化がみられるようになった。これまでの打製石器にかわって磨製石器が登場し、いわゆる新石器時代がおとずれたのである。この時代には、牧畜とともに農耕も始まり、鎌や石臼などの農具、さらには土器も生産されるようになった。とくにプロヴァンスやラングドック地方のカルディア土器は幾何学文様がほどこされ、地中海新石器文化の特徴を色濃くおびている。これらの土器が出土する遺跡のなかには、小麦や大麦を栽培する農耕の兆しがみてとれ、移牧がおこなわれていた形跡すらある。しかし、このような生活技術の飛躍的な進歩にもかかわらず、生活の基盤があくまでも狩猟、採集、漁労であることに変わりはなかった。

地中海新石器文化とは別に、ヨーロッパ中東部に出現した帯状文様土器を特徴とするドナウ文化が、前五千年紀には北フランスにも達している。鋤や犂をもち焼畑あるいは輪作による定住農耕をおこない、動物の家畜化、なかでも牛の飼育に優れた技術をもっていた。

このような新石器文化が成熟の域にいたるころ、巨石文化が登場することになる。これまで、巨石遺構の起源をめぐって、伝播論と進化論とのあいだに活発な議論があった。しかし、年代測定の方法が進んだことによって、フランスの巨石遺構は東地中海のそれよりも数百年早く、むしろイベリア半島の巨石文化との結びつきが深いことが認められている。フランスの巨石文化はブルターニュ地方の沿岸部に代表される。とりわけ、カルナックの遺跡では、メンヒル(立石)三〇〇〇本が一一列に四キロメートルにわたって連なっている。また、ロクマリワケのメンヒルは、高さ二〇メートル、重量三五〇トンもあり、運搬には莫大な労力を必要としたはずである。このような巨石文化を築くためには、組織された社会集団があり、職能の分化をともなう農耕民の共同体があったことは疑いない。とはいえ、彼らの墳墓の副葬品から、大きな権力と富を有する者がいたことも示唆され、ある程度の階層分化が起こっていたらしい。しかし、このような巨石文化の担い手が誰であったかについて、不明な点が少なくない。

## 青銅器時代

フランスにおいて金属の製造が始まるのは、前三千年紀なかばのことである。北部でも南部でも銅の冶金が始まり、銅製の飾り玉、剣刃、斧などが出土している。人々は小邑《しょうゆう》をなして散在し、しばしばその集落は防護壁で囲まれていた。小邑の周辺には、ドルメンや洞窟のほかに、岩穴墓がつくられ、死者を集団で埋葬する習慣があった。被埋葬者のなかには、弓や矢筒とともにならべられた何体かの遺骸があり、戦士の集団があったことがうかがわれる。

西ヨーロッパにはじめて青銅器が出現するのは、前二〇〇〇年前後と考えられている。銅に錫を加えるだけで堅固な合金ができるのだが、この青銅鋳造技術がもたらされたことで、武具や美術の様式に同型のものが広範囲にみいだされることになる。錫資源にめぐまれた生産地からの交易網ができあがっていたのだろう。

前二千年紀なかばになると、青銅器文化の先進地であるブルターニュ地方やローヌ川流域の墓地では、集団埋葬が減少し、個人埋葬が増加してくる。そこに埋葬されていたのは、幾何学文様の壺などの副葬品からして、貴族や豪族であったと考えられる。それとともに、このころから土葬遺骸よりも火葬骨がふえてくるのは興味深い。おそらくヨーロッパ中部にいた人々が徐々に移住し、フランスにもその影響がおよんでいたのであろう。それは、やがて大きな民族移動となる波動の兆しだったのである。

これらの人々は、ベゴ山の岩面線刻画にある様式化された牛や人物の図像から、囲い地で牛が犂耕する生活風景を目にしたり、聖なる儀礼の行事につとめたりしていたことが推察される。また、バルト海地方からミュケナイ時代のギリシアに運ばれた琥珀《こはく》が宝飾品として西ヨーロッパに再輸出されることもあり、ミュケナイや中部ヨーロッパで生産されたガラス細工品が招来されてもいる。このような貴重な副葬品は、ヨーロッパ北部から東地中海を結ぶ広範な交易網が形成されていたことを示唆している。青銅器時代には、ヨーロッパを縦横に走る遠隔交易網がすでにその明確な姿をあらわしていたのである。

## 2　鉄器時代とケルト人

### ケルト人の出現

インド・ヨーロッパ系の人々がヨーロッパに姿をあらわすのは、前二千年紀なかばころである。彼らは、ドナウ川やライン川沿岸の森林地帯に出現し、ひとまずそこに定着した。やがて前九世紀ころになると、のちにケルト人と呼ばれる人々がヨーロッパ各地に移動し始め、彼らの居住地は拡大することになる。その数世紀のあいだに、ケルト人はライン川下流域を含むガリア全土、イベリア半島、ブリテン島、あるいはイタリア北部に定着し、さらには小アジアにまで達した人々もいた。

ケルト人という呼び方は、彼らをギリシア人がケルトイと呼んだことに由来する。ローマ人はケルタエとかガリとか呼んでいる。しかし、ケルト人と総称された人々の内部にもかなりの差異があり、ケルト人なる種族を単一のものと見なすべきではない。とはいえ、ヨーロッパ各地に定住したケルト人は、その各地の歴史のなかに拭いがたい痕跡をきざむことになる。ローマ人がガリアと呼んだフランス全土にあってもまた、ケルト人の足跡ははかりしれないものがあった。

## ハルシュタット文化——鉄器時代前期

ヨーロッパの青銅器時代から鉄器時代にかけては、ハルシュタット文化と呼ばれる時期がある。鉄の冶金術は、前二千年紀前半、アナトリア地方で生まれたが、黒海北岸に住んでいた騎馬遊牧民キンメリア人によって、火葬骨壺墓地文化の地帯であったヨーロッパ中部にもたらされた。したがって、ハンガリーからフランスにかけて広く分布するハルシュタット文化の墓址からは、さまざまな甲冑《かっちゅう》、武具、武器、装身具などとともに、四輪車、馬具などが出土している。この文化の担い手がケルト人であったかどうかは意見の分れるところであるが、少なくともその西半部にあるフランス東部ではケルト人の集落と深いかかわりがあったことは否めない。火葬骨壺文化の人々が原ケルト人であるという説は現在では否定されているが、ケルト人もハルシュタット文化の影響を受けていたことは確かであろう。

ケルト人の成立については不明な点が少なくないが、前九世紀ころからケルト人の姿がはっきりしてくる。それまで湖岸で栄えていた集落が急速に姿を消し、防御柵や城壁をめぐらした村落がみられるようになった。また、高地や丘陵に竪穴住居の集落があちこちに形成されている。このころから前六世紀ころまで、低温化し湿潤になったために、気候の悪化にともなって、生産は低下し交易も衰退した。

それと同時に、長剣をもつ騎士の姿が目立ってくるのが注目される。このような騎士の墓は各地で発見されており、なかでもジュラ県シャヴェリアの墓域では二〇基程の墳丘が発掘されている。それらの墓址には、長剣、馬具とともに、縁に玉飾りのついた盥《たらい》などの奢侈《しゃし》品が納められていた。ハルシュタット文化圏の西半では、このように剣を武器にしていたのであるが、これと比べて東半では、斧を武器としていたところに著しい差異が認められる。やがて、前七世紀には、鉄剣や剃刀が普及し、なかには柄に金箔をほどこしたり琥珀をはめこんだりしたものもあり、特権階層の姿が浮かび上がってくる。さらに同世紀末になると、戦車と青銅器との組み合わせも多くなっている。

「ウィクスの女王」の黄金の首飾り　宝冠と間違えられるほど巨大であるが細部には技巧をこらした装飾がある。前500年頃。

ハルシュタット文化の成熟期を示すものとして「ウィクスの女王」を埋葬した墳墓がある。セーヌ河谷を見おろすラソワ山麓の墓址には、前四八〇年ころ死亡した貴婦人が小さな戦車の上に横たわり、車輪は一列に並べられていた。彼女は、閃緑岩や琥珀の飾り玉、青銅製の足輪、頁岩《けつがん》や琥珀製の腕輪、珊瑚《さんご》や琥珀の留金などをつけていた。首につけられた純金製の宝飾品は宝冠とみなされていたが、じつは巨大な首飾りであることがわかった。さらには、蓋のついた豪華な青銅製のクラテル(混酒器)酒盃や食器などがならび、それらが南イタリアのギリシア都市から輸入されたことが推察されている。また、エトルリア製の桶もあり、地中海沿岸地域との交易活動を示唆するものである。というのも、ケルト人は、岩塩、錫、銅、琥珀、毛皮、黄金などの豊かな交易品をもっていたからである。

### ラ・テーヌ文化——鉄器時代後期

前五世紀ころになると、ハルシュタット文化時代に社会の中核をなした王族の覇権に、衰退の兆しがはっきりしてきた。それにかわって、戦士階層の首長である武将たちのもとで、農村形態の社会が優勢となっていく。それにともなって、生活習慣や工芸技法もまた変化しつつあった。とりわけ渦巻き文様で飾られた遺物に特徴があることから、この文化様式は、最初の発掘地にちなんでラ・テーヌ文化と呼ばれている。こうして、ヨーロッパの鉄器時代は、その前期をハルシュタット文化時代と呼び、後期はラ・テーヌ文化時代と呼んで区別している。

シャンパーニュ地方の墓地には、盛土のない平坦な墓が延々と広がっている。それでも墳丘のある墓もあり、そこには貴人が埋葬されている。彼ら高位の被葬者は戦車のなかに安置された男性であり、武将あるいは騎士であったようだ。青銅製の兜《かぶと》をかぶり、長剣、槍、短刀とともに、馬具装飾もあり、さらにはエトルリア製のオイノコエ(ぶどう酒用の壺)なども副葬されていた。墳丘のない歩兵の墓は数こそ多いが、なかには愛用の剣や槍などが納められている。女性の墓には、しばしばベルトや衣服の留め金、子供のころからなじんでいた首輪などの宝飾品がそえられている。ラ・テーヌ文化時代は、かつてのような壮麗で豪華でもある宝飾品は失われ、全体としては質素になっていくのが認められる。こうした副葬品の特徴から、この時代は貧富の差が小さい社会であったようにみえる。それとともに、男性に比べて女性の墓が多いことから、男性が戦士として遠征する機会がふえていたことが推測されている。

この文化を特徴づけるものとして、ローヌ川やソーヌ川にそって散在するオッピドゥム(高城集落)がある。オッピドゥムは自然の要害を利用して丘の上などに城塞を築いたものであるが、ただ防衛や避難のためばかりではなかった。城門と城壁で囲まれた内部には、神殿、街路、木造住宅、工房などが備わり、貴族地区と職人地区との区別が設けられている。概して交通の要衝に設けられており、その周辺地域を含む政治や経済の核を形成する城塞都市であった。このようなオッピドゥムのなかでも、オクソワ山上に設けられた難攻不落のアレシアは、のちにカエサルの軍隊に包囲されて兵糧攻めで陥落したことで名高い。

ケルト人たちは、このような城塞都市をもちながら、前一世紀ころになると、その集落に著しい変化がみられるようになった。居住地域に直線道路を建設するという都市計画もどきのものが試みられている。ピカルディ地方のヴィルヌーヴ・サンジェルマンの遺跡では、これまで一万五〇〇〇平方メートル程が発掘されているが、そこには全長一〇〇メートルの幹道とともにいくつもの道路が走っている。道路の両側には藁葺《わらぶ》き長屋が立ち並び、かなりの人口密集地帯であったことがしのばれる。さらに、青銅細工、鍛鉄《たんてつ》、貨幣打造、大工、毛皮加工などの工房区域と生活の場である住宅区域とを分ける大柵も設けられていた。

ラ・テーヌ文化時代には、工芸品の製作にあっても技法の大きな革新がみられ、まさしくケルト美術の成立を告げるものであった。これまでの単調な幾何学文様からの脱却が始まるのである。渦巻き文様に代表されるように曲線が多くなり、鳥、獣、竜などを散りばめた生命の樹、猛獣使い、棕櫚《しゅろ》の葉や蓮の花、さらには人間の顔などが描かれるようになった。このような装飾のモチーフは中部ヨーロッパにまで広く分布しており、あらたな信仰と魔術の象徴体系がめばえていたことを暗示している。

もともとケルト人は霊魂の不滅を信じ、動物や植物の姿をとる神々を崇拝していた。泉や森を神聖なものとみなし、とりわけ樫《かし》の木を聖樹とあおいでいた。こうした聖なるものへの供犠奉献を司り信仰を教化指導したのがドルイド司祭であった。ドルイドとはケルト語で「樫の木を知っている人々」を意味し、樫の木を宿主とする宿木を刈り集める儀式は盛大であった。この行事は、魔術的儀式であるとともに、もっと深遠なる宗教的意味をもち、季節の推移にかかわる大神に奉げられた祭祀であった。宿木は多年生植物であり、肉体における霊魂のように、宿主たる樹木に寄生するのである。それは神の発露でもあり、植物に変身した神とすら意識されていた。数学、天文を熟知し、宇宙の規模すらわかっていると語るドルイドは、神々の世界にはいりこむことのできる唯一の者として人間と神々の世界の仲介役であった。

自然の推移を重視するケルト人は、その世界を律する独自の暦をもっていた。それによれば、一年は冬と春と夏との三つの時期に分けられている。彼岸の精霊をむかえる冬季は若者たちが仮面をつけて騒ぎまわるサムハイン祭(十一月一日)で絶頂になる。つぎには、緑の蘇生と女たちの受胎を告げる精霊がおとずれるベルテネ祭(五月一日)があるが、この日はメーデーの起源でもある。最後に、収穫の終了を告げるルーニャサッド祭(八月中旬)があり、収穫によって麦に宿っていた精霊が解放されることを祝うのであった。

このような自然観をもつケルト人は、農耕技術においても著しい進歩を示している。とりわけ大麦の生産が拡大され、食用のためだけでなく、ビールのような飲料の原料ともなった。麻や亜麻が栽培されるようになり、羊毛をつむぐ技術も広まっていた。農耕技術が向上した背景には、鉄製の犂刃をもつ無輪犂の使用が普及したことがある。ブドウの収穫用の鎌や熊手が現在の形態をとるようになり、回転式石臼も発明されている。こうしてラ・テーヌ文化のケルト人は、さまざまな創意工夫をこらした技術革新をおこなったのである。

## ケルト人の勢力拡大

ケルト人独自の文化がはっきりとした姿をあらわすころには、ケルト人の社会に戦士階層が勢いよく台頭している。これらの戦士たちは部族社会の防衛のためばかりではなく、各地に遠征し、移住することも少なくなかった。戦士階層が活躍するようになると、ケルト人の勢力が拡大していくかのようにもみえた。

ローマの歴史家リウィウスの記す伝承は示唆的である。前五世紀ころのガリアではビトゥリゲス族が覇権を握っていた。その王アンビカトゥスは、ケルト人の諸部族が増大し騒乱が重なったために、新天地の征服をめざした。その遠征軍を率いたのが王の甥二人であったが、その一部はイタリアに侵入し、その地を蹂躙《じゅうりん》した。このローマに伝わる挿話は実際に起こった出来事をどれくらい反映しているのだろうか。たしかに、前三八七年(別伝では前三九〇年)にアリア河畔の戦いでケルト侵略軍に敗北したローマは、自らの都を七カ月にわたって占拠され、ケルト人の略奪のかぎりをこうむった。この出来事はローマ人にとって有史以来の屈辱とみなされ、いつまでも記憶されたのである。

しかし、ケルト人の侵入と略奪の背景に、ガリア社会のなんらかの変動があったことは、想像できないことではない。イタリアに向かったケルト人はローマを占拠しただけではなく、ペサロ、アンコナ、マチェラタなどのアドリア海沿岸の要衝地に移住する人々もあり、さらには今日のイタリア北部に定住する部族もあった。このためにポー川あたりを境としてその北側の地を古代人はガリア・キサルピナ（アルプスのこちら側のガリア）と呼んでいた。また、古代の文献では、このころからケルト人の傭兵が地中海世界の各地に登場している。

このようなケルト人の移住は、イタリア半島のみならず、イベリア半島でも、ヨーロッパ中央部からバルカン半島をへて小アジアにいたるまで、広く認められるところである。たとえば、小アジアに移住したケルト人はやがてガラティア人と呼ばれるようになり、ヘレニズム世界に同化しながらも、長くケルトの言語と風習を守りつづけたと伝えられている。ケルト人の覇権拡大ともとれる現象の背景には、気候変動を起因とする人口増大もなかったわけではないだろう。しかし、ケルト人には全体としての政治統合体という意識もなかったし、中央集権化された権力もあったわけではない。だから、ケルト人の国家や帝国が形成されることはなかったのである。

## ローマ人の侵攻とケルト人の抵抗

地中海世界に覇権を広げるローマは、前二世紀前半までにガリア・キサルピナを征服し、やがてアルプスをこえてケルト人の本拠地であるガリアに干渉の手を伸ばすことになる。前二世紀なかば、長くローマと同盟関係にあったギリシア植民市マッサリア（現マルセイユ）は、姉妹都市ニカエア（現ニース）やアンティポリス（現アンチーブ）を海賊化した先住民リグリア人に攻囲され、ローマに救援をあおいだ。リグリア人はローマ軍によって撃退されたが、騒乱の終結とともに、ローマ軍は撤退していっ

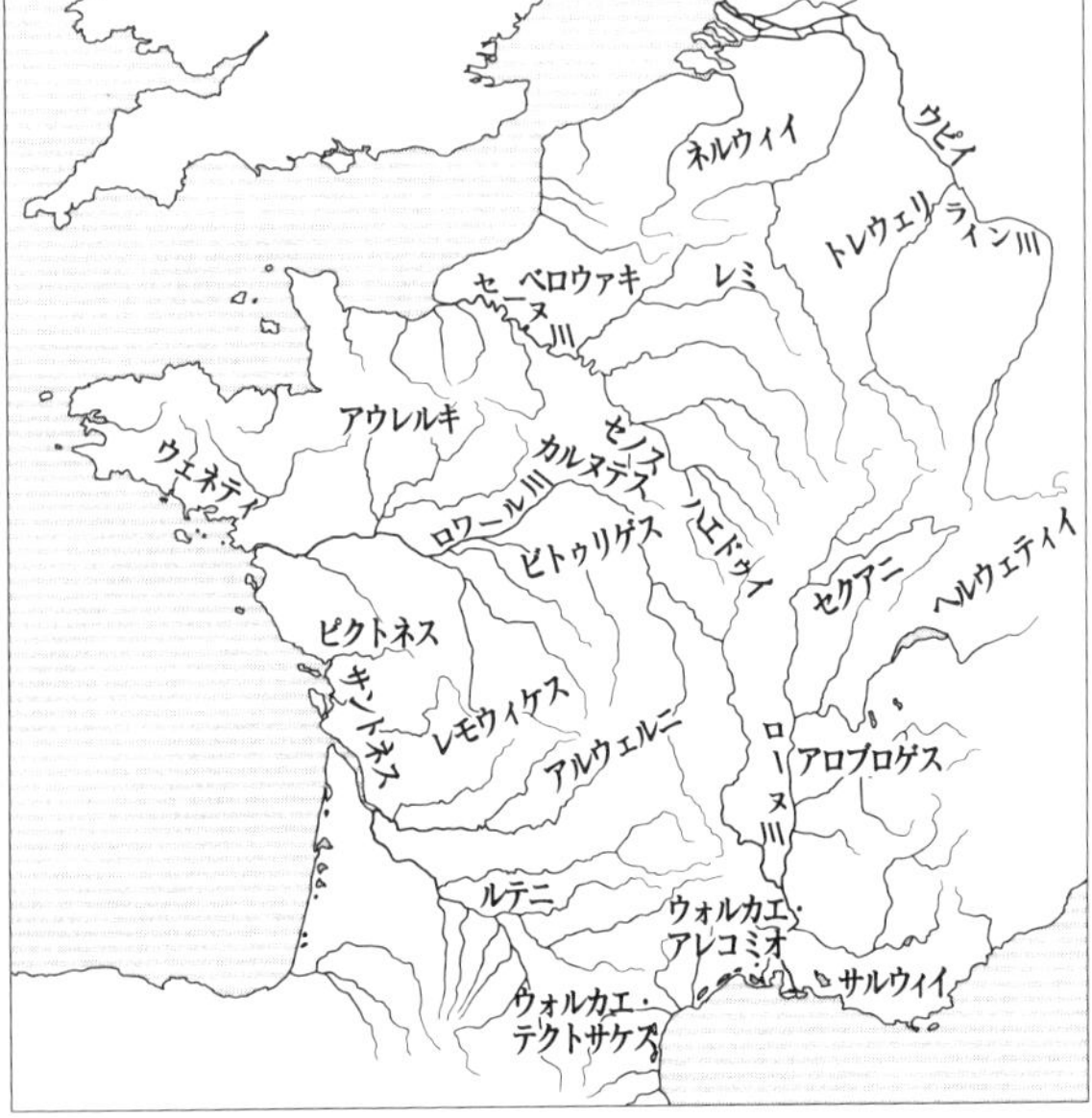


ガリアの主要部族

た。

前一二五年、ケルト・リグリア系のサルウィイ族がマッサリアを攻撃すると、ふたたびローマは軍勢を向けた。サルウィイ族は近隣部族とともに敗走し、アロブロゲス族のもとに逃亡する。アロブロゲス族はローヌ川左岸地帯で最大の勢力を誇るケルト人であったが、それにならぶ勢力をもつアルウェルニ族のとりなしにもかかわらず、ローマの突きつけた逃亡者引渡し要求を拒否した。前一二一年、アロブロゲス族とアルウェルニ族を中心とするガリア軍はローマ軍と対決したが、ガリア軍は大敗してしまう。その年、ガリア南部にローマの属州が設けられ、やがてその属州はガリア・ナルボネンシスと呼ばれることになるが、たんに属州を意味するにすぎないプロウィンキア(プロヴァンス地方の由来)とも呼ばれている。

前二世紀末には、ゲルマン系のキンブリ族やテウトニ族がつぎつぎとガリアの東部に侵攻し、ローマ軍はその撃退に手を焼いている。さらに前一世紀後半になると、ゲルマン系のスエビ族やダキア人もケルト人を脅かすようになる。ハエドゥイ族だけがローマに救援を要請したが、ほかのケルト人たちはローマに助けを求めようとはしなかった。

前一世紀なかば、ケルト人とゲルマン人との対立の緊張はますます高まるばかりだった。ゲルマン人の圧迫を受けて、すでに離郷しつつあったヘルウェティイ族は移住を決意する。自らの砦や村に火を放ち、ヘルウェティイ族はひたすら南西方向に向かった。その途中では、周辺のケルト人たちも大挙してこの移住の波に合流した。移住民の数は三六万八〇〇〇人にもふくれあがり、そのうち兵士が九万二〇〇〇人もいたという。彼らは、ジュネーヴのあたりで橋を渡り、ローヌ川にそって南下していくつもりだった。このヘルウェティイ族の動きを察知したカエサルはすぐさま橋を撤去させ、ケルト人の熱望の前に立ちはだかった。カエ

カエサルと戦ったガリア諸部族の英雄ウェルキンゲトリクスの横顔をきざんだアルウェルニ族の金貨

サルとしては、武勲に優るポンペイウスの声望に対抗する意味でも、ぜひとも軍功がほしかったのである。ヘルウェティイ族は北回りの針路をとろうとしたが、カエサルに撃退され、生き残った投降者はスイスの故地に帰郷させられた。

さらにハエドゥイ族がローマに救援を要請していたことは、アルプス以北の征服をねらうカエサルにとって、かっこうの口実を与えることになる。圧倒的な軍事力を誇るローマ軍の侵攻を目の前にして、ガリアのケルト人諸部族は親ローマ派と反ローマ派にわれた。というよりも、ひとつの部族のなかにも親ローマ路線を唱える貴族もいれば、反ローマを信奉する貴族もいたというべきであろう。しかし、莫大なローマ軍は、徴発の重荷を課し生活を破壊する暴力支配集団にすぎなかったから、民衆のあいだでは反ローマを支持する気運が高かった。

この気運はやがて分裂しかけていたケルト人諸族の連携の動きへと結びついていく。その大きなうねりは、前五二年には頂点に達し、ドルイド集会の占いの結果、勝利の聖戦が掲げられた。この聖戦の指揮官には、アルウェルニ族の貴族ウェルキンゲトリクスが選ばれ、ケルト人は反ローマの旗印のもとにほぼ総決起した。このとき親ローマ派のハエドゥイ族さえも離反し、ガリア軍に加担したのである。

ウェルキンゲトリクスに率いられたガリア軍は善戦し、しばしばローマ軍に苦杯をなめさせている。しかし、ガリア軍は反撃に転じたローマの軍勢によって劣勢をよぎなくされた。敗戦が重なり、ウェルキンゲトリクスのガリア軍は、難攻不落とうたわれた城塞都市アレシアにたてこもらざるをえなかった。ローマ軍に包囲され、兵糧攻めにあいながらも、二カ月にわたり徹底抗戦したが、やがて援軍も粉砕されてしまう。勇将ウェルキンゲトリクスは囚われの身となり、二十六歳の生涯を閉じるのである。

アレシアの決戦はケルト人とローマ人との戦争の分水嶺をなすものであった。その後、ガリア北部でもローマにたいする抵抗が重ねられたが、もはやケルト人敗退の趨勢をくつがえすことなどできなかった。このケルト人との戦いの様をつづったカエサルの『ガリア戦記』は、自己宣伝と自己弁護の書ではあるが、作者の慧眼《けいがん》のゆえに、当時のケルト社会を知るうえで貴重な史料でもある。

## 3　ローマ人の支配

### カエサルの覇権

戦乱後の荒廃はひどいものであった。八年にわたるローマ軍との戦いでガリアはすっかり疲弊しきっていた。一〇〇〇万人のガリア住民のうち六〇万人程が戦死し、やはり六〇万人程が奴隷となった。そもそもガリアは、穀物、飼葉、家畜などにめぐまれ、生活するための環境もこのましい地域だった。

八年間の戦いのなかで、五万人のローマ正規軍団、ケルト人やゲルマン人の補助軍団、軍隊の下僕たち、それに多数の馬がガリア地方で生活したのである。調達兵は穀物や飼葉を徴発し、耕地をあらし、干草置場も穀倉も家畜小屋(これまで信じられてきたのとは異なり、ケルト人は猪《いのしし》を食べることは少なく、豚肉を好んで食べたらしい)も空《から》にしてしまうのであった。

しかし、カエサルの目的がガリアの破壊や衰弱にあったわけではない。あくまでもローマの覇権を確立することであり、ローマの威光を知らしめることであった。武力で制圧した地域はもともとガリア・コマタ(長髪のガリア)と呼ばれていたが、そうした地域の統合であるから慎重な態度で臨んだ。そこにいた六〇をこえる部族のうち、一四の部族には貢納を免除している。ローマの退役兵による植民市の創設も、防衛上必要な数地点にとどまったが、なかでもルグドゥヌム(現リヨン)はガリア統治の要としてのちのちその重要さを増すことになる。征服されたケルト人のなかでも、豪族たちはしばしばローマによって厚遇されている。彼らは部族を指導する立場にあったが、カエサルにことさら好意を示した。彼らの協力のために、抵抗するゲリラ部隊はすみやかに排除された。このようにローマを信奉する人々はますます富裕になり、名誉をおびるのであり、なかにはローマ市民権を付与される者もいた。

カエサルの時代にもその後にあっても、これらの豪族の息子たちや孫たちのなかには、子孫代々にわたって、自らの姓名にユリウスという名をおびる者も続出している。ガリアの総督であり保護者でもあったカエサルの氏族名であるユリウスにあやかったからである。しかし、そのような信奉する豪族の家系からも、たとえばトレウェリ族のユリウス・フロルスやハエドゥイ族のユリウス・サクロウィルのように、まれには蜂起(後二一年)の首謀者となった者もでている。

### ガリア全土の属州化

やがて、ガリアにも新しい頁がめくられるときがおとずれ、多くの住民がいわゆる「ローマの平和《パクス・ローマーナ》」を享受することになる。前二七年、カエサルの後継者であったオクタヴィアヌスがアウグストゥスという尊名で呼ばれ初代の皇帝に即《つ》くと、ガリアもまたローマの統治機構のなかに統合されていくのである。

アウグストゥス帝(在位前二七〜後一四)は古いガリア・コマタの地域を三つの属州に分割する。ピレネ山地からロワール川にいたる地域をガリア・アクィタニアとして、ブルターニュ地方と英仏海峡にまで広がる地域をガリア・ルグドゥネンシスとして、ライン川にいたる残りの地域をガリア・ベルギカとして属州を設置した。これによって、すでに前二世紀末に創設されていたガリア・ナルボネンシスを加えて、合計四つの属州が設けられたことになる。

前一二年、リヨンの郊外で、旧ガリア・コマタ全土の代表が集められ、「ローマとアウグストゥスの祭壇」が奉献された。ガリアの人々はローマへの忠誠を表明させられ、ガリアにおける皇帝礼拝が

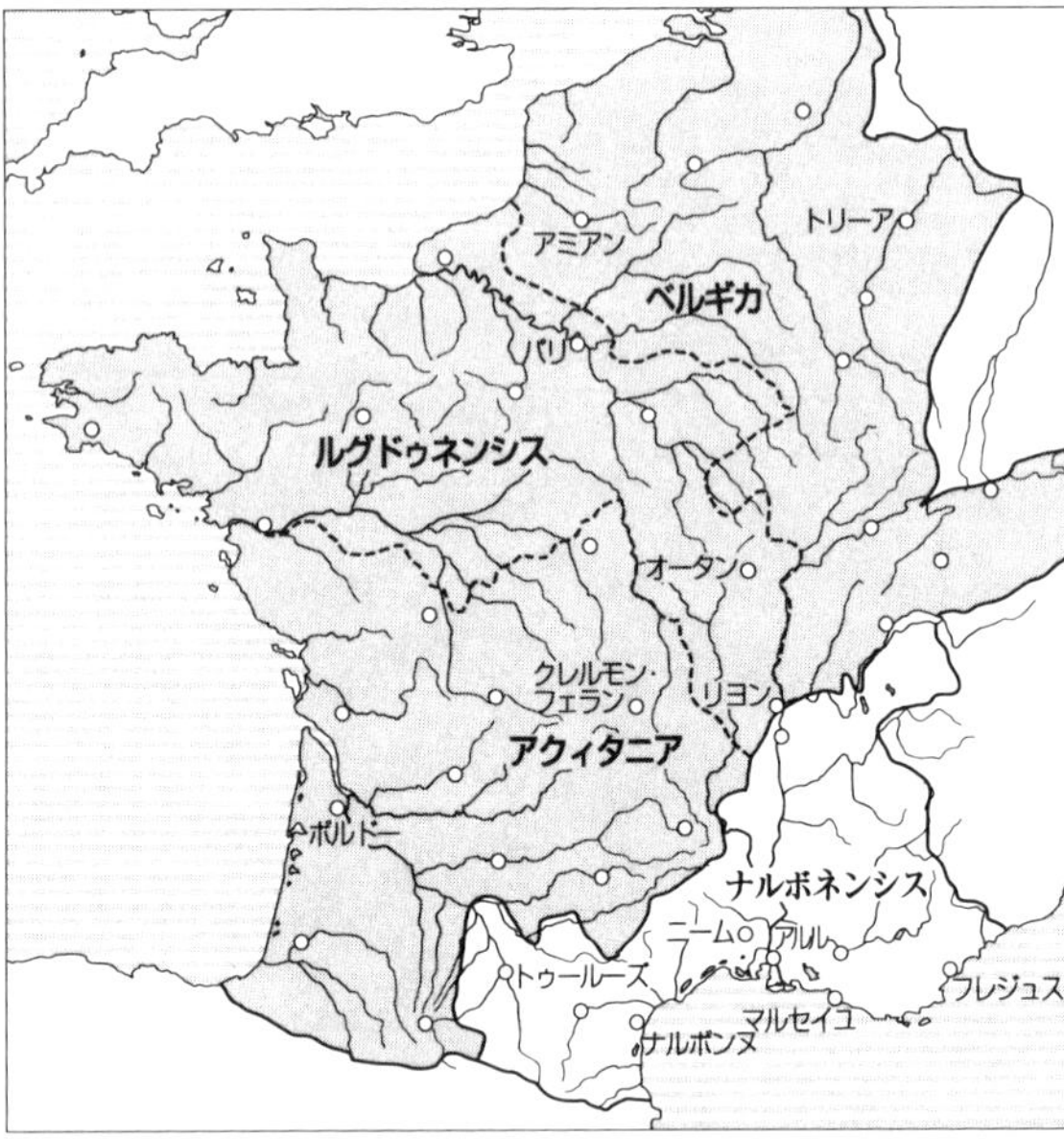


旧ガリア・コマタの三属州

始められたのである。これはガリアの伝統を尊重するようにみせかけたものであり、ガリア全土のドルイド司祭が定められた日に聖地に集まり各地の紛争に審判をくだす習慣が巧みに利用されたのである。ここに集うことを各地の豪族たちは名誉に感じ、彼ら相互の一体感をはぐくむとともに、ローマ皇帝との絆を深める場となったのである。これはいわば「ガリア会議」であり、皇帝権力への忠誠心を誘いこむ場であった。以後、ガリアはローマ軍のゲルマニア遠征の拠点となったが、やがてティベリウス帝(在位一四〜三七)の治世に、軍団はライン地方に前線基地を移動し、旧ガリア・コマタは属州として平穏な時期をむかえた。

これらの属州の住民には、ローマ市民の植民市を除いて、地租と人頭税が課された。このため、ときどき戸口調査が実施され、そこにおける土地や資産の記録に基づいて徴税がなされた。ガリアでは、前二七年、前一二年に続き、おそらく一四年にも戸口調査がおこなわれたが、それ以後は一五年から四〇年の間隔で実施されている。ローマ人の目からすれば、これら属州の下部単位はキウィタスとして認識されている。それは中核となる集落とその周辺地域からなり、それはひとつの都市国家になぞらえられるのである。キウィタスを取り仕切る在地の豪族たちは徴税と秩序の維持につとめているかぎり、かなりの内政の自治を認められていた。二人委員、造営委員、財務委員の公職や都市参事会などのローマ風の都市制度が模倣されるキウィタスもあったが、キウィタスのなかには旧来の部族集落をパグスやウィクスという下部単位で温存していたもののもあった。

## 都市化・ローマ化

もともと地中海沿岸部のナルボネンシス州は、退役兵の入植が進み、ローマ風の生活様式を備えた都市が誕生しつつあった。碁盤目状の街路が走り、市街地の中心部には公共広場《フォルム》があり、ローマの神々や皇帝に奉納された神殿がならび、あちらこちらにアーチ型の凱旋門が立ち、疲れをいやす公衆浴場があり、人々がなによりも楽しむ見世物を開催する円形闘技場や半円劇場が建てられていた。さらに、このような都市に水源地から水を供給するために、郊外にはかすかな傾斜をつけた長い水道橋が建設された。なかでも、ニーム市に水を運んだ施設の一部をなすボン・デュ・ガールの遺構は名高い。

このようにして都市景観のローマ化が進んだのである。これら植民市の建設に際しては、先住民は土地を収用されたり買い上げられたりしたが、なかには植民市の市民に加えられ、ローマ市民権をえる者もいた。このような植民市の富裕貴族のなかにはローマの元老院にはいる者もあらわれ、三五年には最高の公職であるコンスルの地位に就くまでになっている。

ブドウやオリーヴの栽培にもめぐまれ、生活は豊かになったので、ローマ人の規範やモラルからすれば、これらの都市に住む人々の品位も高まっていた。一世紀後半には、大プリニウスの『博物誌』のなかで、ナルボネンシスは「属州というよりはむしろイタリアである」と評されている。歴史家タキトゥスの岳父にしてブリタニア総督として名高いアグリコラはフレジュス出身であり、五賢帝の一人アントニヌス・ピウス帝(在位一三八〜一六一)の祖父はニーム市民であった。

旧ガリア・コマタの三属州では、ローマ化の進展はきわめて緩やかであり、限定されていた様相がある。カエサルはリヨンなど三カ所に、入植による都市の建設をおこなったにすぎない。それ以後も、周縁のゲルマニアにはケルンやトリーアなどに入植活動がなされたが、ガリアでは積極的な植民市の建設はまれであった。しかし、ケルト人が築いていたオッピドゥム(城塞都市)はそれほど破壊されなかったし、それらを中心に集落地が広がっていくことも少なくなかった。さらには、道路網の整備拡

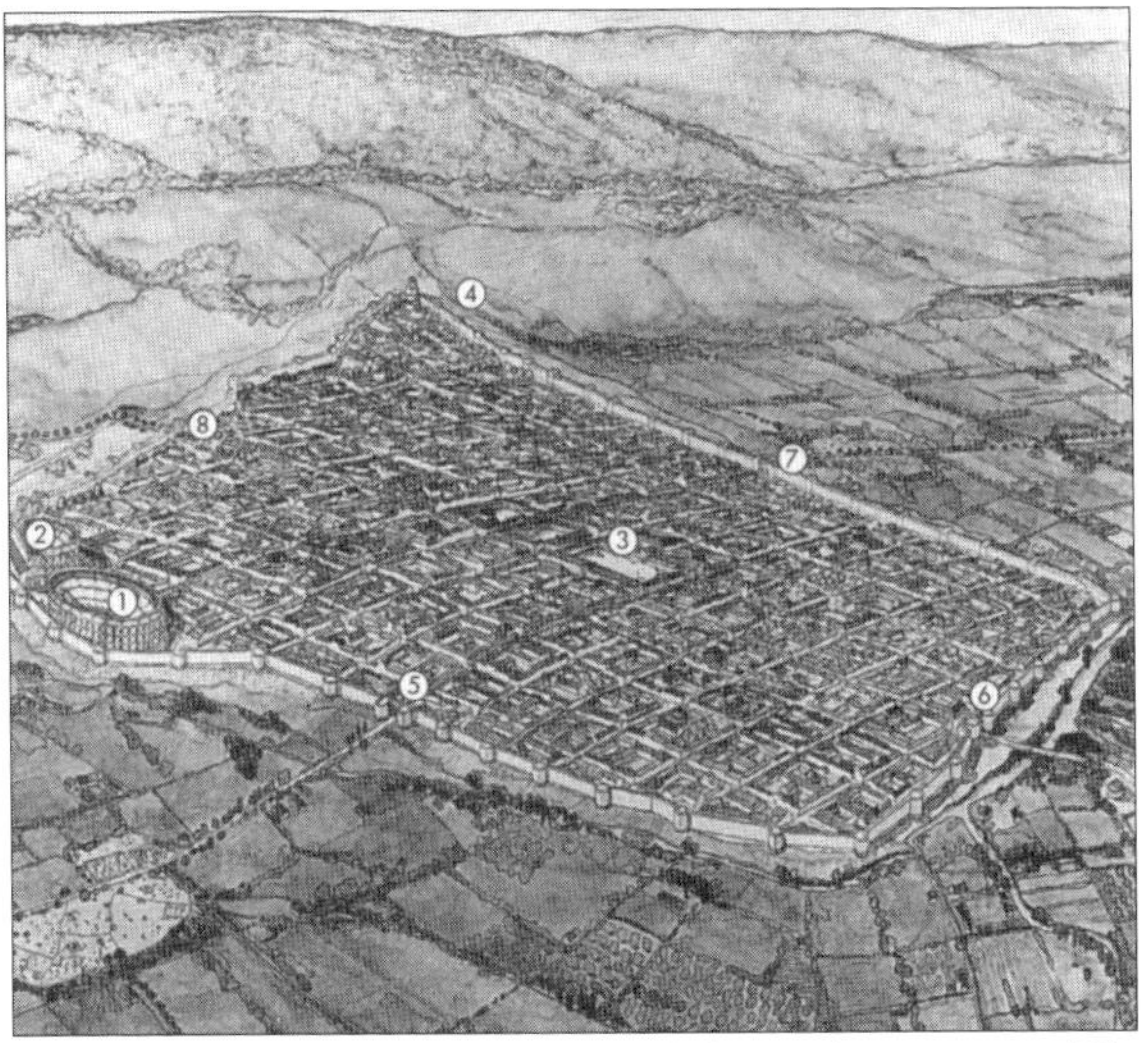

交通の要衝に発展した城壁をもつローマ都市アウグストドゥヌム(現オータン)の復元図　①円形闘技場(不可視)　②半円劇場(可視)　③フォルム(想定)　④城壁の囲い(保存良好)　⑤サン・アンドレ門(保存良好)　⑥アッル門(保存良好)　⑦門(消失)　⑧門(消失)

充にともなって、ところによっては物資の集散地や宿駅の役割を担う集落も生まれている。このような新しい集落が形成されたために、なかには旧来型のオッピドゥムを中核とした集落の衰退を招くこともあった。たとえば、ローマ軍の陣営地となり幹線道路が通ったアウグストドゥヌム(現オータン)が繁栄すると、二〇キロメートル程離れた丘上に位置するビブラクテの住民はしだいにオッピドゥムをすてて丘をおりてしまった。

四八年、リヨン生まれのクラウディウス帝(在位四一〜五四)による演説後の元老院決議で、やっとのこと旧ガリア・コマタの三属州の人々にも元老院への参入が認められ、帝国の公職への道が開かれた。しかし、七〇年以前ではこの地域出身の元老院議員は三人しか知られていない。また、元老院身分につぐ騎士身分にあっても、この三属州とゲルマニアを合わせても、一世紀のあいだに二十数名しか知られておらず、その数はナルボネンシス州に比べて四分の一にしかすぎないのである。

それにもかかわらず、ローマ市民の数は確実にふえつづけていた。とくにクラウディウス帝は属州民へのローマ市民権付与に熱心であり、また退役兵はローマ市民権をえて帰郷すると土地を取得して忠実な臣民となった。ガリアからは精強な補助軍騎兵として志願する者が数多くいたからである。こうして旧ガリア・コマタの三属州もローマ支配への同化の道を着実にたどるのである。

これら三つの属州は、ケルト時代の三大部族であるアルウェルニ族、セクアニ族、ハエドゥイ族がそれぞれ異なる属州に分れるように仕組まれていた。強固な伝統と肥沃な土地にめぐまれ、それぞれが均衡を保ちながら発展するように期待されていたのかもしれない。それほど、これらの地は豊かであり、ローマの作家は決り文句のごとく、ガリアの豊穣を印象づけている。

たとえば、ネロ帝(在位五四〜六八)死後の混乱期にガリアでも謀叛が起こり、諸勢力の対立が生じた。その一場面について、歴史家タキトゥスは、「そういうわけで軍団兵はまずセクアニ族やハエドゥイ族に、ついでほかのガリア人の部族にたいし、彼らの富裕の程度に応じて敵愾心《てきがいしん》を燃やし、町を攻め耕作地をあらし、家屋敷を掠奪しようとその機会をうかがっていた。実際、これらのガリア人は強力な部族に固有の欠点である貪欲と傲慢に加えて、頭が高いので兵は苛立っていた。彼らはガルバから年貢を四分の一に減らされ、共同体にも贈物を与えられていたことを自慢し兵隊を見下していた」(『同時代史』)と語っている。

かのクラウディウス帝の演説の前に、ある元老院議員は、ひとたび公職への道がガリア・コマタの人々に開かれたならば「あらゆる地位が、あの富豪のガリア人で、占められよう」と反対演説をぶっている。ここに描かれたガリア人は、早くからローマ化したナルボネンシス州のガリア人とははなはだ異なっている。どちらも豊かで富裕であっても、ローマ人の目からすれば、ナルボネンシス出身の貴族は洗練されて品位があるが、「長髪のガリア」出身の貴族は粗野であり鼻持ちならないとでもいわんばかりである。

## 産業と商業

これら豪族の繁栄の背景に、ガリアにおける産業や商業の発展を忘れるべきではない。ケルト人はもともとビールを飲んでいたが、すでにギリシア人の植民市であるマッサリア(現マルセイユ)ではぶどう酒の生産も始まっていた。前二世紀ころから地中海沿岸地域ではイタリア産ぶどう酒が輸入され、主として上層民に愛好された。やがて一世紀になるとブドウ栽培とぶどう酒生産はローヌ川にそって北上し、二世紀にはモーゼル川渓谷にまで進んだという。

このようなブドウ栽培とぶどう酒生産は、都市の周辺部で始まっている。ケルト人はもともとビールと蜂蜜水ぐらいしか知らなかったのだが、地中海を遠く離れた地域でもすばやくぶどう酒生産にとりかかったことになる。さらに、ガリアの人々は重いアンフォラにかわって軽い樽を発明したので、ぶどう酒の保存と輸送において大きな革新をなしている。このためぶどう酒の味が気品あるものに洗練され、ガリア産のぶどう酒は広く需要されるものになった。一世紀末ころには、属州外にも輸出されるようになり、首都ローマでは「五年物ベジエ産ぶどう酒」という銘のある壺も発見されている。そのころにはイタリア産ぶどう酒にとって強力な競争相手となった。そのために、ドミティアヌス帝(在位八一～九六)は、イタリアのブドウ栽培を保護するために、ガリアのブドウ栽培を根絶することを命じたほどであったが、そんなことなど暴君でもできるはずがなかった。ぶどう酒生産はガリアの西部にも広がり、ブルディガラ(現ボルドー)にはブリタニアのぶどう酒輸入業者が渡来している。

ガリアの住民たちは、平凡な日常生活のなかでも、長い伝統につちかわれた工夫をこらしていくことになる。ベルギカの人々のなかには、工具の開発において異常なほど才気にあふれた人たちがいた。彼らこそは、世界で最初の刈入れ機の発明者であった。それは、二つの車輪をもつ大きな四角の桶の形をしており、その前縁には鋭利な歯形の刃がつき、それを畑のなかでロバが押すのである。また、ケルト人は、古来の無輪犂とならんで、有輪犂の原型をも最初に用いている。それとともに、輪作がとりいれられたり、土壌も改良され、もともと穀物にめぐまれていたのに加え、ますます豊かな穀倉地帯となるのである。

まがりなりにも「ローマの平和」が続くなかで、ガリアの人々は石材、大理石、化粧漆喰《しっくい》などの工法でローマ風の作り方を学んでいる。石切断職人、石工、漆喰職人などが登場し、建材として、木材、粘土の柵や壁にかわって、切断された大石材、小石材、煉瓦《れんが》が用いられるようになった。ガリアの人々は、鉄を溶かして形をつくる方法に長けていたので、鍛冶職人は大規模に工具や武具を製作している。青銅鋳造師は小さなブロンズ品の製作を得意としていた。アルウェルニ族のように、ギリシア人の彫刻家に教えられてヘルメス神の巨像をつくった例もあるが、大きな作品はほかにほとんど知られていない。

ガリア人は、ローマ人の製陶技術をとりいれ発展したことでも知られている。印章のある製陶は、イタリアのアッレティウム(現アレッツォ)で開発されており、くぼみ状の鋳型を使用して、素焼きの外側に神話や動植物や生活風景などのさまざまな形状をきざみこむことができた。アッレティウム産の陶器は赤陶と呼ばれ各地で人気を博していたが、前一世紀末にはリヨンでも生産されるようになった。ガリアの陶工は、もともと巧みであったせいか、赤陶の製陶技術はほうぼうで工夫されるようになった。とりわけナルボネンシス州に接したルテニ領内のラ・グローフザン産の赤陶は、オイルランプ、花瓶、コップなどの製品として、大きな需要をもっていた。一世紀なかばには、属州内の需要のみならず、イタリアをはじめとする帝国各地へ、遠くはシリアまでも、輸出されるほどになっている。ある陶工は「ほんもののアッレティウム産陶器」ときざんではばからなかったという。やがて、二世紀になると、ガリア製陶の中心は東部や北部にかけての地域に移っていくことになる。

ガリアではまた、毛織物も重要な産物に数えることができる。二世紀末には、羊毛製品は帝国各地にさかんに輸出され、とくにフード付きの外套は今日のブランド品のような評判をもっていたらしい。ある若者は、ケルト語でカラカラと呼ばれる外套を好んだために、そのあだ名をもったまま皇帝になっている。

さらにまた、木靴工や籐細工なども評判があり、たとえば柳製の肘掛け椅子はしばしば富裕な人々やおしゃれな人々に愛用されていたし、今日の大型トランクの祖型となる柳製の大箱も人気があったという。木材の加工に優れていたガリアの人々は、荷車の製造においてもきわだった資質を示している。今日の大工というヨーロッパ諸語のもとになったラテン語のカルペンタリウス（carpentarius）は「車大工」を意味したが、それはもともとガリアに由来したからである。

こうして、一〇〇〇万人をこえる人口があったという豊かなガリアから、ナルボンヌやボルドーの港をへて地中海沿岸の各地に向けて、また、ローヌ川、ロワール川、セーヌ川などの河川や整備された道路網をもつ陸路によって内陸部に向けて、さまざまな産物が運ばれていた。穀物、ぶどう酒、オリーヴ油、塩漬け食品、陶器、銀器、毛織物など、それぞれを専門に扱う商人を意味する豊富なラテン語があることからも、商業交易の活動がさかんであった様がしのばれる。

## 都市と農村

たしかにガリアの豊穣さには、目をみはるほどのものがあったかもしれない。これらの産業や商業に従事する人々の多くが、都市を拠点として活動していたことは十分に想像できる。しかし、この地における都市の規模を過大評価するわけにはいかない。ナルボンヌ、ニーム、ヴィエンヌ、リヨンなどが最大級の都市であったが、なかでももっとも人口の多いリヨンでもたかだか四万人の規模でしかなかったのである。

ブドウの摘み取りを描いたモザイク画　27の農作業を描いた連作のモザイク画のなかの秋の一場面。

ともすれば、古代地中海世界をながめるとき、われわれは都市の繁栄に目を奪われがちである。それらの都市の周辺には多数の農場邸宅《ウィラ》が散在し、ブドウ畑やオリーヴ畑あるいは穀物畑が広がっている様が目に浮かぶ。たしかに、ナルボネンシス州では、ほかの地中海沿岸地域にみられるような、都市とその郊外に広がる農場邸宅という図式があてはまるかもしれない。しかし、旧ガリア・コマタの地域では、必ずしもこの図式はあてはまらない。農場邸宅はむしろ村落《ウィクス》の周りに集まっている。そこにケルト人部族の残存をみるのは早計かもしれないが、考古学の発掘報告によれば、富豪のガリア人と都市との関連は地中海沿岸部より密接なものとは理解されないのである。

それとともに、農耕奴隷についても、ナルボネンシス州では奴隷の活動を確認することができるが、ガリア北部ではその事例はまれにしかみいだすことができない。これらの田園地帯にあっては、おそらく奴隷が主たる農業労働力であったのではないだろう。ケルト時代にさかのぼる豪族とその従属民との関係は、ローマの支配下になっても営々と続いていた。これらの従属民は、ときには豪族の直営地で働く耕作民として、あるいは豪族を地主とする小作人として、さらにときには、富裕な小作人であれば自らも小さな邸宅に住む小企業家でもあった。これらの農場では、農繁期には自由民の季節労働者を雇うこともあり、農耕奴隷は農業労働力の一翼を担うほどのものだったにちがいない。

### ケルト語とラテン語

ガリアの人々にとって、ローマ帝国の公用語であるラテン語は強要されたわけではないが、さまざまな管理行政上の必要から、日常生活においても、母語よりもラテン語を使用する機会はますます多くなった。ケルト語はだんだんすたれ、ラテン語は卑俗語化されたかたちで民衆の口の端にのぼっていった。とりわけローマ軍に従軍したガリア人は、そこではラテン語がぜひとも必要とされたので、帰郷するとラテン語を身につけた者として敬意を受けていた。それまでガリア人はケルト語で誓願碑文を書くだけで、しかもギリシア文字やラテン文字を用いて表記しているにすぎなかったから、彼らの情報伝達力は高まった。さらには、人々に教育がほどこされるようになり、効率のよい行政管理がなされるようになった。

しかし、これらラテン語を話す人々にのみ幻惑されてはならない。たしかに都市を中心とする上層民は、早くからラテン語になじんでいた。しかし、農村部では相変わらず母語たるケルト語しか話せない人々もかなり多かったにちがいない。三世紀になっても「信託遺贈はラテン語とギリシア語だけではなく、ポエニ語やガリア語など他の言語でもなしうる」というのが、ある法学者の意見でもあった。ケルト語を話す人々が、農村部の下層民に限られるものではなかった事情を示唆している。

## 三世紀の混乱と「ガリア帝国」

「ローマの平和」に翳《かげ》りがみえ始めるのは、マルクス・アウレリウス帝(在位一六一〜一八〇)の治世である。この五賢帝最後の皇帝はストア派の哲人としても知られているが、彼をなやませたのは蔓延する疫病とゲルマン人の不穏な動きであった。ゲルマン人はやっとのことで制圧されたが、息子のコンモドゥス帝(在位一八〇〜一九二)の時代になると、父帝の回復した領土は放棄されている。

三世紀になると、ライン川方面の国境に、ゲルマン人の離合集散から大勢力が形成され、ローマ帝国の北方の大きな脅威となりつつあった。フランク族やアラマンニ族が勢いを増し、ローマ軍はその制圧に苦慮することになる。このような国境地帯の混乱のせいか、ガリア北部の一部では農場邸宅に衰退の兆候がみえ始める。しかし、ガリア全体としてみれば、三世紀なかばまでは毛織物産業などの活動もほとんど衰える兆しをみせてはいない。それどころか、ボルドーでは大規模な建築物が建立されており、大西洋沿岸部とくにブルターニュ半島ではきわだった経済成長の痕跡すらもみられる。

三世紀のローマ帝国は「軍人皇帝」とか「三世紀の危機」の時代と呼ばれ、政治、経済、社会の全般において不安定な時代であった。それでも、ガリアに深刻な危機がおとずれるのは三世紀後半になってからである。ササン朝ペルシアの進出のために東方戦線に帝国の軍勢がさかれると、帝国の北方では防備が手薄になり、そこをゲルマン人の諸族が襲った。フランク族やアラマンニ族が属州内に侵入したので、ガリア社会は混乱をきわめた。

ローマ軍の増強の見込みがないガリアでは不安はつのるばかりだった。こうしたなかで、二六〇年、ゲルマニア総督のポストゥムスは皇帝を僭称《せんしょう》して、ガリア一帯のみならずヒスパニアやブリタニアの支持をもとりつけることに成功した。帝国北方の人々、とりわけガリアの富裕階層にとって、ガリアの防衛に専念する軍隊は心強いかぎりであり、ガリアに常駐する皇帝は熱い支持を集めることになった。ポストゥムスはローマ皇帝の正式の称号を名乗り、コンスルや親衛隊長官などを任命したばかりか、通貨すらも発行している。このためにこのポストゥムスの支配を「ガリア帝国」と呼ぶことがある。この「ガリア帝国」の支配下で、数年間、ガリアの平穏は首尾よく守られている。ポストゥムスはフランク族やアラマンニ族の攻勢をしりぞけ、ローマ皇帝ガリエヌス（在位二五三〜二六八）の西方属州奪回の攻勢をもはねのけている。しかし、二六九年、ポストゥムスは彼の支配に不満をもつ一部の兵士によって殺害されてしまう。

その後、二人の後継者があいついで登場したが、やがて二七四年、ガリア北部に遠征したアウレリアヌス帝（在位二七〇〜二七五）の率いるローマ軍によって陥落され、「ガリア帝国」は瓦解した。このため、ふたたびフランク族やアラマンニ族は勢いづき、ガリア社会は深刻な打撃をこうむって、荒廃した。その事情を物語るように、このころのガリア北部にあっては、数百もの農場邸宅が放棄され廃墟と化している。

## 古代末期の属州再編とガリア社会

二八三年、アルモリカ地方（現ブルターニュ半島）で農民や牧人が蜂起し、自らをバガウダエと名乗って、ローマからの独立を宣言した。彼らのなかには盗賊の一群もおり、農地をあらし都市を襲撃したという。この運動は、ローマの重圧にあえぐ民衆の反乱と指摘する向きもあるが、あいつぐ戦乱と混乱のなかで民衆が自ら秩序の回復に乗り出したものともいえる。この蜂起そのものは四年後にローマ軍に鎮圧されるが、その後もローマの支配を排除しようとする民衆運動の火種はくすぶりつづけることになる。というのも、バガウダエ運動は、そもそもケルト時代以来の在地豪族の保護をあおぐ、従属民の自衛の動きとして理解できる点も少なくないからである。

　二八四年、ローマ帝国の政治的混乱を収拾したのは、軍隊の支持を受けたディオクレティアヌス帝（在位二八四〜三〇五）であった。彼は帝国全土の州を細分化する再編に着手し、ガリア南部には七州からなるウィエネンシス管区、ガリア北部には一〇州からなるガリア管区が設置された。前者は従来のアクィタニアとナルボネンシスの二州からなり、後者は従来のルグドゥネンシス、ベルギカ、上・下ゲルマニアの四州からなっていた。

　さらに、コンスタンティヌス帝（在位三二四〜三三七）は、この二管区にヒスパニアとブリタニアの二管区を加えて、四管区を統轄するガリア道を設けている。ガリア道の行政組織には、上位から順に、道長官、管区代官、州総督がおり、それぞれがおびただしい数の下僚集団をかかえていた。こうしてディオクレティアヌス帝以後の専制君主政期には、官僚機構が肥大化し、帝国の財政負担が増大する懸念があったことになる。

　古代末期のガリア社会をながめると、なによりも目につくのは都市景観の様変わりであろう。とりわけ北部では、それまで都市が城壁で囲まれているのはオータンなどの数例にとどまっていたが、建物や墓地からかき集めた石材で城壁をめぐらし防備を固めるようになった。城壁に囲まれた市街地だけをみれば、都市の面積はかなり縮小しているが、城壁外でも都市生活が営まれていたようである。しかし、人口規模の大きかったリヨンや、ケルト人の要塞都市にさかのぼるアレシアなどの衰退は著しいものがあった。

田園部では、三世紀の危機と混乱の時代に、下層民は在地の豪族に頼りその保護にあずかる者も少なくなかった。やがて四世紀になると、彼らのなかには土地に緊縛された農民（コロヌス）となり、豪族の大所領で働く者が続出した。かつてのキウィタスの首長層のなかには、零落する者もおり、大地主として生き残る者もいた。このような在地の豪族は、セナトール貴族と呼ばれる帝国官職の経験者になる場合もあった。帝国官職はさまざまな特権をもっていたので、金やコネによって就任する者もあとを絶たなかった。こうして帝国官職の経験者は、新興貴族層をなしたのである。

ところで、三世紀末以来の社会変動のなかでも、古来のケルト人の伝統は姿を変えながらも生きつづけている。ケルト人の神々は、ローマの神々と融合することなく、古来の名前で呼ばれ、聖泉信仰も衰えることはなかった。ケルト語も口語として田園部では広く用いられていたにちがいない。

しかしながら、キリスト教が公認され、ガリアの各地にも普及するようになると、事情はいささか異なってくる。とくに、三七二年、トゥールのマルチヌスが修道院を建て、農村地域への布教活動が始まると、古来の異教信仰はしだいにすたれていった。また、このころから、徐々にケルト語もすたれだし、日常生活のなかでもラテン語が卑俗なかたちで用いられるようになった。このような卑俗ラテン語は、やがて北部におけるオイル語と南部におけるオック語という、フランス語方言群に分かれていくことになる。

## ローマ支配の終焉

四世紀後半にゲルマン人の諸族がローマ帝国の国境を脅かし、やがて領土内に侵入してきた。ガリアでは、四〇六年、ヴァンダル族、アラン族、スエビ族の大群が押し寄せ、四一二年には、西ゴート族が侵入する。さらに、ブルグント族やフランク族も移動し、ゲルマン人の圧力はとどめようもなかった。これらの侵入にたいする鎮圧の動きも繰り返されたが、混迷を深めるばかりであり、やがてゲルマン諸族の定住を容認せざるをえなくなった。西ゴート族はガリア西南部に定住し、トゥールーズを首都とする西ゴート王国を建設した。また、アラン族はヴァランス周辺やオルレアン付近に、ブルグント族はサヴォワ地方に定住することになる。

五世紀のガリアのセナトール貴族に、シドニウス・アポリナリスという人物がいる。彼は書簡集や詩歌を書き残しており、古典の素養とキリスト教の教養を一身におびた代表的な知識人である。彼は、四六八年、ローマ市長官を務めたのち、四七〇年ころオーヴェルニュ地方の中心にあるクレルモン・フェランの司教に選ばれた。その翌年、勢いをます西ゴート王国の軍勢がクレルモンを攻囲したとき、シドニウスは抵抗運動の精神的な指導者であった。しかし、四七五年、西ゴート王国はローマ帝国政府にたいして、オーヴェルニュ地方の割譲を認めさせるところとなった。それは、ガリアにおけるローマ支配の事実上の終焉を意味する出来事であった。

# 第二章　ポスト・ローマ期から中世へ

## 1　「フランス」をつくる人々

### ガロ・ローマ人、ブルトン人そしてバスク人

ガロ・ローマ人とはガリアのケルト系先住民ガリア人と、紀元前一世紀の終わりごろこの地を征服したローマ人植民者とが混血して生まれた人々をさしている。二つの民族集団の混淆《こんこう》の程度がどれほどであったかは、地方によっても、都市か農村かその環境によっても、またさらに社会層によっても違いがみられるはずであるが、それを厳密に確定するのが不可能という事情があって、ローマ支配に服したのちのガリアの住民をひとしなみにガロ・ローマ人と呼ぶのが慣例となっている。

すでに前章でガロ・ローマ人やその社会については詳しく述べられているので、ここでは同じケルト系の民族集団であるブルトン人を中心にみておこう。

大西洋に突き出たブルターニュ半島は、ローマ時代にはアルモリカと称されていた。五世紀に苛烈さを増したピクト人、アングル人、サクソン人など大陸のゲルマン部族のブリテン島への侵入は、いわば難民として大量のブリテン人をアルモリカ半島へ追いやる結果となった。こうしてアルモリカはブリテン人の土地となったのである。だからもともと海峡を挟んで向き合っているイングランドのコーンワル地方とブルターニュ半島の人々は、同一のエトノス(民族集団)に属していて、兄弟民族どころか同じ民族といっても差しつかえないのである。ただ便宜上ブリテン島の人々をブリテン人、ブルターニュ半島の人たちをブルトン人と呼んで区別しているだけである。

ブルトン人の独自意識はきわめて強固であり、服従の姿勢をとることはあっても自民族以外の支配者による直接の統治に服したことはなかった。一四九一年、ブルターニュ大公領の継承者であったアンヌ・ド・ブルターニュがフランス国王シャルル八世(在位一四八三~九八)と結婚することにより、ようやくフランス国王の直轄支配に編入されたのである。けれどもブルトン人のパティキュラリズムはいぜんとして根強くあり、それが近代に入ってから分離独立の運動として続いているのはよく知られている。

ブルトン人と同じように、現在まで独自なエトノス意識をフランスのなかで保持してきた民族としてバスク人がいる。バスク人はピレネ山脈を挟んでスペインとフランスの両国にまたがって生活しているが、スペインのバスク人がブルトン人のように分離独立への強い指向をもっているのにたいして、数のうえで遥かに少数のフランスのバスク人は、「ペ・ド・バスク(バスク人の邦《くに》)」であるピレネ・アトランティック県にほぼおさまって生活している。彼らの出自は謎につつまれていて、インド・ヨーロッパ系の人々が到来する以前からこの地で暮していたらしい。その言語は元来カフカス地方に起源をもつとみられている。

ローマの著作家は彼らを「ウァスコネース(Vascones)」と称しているが、当時彼らがもっていた勢力圏は中世のナヴァル(ナバラ)王国からガスコーニュ地方を覆っていた。戦闘集団としての勇猛さと、山岳戦の巧みさは、七七八年スペイン遠征から帰るシャルルマーニュ(在位八〇〇～八一四)の軍隊を襲撃した事件を題材として、中世叙事詩の傑作『ローランの歌』を生み出した。十一世紀ころからナヴァルとガスコーニュの二つに分離し始め、アンリ四世の治世にスペイン勢力とフランス勢力の分離が決定的となり、最終的には一六五九年のピレネ条約で現在の姿に固定することになったのである。

## ゲルマン・エトノス集団――フランク人、ブルグント人、西ゴート人

フランスという国名は、ゲルマン人の一集団フランク人に由来する。彼らについての最初の記録は、四世紀に書かれた史書『皇帝伝』のなかに収録されているローマ軍の進軍歌であり、これは二六〇年代ローマ軍がフランク人にたいしてあげた大勝利を誇らしげに歌った内容である。最近の研究成果が示すところでは、「フランク」というエスニックな集団はもともと存在せず、三世紀ころにシャマー

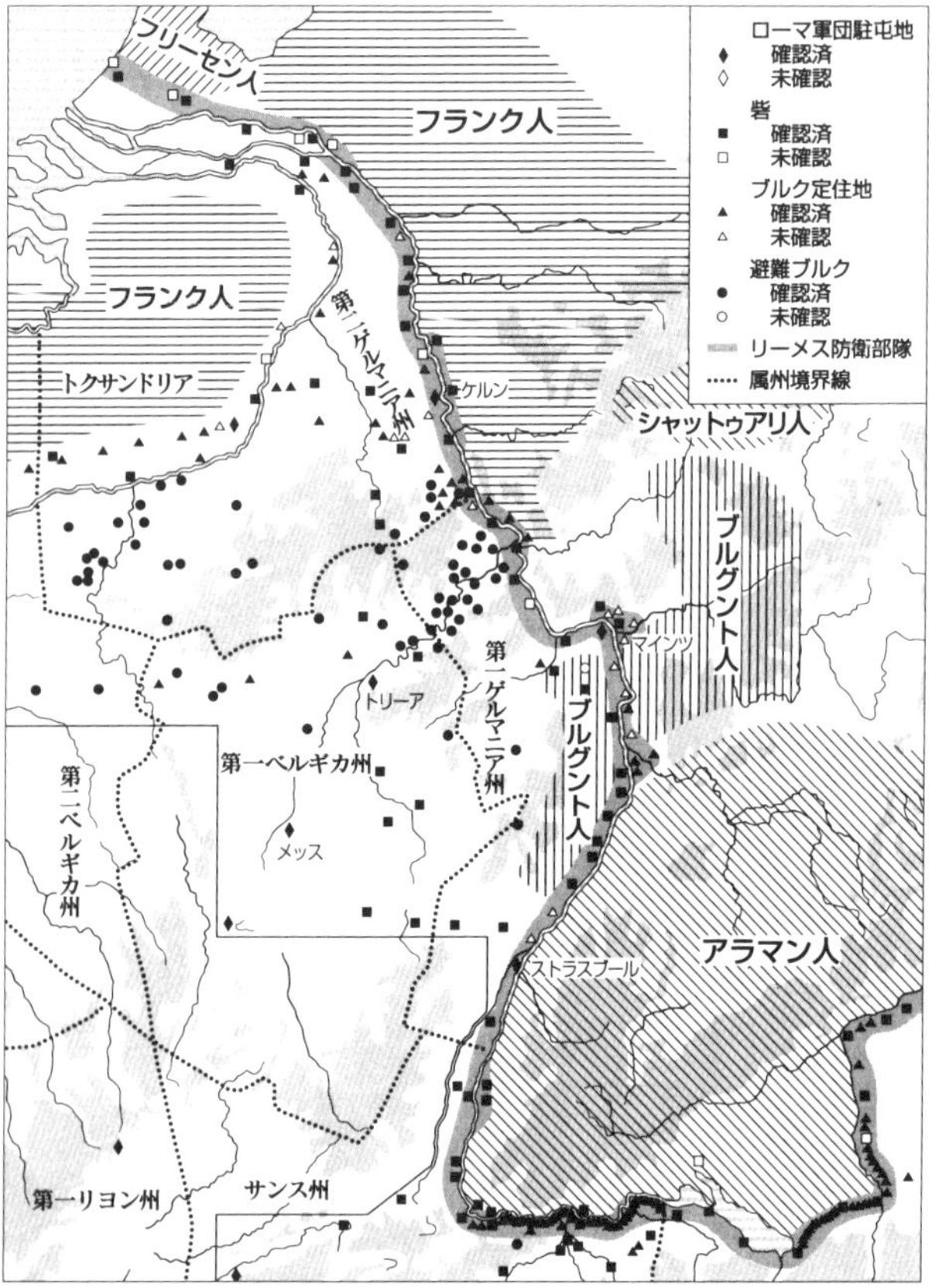

5世紀末のライン地方のローマ属州

ウィ、ブルクテリ、シャットゥアリ、サリー、アムスウァリといった名前のライン川下流地帯にいた部族が同盟してできた一種の政治集団として成立したとされている。ラテン語化したFrancusという呼び名は「大胆な者」、「勇敢な者」を意味し、こうした一般名辞が部族名になるところにその非エスニックな性格が明瞭にでているというのである。

彼らは三五八年に、「背教者」の十字架を背負わされたローマ皇帝ユリアヌスの意向でライン川の河口に近いトクサンドリア地方(ベルギー北西部)に定着させられた。このトクサンドリア定着後に、フランク王国の建国者クロヴィスの出自したシカンブリア人も吸収したのであった。これに続く半世紀は、フランク指導層が西ローマ帝国の軍事官僚として輝かしい成功をおさめた時代である。けれども、五世紀にはいると西ゴート人がローマの友軍として華々しい活躍をし、フランク人は一時歴史の表舞台から退く。この間、彼らはトクサンドリアから徐々に北フランスに進出していたようである。そして四八六年にソワソンを拠点にセーヌ川から北の一帯を「ローマ人の王」として支配していたシャグリウスを殪《たお》したクロヴィスの時代に、一気に北ガリアに覇を唱えることになった。

その後、勢力を南に広げるうちに、四一八年以来ロワール川の南に盤踞《ばんきょ》する西ゴート王国との決戦が避けられない状態となった。こうして五〇七年春にポワチエのやや北西に位置するヴイエの野を戦場として、クロヴィスのフランク軍とアラリック二世率いる西ゴート軍との激しい戦いが繰り広げられた。アラリックは斃《たお》れ、フランク人は西ゴート王国の首都トゥールーズまで支配領域を拡大したのである。五一一年にクロヴィスがこの世を去ったとき、フランク人は現在のラングドックやブルターニュ、ガスコーニュを除いた、フランスのほぼ全領域に覇権を樹立していたのである。

四一八年に皇帝ホノリウスによりガリア西部の第二アクィタニア州への定着を許された西ゴート人は、東ゲルマン系の言語を話す集団であった。五〇七年にクロヴィスとの戦いに敗北して、スペインに拠点を遷《うつ》すまでおおよそ九〇年にわたりアキテーヌ地方に支配民族として君臨していたのだが、ens を語尾にもついくつかの地名にその痕跡をとどめるのみで、ラングドックを別にして独自の文化的遺産を遺《のこ》していないのは、まことに不思議といえば不思議である。

彼らは早々とガロ・ローマ人と融合してしまい、その文化的個性をガリアに刻印する暇《いとま》がなかったのであろうか。あるいはもともと部族民の数が領土として与えられた空間に比較して多くはなく、存在が希薄であったからであろうか。いずれにしても西ゴートに特徴的な地名を手がかりに考えてみると、どうやら彼らの定住・植民は限られた戦略拠点に集中していたようで、それはガロンヌ川流域、バザス、バ・ケルシー、モンターニュ・ノワールの諸地方であった。

王国の首都がトレドに遷ったのちも、ラングドックは西ゴート王国の領土にとどまった。この地方の文化的個性は、地中海世界との交渉のほかに、ピピン短身王によるフランク王国への併合まで続く西ゴート支配のうちに形成された要素に多くをおうている。そうしたもののひとつとして、ナルボンヌをはじめとする都市を拠点にしたユダヤ人の旺盛な経済的・文化的活動があげられるであろう。

ブルゴーニュの名前の由来となっているブルグント人は、ゴート人と同じく東ゲルマン系の言語を話す人々である。四四三年に彼らもまたローマ帝国の友軍として、サパウディア、すなわちジュネーヴを中心に、南ジュラやスイス・ロマンドに定着した。サヴォワ地方の名称はこのサパウディアからきている。ブルグント人には一部フン人との混淆の痕跡がみられると指摘する学者もいる。それはまだライン地方にいた四三六年に、フン人に大敗をきっして国王ともども王族が全滅するという事件と関係している。フン人の一部と融合するかたちで、ジュラ地方に動いたのである。

四五七年ころにブルグント人は、ローヌ川沿いにさらに勢力を南下させ、リヨンをあらたな拠点とした。結局は膨張主義的拡大をやめなかったフランク人により五三四年に征服されてしまうが、ローマの都市制度や文化を保持した。十一世紀までブルグント法を自らの法であると主張する者がいたほどで、文化的存在感が希薄であった西ゴート人と対照的に、その独自性を保持しながらこの地方へ深く根をおろしたといえるであろう。

八世紀末から北ゲルマン語を話すスカンディナヴィア三民族、すなわちデーン人、スウェーデン人、ノルウェー人が西ヨーロッパへ活発な侵略活動を開始した。そのうちデーン人の首領ロロに率いられた一団が、時のフランク国王シャルル三世単純王(在位八七九～九二九)とのあいだで、九一一年にサン・クレール・シュル・エプトで条約を結び、これにより現在のノルマンディ地方への定着を認められた。西のコタンタン半島と東のコー地方、そして程度は両者に劣るが、バイユー地方にとくに濃密に入植がおこなわれたと推測されている。

この地方は当時の用語法で「ネウストリア」と称されていたが、先住のガロ・ローマ人とフランク人の混淆したいわばネウストリア人とヴァイキングの融合からノルマン人が誕生したといえる。最初の定住者がでてから一三〇年ののちに、その子孫であるノルマン人のロベール・ド・オートヴィル(ロベール・ギスカール)は南イタリアに雄飛して、のちのシチリア王国の建国につながる活躍を始めた。ロベールの活動からほどなくして、今度はノルマンディの君主である大公ギヨーム(ウィリアム)が、イングランド国王の王位継承にからんで、軍勢を率いて海峡を押し渡りこの地を征服し、海峡を挟んだ支配を打ち立てたノルマン・コンクェストはよく知られている。これ以後五世紀にわたって、ノルマンディとイングランドは太く錯綜した絆で結ばれることになる。

## 2 ローマ文化の伝統、その転換

### 後期ローマ文化の存続

西ローマ帝国の崩壊(四七六年)とフランク人による支配は、ガリアの文化環境にそれほど大きな変動をもたらさなかったと言い切ってよいであろう。もしローマ文化の変化をいうならば、それは帝国の瓦解《がかい》の一世紀も前から始まっていたのである。

四世紀を境に書物は巻き物の巻子本《かんすぼん》から、冊子形式の書冊本《コーデクス》にかたちを変え、また男の衣裳はゆったりとして行動の優雅さが要求される寛衣《トガ》から、活動的な筒袖の服が好まれるようになっていた。なによりもキリスト教の公認そして国教化により、内面世界を支える価値体系に根本的な変化が起こったのであり、それは社会のもっとも奥深いところからの文化変容を生み出さずにはすまなかったのである。したがって四七六年の西ローマ帝国の解体のころのガリアの文化状況は、すでに六世紀のそれと根本において変わりなく、ただ時間を追うに従い、四世紀の初発の状態からの懸隔が徐々にはっきりするようになる変化の因子を内在させていたといえよう。

その因子のひとつが都市文化である。普通いわれるのとは違い、西ローマ帝国の政治的解体はただちに都市社会の崩壊を引き起こすことはなかった。古典教育のための都市の学校は六世紀なかばにもまだ存続していて、ラテン文法や算術が教えられていた。六世紀の末、ネウストリア分王国の王キルペリクは、ラテン・アルファベットにいくつかのギリシア文字を加えて教えるように、王国の都市学校に指令をだしたのであったが、それはこの時代に学校という世俗の教育機関が都市に存在していたことを証明する好個の例といえよう。都市はまた周辺農村地帯の土地財産の権利関係を証明する登録簿を備えていて、この面でもその中心機能を保持している。多数を占めるガロ・ローマ人の法生活を律したのは、いぜんとしてローマの法たる『テオドシウス法典』であった。実際の生活のなかでのロ

軍神マルス門　ランスに残るローマの軍神マルスに捧げられた門。紀元後3世紀に建設された。

ーマ法の存続は、フランスではカロリング朝期まで続くのである。

長い七世紀

この世紀は、アイルランドの修道士コロンバヌスがもたらしたいわゆるアイルランド修道制が巻き起こした刷新の強い気運のなかで幕を開け、中世王権の先駆であるカロリング朝の覇権確立で幕を閉じる一世紀である。その幕開けにはいまだ古代後期の気風がさまざまな姿で顕在していたのに、その終期には北方的・ゲルマン的色調が多くの文化的局面で他を凌駕《りょうが》するようになった。

古代後期の文化を根本で特徴づけていたのは都市であった。司教座がおかれた一二〇弱の主邑都市は、世俗の役人である都市伯よりもむしろ司教の影響力のもとにおかれていた。初期の殉教者を追悼する墓廟に発する修道院は、おもに司教自身か王族の一員が創建し、市壁のすぐ外に位置しているのが普通であった。こうして修道院そのものも司教支配体制に空間的に統合されていた。五九四年ころにガリアに到着したコロンバヌスが目にしたのは、華美な衣裳をまとい、王や貴族との社交に明け暮れる司教たちの姿であった。彼はそうした世俗の生活から身を引きはがし、祈りと霊的な勤めに専心できるよう、都市からできるだけ離れた田園に修道の場をつくるよう督励し、自らもブルゴーニュ地方のリュクスーユに修道院を建設したのだった。その結果、七世紀には北フランスからベルギーの田園地帯に一五〇程の修道院が建設された。

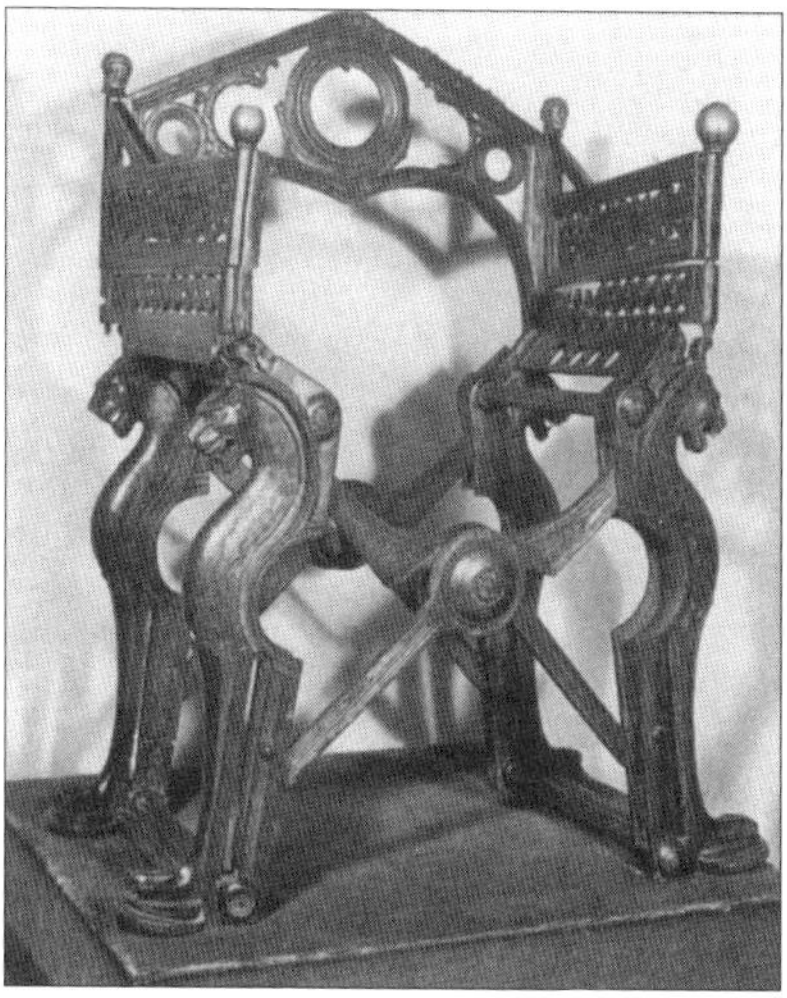

伝ダゴベルト１世の椅子　パリのサン・ドニ修道院に伝来した，ダゴベルト１世が使用していたとされる青銅製の椅子。最近の研究では，これをシャルルマーニュのものとする異説もある(フランス国立図書館蔵)。

こうした修道制の新しい息吹は、新しい霊性とでも表現できる精神生活の変革をともなっていた。それは贖罪の意識をいちだんと先鋭化することを求めるそれであった。それはまず貴族層の心をとらえ、王族のなかにも少なからぬ熱心な帰依者をみいだした。ダゴベルト一世(在位六二九〜六三九)の有力高官たちは、早々と公職から離れ、異教の気風なお根強い地方の司教として伝道に勤《いそ》しむか、あるいは修道院長として霊性の陶冶に励む修道士を率いた。

このような精神風土のなかで、前世紀にはなお教会や修道院の床や壁面を飾ったモザイク舗床や、フレスコ画などの視覚芸術が衰え、失われていった。ひとり写本芸術が、そうした欲求を満たそうとするように、多彩色の華麗な装飾文字や意匠を展開し始めたのだった。聖書や教会師傅《しふ》の作品ばかりでなく、国王が発給する文書がパピルス紙から羊皮紙に転換したのも、七世紀の経過中であったと推測される。これがパピルス紙の原産地であるナイル川デルタ地帯との交易が停止して、その入手が困難になったためなのか、それとも都市にあった登録簿の制度が消滅したために、権利確保の手段として個々の文書の重要性がいちだんと増したために、パピルス紙よりも堅牢な媒体が必要とされるようになったためなのか、どちらとも断定できない。おそらく両方の要因がいずれもかかわっていると思われる。

八世紀初頭にのちにカロリング朝となる支配門閥の覇権掌握により、知的素養を欠いた北海・ライン地方の人脈が、俗人司教や修道院長としてフランスの司教座都市や有力修道院を牛耳るべく流れ込んできた。そうした人たち、および彼らの扈従《こしょう》の士たちの法として、『サリカ法典』は以前に比べて遥かに援用されることが多くなったのである。携帯用の小型の『サリカ法典』が九世紀に著しくふえた事実が、現存する写本の数からうかがわれるが、それはこうしたことと関係があるにちがいない。

## カロリング・ルネサンス

フランク文化史のひとつのトピックとしてつねに言及されるのは、カロリング・ルネサンスという文化現象である。西欧の歴史のなかで「ルネサンス」といわれるとき、そこで含意されているのはギリシア・ラテンの古典的規範の再生運動、それへの復帰を意図した動きである。七九四年のアーヘン宮廷の造営以前に、たとえばフランク王国の外側にあるアングロ゠サクソン世界からアルクィンのような学僧がシャルルマーニュのもとをおとずれ、王の要請もあり長年にわたって陣幕で寝食をともにし、顧問として、また詩芸の友として仕えるということがあった。アーヘン宮廷やインゲルハイムの離宮の建設後は、さらに多くの知識人、詩人がヨーロッパ全土から集い、さながら学問・芸術の花園の観を呈した。

その基本をなしたのはラテン語の古典的規範の再興であった。話ことばに引きずられて古典の標準的規則から逸脱した用法を矯正し、文法と綴字法の正しい姿を復活することは、神のことばを正しく人々に伝え、そして理解してもらうために必要であるとするのが、そのイデオローグたるアルクィンの思想であった。かくして、イタリアからはピサのペトルスやパウルス・ディアコヌス、イスラーム支配下のスペインからはリヨン司教アゴバルドゥス、オルレアン司教ヨナス、ロレーヌにあるサン・ミエル修道院長スマラグドゥスなど一級の知識人、教会人が蝟集《いしゅう》した。

またアーヘンを「現代のローマ」たらしめるべく、現在もその八角形の美しい内部の装いをとどめ

『ヴィヴィアンの福音書』　シャルル禿頭王がサン・マルタン修道院長ヴィヴィアンに命じてつくらせた大形聖書のひとつ。

ている礼拝堂の資材をラヴェンナから運ばせて建設したり、東ゴートの大王テオドリックの巨大な騎馬像を、やはりラヴェンナから運ばせ、これを燦然と輝く金箔の像として宮廷の庭にしつらえたりした。

写本芸術と書物文化史の面でのカロリング・ルネサンスの寄与はきわめて大きいものがある。正確な筆写に役立てるべく、読みやすいカロリング小文字が創案され、多くの修道院書写室に普及した。この書体を美的に完成させたトゥールのサン・マルタン修道院は、『ヴィヴィアンの福音書』をはじめとして、数々の壮麗な大形福音書を生み出したのであった。現在まで伝来しているものだけで約八〇〇〇点を数える写本が、この時代につくられたのである。

この時期、視覚芸術にかかわる大きな出来事がビザンツ社会をゆるがしていた。それは聖画像論争《イコノクラスム》と呼ばれるものである。ビザンツ皇帝レオ三世はキリストの画像への崇敬がゆきすぎであるとして、七三〇年に聖像破壊令をだしたのであったが、これは賛否両論の激しい論争を引き起こした。この論争はキリスト教の根幹にかかわることがらであり、教皇庁も非難した。フランクの宮廷ではアルクィンらが中心となって、聖画像は民衆の教化に役立てるのが肝心なのであってゆきすぎた崇敬も、またその破壊もともに誤りであるとの趣旨を展開した論を『カールの書』の名前でまとめた。聖画像の脱神秘化の論理を内在させるこの冷静な議論は、芸術の宗教からの自立という西方における世俗文化の展開にとって、重要な意味をもつことになるであろう。

## 3　経済と社会の展開

### 農村と農民の姿

西ローマ帝国末期の段階での農村社会のあり方は、ひとくちにフランスといっても、モーゼル川、マース川流域などのライン・リーメス(ライン流域一帯のローマ帝国による防壁)に近い北フランスと、地中海に近接する南フランスではずいぶん違いがあった。そもそも西欧古代の基本的な生産の様式とされる奴隷制が、ガリアでどれほど浸透していたかは、必ずしも自明のことがらではないのである。ウィラと呼ばれる大農場が、北ガリアにも相当の密度で分布していたことは、航空写真による網羅的な探索や、考古学的発掘から知られてはいるが、その生産の主要な部分が純粋の奴隷労働により担われたことを疑問視する研究者が少なくない。むしろ近隣に居住する隷属的な地位におかれた農民の労働力を利用するかたちで、生産がおこなわれた場合が多かったのではないかとされるのである。

南ガリアのウィラの空間的配置は、西ゴート人の支配があったにもかかわらず、古代末期から中世初期にかけて大きな変動をこうむらなかったようである。これにたいして、北では一般的現象として、ウィラの数や定住地点の持続的な減少という事態が確認されている。その多くが台地に建てられているローマ・ウィラが放棄され、川筋かあるいは都市に近接した場所に移っている。そのなかで南ピカルディ、イル・ド・フランス、シャンパーニュなどの地方で、以前からのウィラ組織が持続して機能しているのが注目される。メロヴィング朝の分王国体制が最初にとられたとき、それらの首都がいずれもこれら三地域におかれた事実が想起される。ライン・リーメスのウィラと同じように、帝国軍の食糧補給のためにこれらの地域にウィラが確保されたのを接収して、供給源にするための措置であったのであろうか。

農民の多数派を構成したのは、身分的に自由な自営農民であった。けれどもガリアを舞台として一世紀におよんだ六世紀の社会的混乱とフランク国家の収奪構造、そして教会・修道院への王権の庇護などのさまざまの要因があいまって、領主支配の拠点となる聖俗大所領の形成を各地にもたらした。自由農民はこれまで以上に、大所領の支配の渦に巻き込まれた。七世紀の中ごろから、パリ地方の王領地にいち早くみられる古典荘園と呼ばれる支配・経営体の誕生は、古代末期からの社会経済的展開のひとつの到達点であった。この荘園組織は、二つの部分から構成されていて、ひとつは領主直領地と称され奴隷的不自由人の労働により耕作される。もうひとつの農民保有地と呼ばれる部分は、近隣の自営農民の賦役労働でまかなわれるような経営形態である。後者はやがて自由農民の社会的隷属化の坩堝《るつぼ》となるであろう。それにもかかわらず、農民的小経営は一定の水準で自らを維持しつづけたとする見方が、近年では強くなっていることを指摘しておかねばならない。

### 貨幣と市場

フランク時代の経済はかつてよくいわれたのと違い、閉鎖的な自然経済の状態にあったわけではない。たとえばメロヴィング期のガリアでは、確認されているだけで約八〇〇の造幣所が知られているが、それがつねに全部稼働していたのではないとしても、その事実は、この時代になると貨幣の流通速度がいかに遅かったかを、そしてそれにもかかわらず貨幣需要の圧力がいかに強かったかをも物語っている。実際、七世紀いっぱい残った租税制度において、納入は基本的に貨幣でなされている。

司教座のおかれた主邑都市にはほとんど例外なく造幣工房がみいだされるが、それ以外にもウィクスと称される小集落が、そうした造幣活動の拠点となったのである。都市の市場や農村の定期市での取引に必要な貨幣が、このような工房で打造されたのであった。メロヴィング期には、この種の造幣業務を担当したのは、王権公認ではありながら造幣手数料を収入とする遍歴する私的な造幣人であり、自らの名前を造幣地名とともに打刻することにより、貨幣に信用力を与えたのである。カロリング期になると造幣地がもっぱら主邑都市に限られ、その総数もかなり減少するのは、貨幣の流通が以前に比べて速度を増したことと関連しているにちがいない。この時代になると造幣は大幅に国王役人の業務となり、王権のコントロールのもとにより大規模に展開された。それは高額貨幣であるローマ以来のソリドゥス金貨から、より小額の取引にふさわしいデナリウス銀貨への基軸通貨の転換が七世紀中ごろに生じ、いちだんの貨幣需要を生み出したからでもあった。

具体的な取引空間としての市場が存在したことと、取引が市場メカニズムに従って作動していたのと同じではないのはいうまでもない。商品供給能力の技術的限界や運送手段の制約など、需給の関係が自律的に価格を決定するような条件を欠いていたし、シャルルマーニュ時代にだされた公定パン価格のように、公権力の取引への介入は珍しくはなかった。そもそも商人のあり方が、この時代の市場の性格をあらわにしている。王権のような公権力や、インムニテート特権(不輸不入権)享受者であった修道院のような準公権力とは無縁の独立した遠隔地商人は、存立の余地がなかったし、あったとしても例外的でしかなかった。長い通商経路のそこかしこに設けられた関税徴収所での関税の支払いは、取引のコストを著しく高めてしまい、リスクにみあう利益をもたらさないからである。彼らは宮廷や修道院の業務をはたしながら、自己の取引をおこなうことにより関税免除の特権を獲得し、期待される利益をあげることができた。公権力への依存が、遠隔地間の取引に従事する商人にとって必要な前提となったのである。

### 戦士と領主

フランク期の有力な社会集団として戦士のそれがある。一般にそれは二重の起源をもつ制度として知られている。すなわち自由な戦士が自発的な意志に基づいて首長につき従うところから生まれるゲルマン的従士制と、ガリア人古来の従者制《ヴァスス》である。従者制においては、彼らが主人にたいして持する従属的態度が特徴的である。メロヴィング期を通じて両者の融合が進行し、やがて歴史上「封臣」と称されることになる戦士層が結晶化することになるとされる。

こうした戦士の主人＝主君にたいする服従の絆は、前者が後者にたいしておこなう忠実宣誓にあった。けれども、かりに宣誓行為の儀礼的所作のみを問題にするならば、ゲルマン的というよりはガリア＝ケルト的かつローマ的系譜が卓越している感がある。宣誓の際に主人の手中にあわせた両手をおく行為は、ローマのマンキパチオと呼ばれる手による受容のシンボリカルな系譜を引き、主人の前で両膝をつく姿勢は、頭への按手《あんしゅ》がケルト人のもとで象徴した身体への「支配」と関連しているからである。

七世紀の経過中にフランク貴族が形成され、荘園を基礎とする安定した支配基盤を獲得すると、封臣がこうした荘園領主である貴族のいわば私兵団を構成することになる。八世紀前半、宮宰カール・マルテルの指導のもとにいちだんと強化された騎馬部隊は、これら封臣たちを中核としていた。カールは在俗教会や修道院所領を、有力な騎兵たちに分与することにより、日頃の騎乗戦闘訓練や馬匹《ばひつ》の購入・維持にあてがわせたのであった。のちの騎士身分の萌芽はすでにフランク時代に兆していたことがわかる。

フランク期の荘園領主たちは、おもに所領にある館に居住していて、そこの防備は概して簡単なものであった。十世紀のヴァイキングの襲来の時代になってようやく、石造りの壁をめぐらしたりして堅固な防備施設を整えた。この時代に外民族の襲撃の際には、近隣の山地に設けられた避難用の城砦に逃げ込んだ事実は、平地の居住施設の軍事化が進展していなかったことを想定させるのである。

## 4　国家の変遷

### メロヴィング朝と司教支配体制

フランク人はゲルマン部族のなかでも、のちのちまで異教徒でありつづけたが、キリスト教に改宗するに際して唯一じかに正統派（カトリック）に変わった集団であった。東ゴートは最後まで異端のアリウス派にとどまり、西ゴートは七世紀にカトリックに転ずるものの、建国当初はやはりアリウス派を奉じていた。早々とフランクに滅ぼされたブルグントも同様であった。

これにたいしてフランク人を率いるクロヴィス（在位四八一〜五一一）は、ブルグントの王女出身ですでにカトリック教徒であった妻クロチルドの勧めで、四九六年に従士三〇〇〇人とともにランス大司教レミギウスの手で受洗した。これはフランク王国の政治的地平にとって、はかりしれない重要な出来事であった。ガリアの人々はその大半が、その信仰を受けとめる深浅の違いはあるもののカトリック教徒であったから、支配者として君臨し始めたフランク人が信仰を同じくするのは、統治上の調和という点からみて大きな利点となった。このことをもっと具体的にいえば、キリスト教の国教化を境にして、四世紀後半から雪崩をうったように司教職に進出し始めたセナトール貴族が扼《やく》するガリア教会との協調関係を利用することができたということである。

クロヴィスは晩年を首都パリのシテ島にあったローマ期からの宮殿で過ごし、五一一年に没するが、死後その王国は四人の息子のあいだで分割された。それぞれの王国をドイツ史学の用語を借りて分王国《タイルライヒ》と呼ぶのが、わが国での慣例となっている。この分割を、国家をも世襲財産とみなしこれを分割して相続するゲルマン人独特の法思考の所産として理解するのが通例であったが、長男のテウデリク一世（在位五一一〜五三四）が自分の血を分けた子供ではないことに不安をもった王妃クロチルドの意向によるとする新説を唱える向きもある。原因はともかく王国はテウデリクが支配しランスを首都

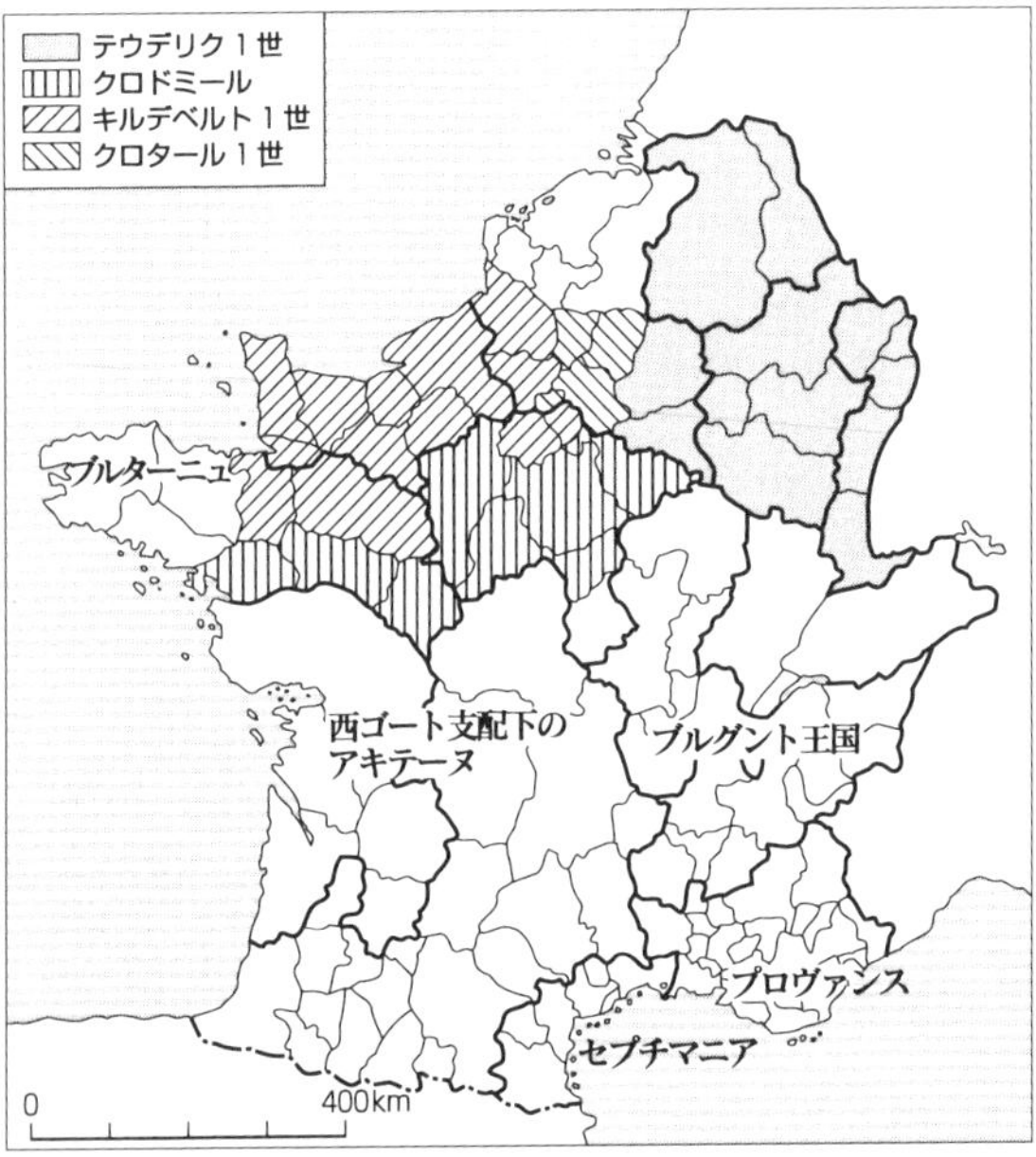

511年の王国分割

とする分王国、クロドミール（在位五一一～五二四）はオルレアンを首都とするそれ、キルデベルト一世（在位五一一～五五八）にはパリを首都とする分王国が、クロタール一世（在位五一一～五六一）にはソワソン分王国がそれぞれ与えられた。ロワール川の南に位置する旧西ゴート領は、それぞれが持ち分をもつ一種の采地となった。五六一年と五六七年に、メロヴィング家の第二、第三世代の王位と分王国の継承がおこなわれ、首都の移動や新しく征服されたブルグント、プロヴァンスの併合も含めて、分王国の枠組みがアウストラシア（東分王国）、ネウストリア（西分王国）、ブルグントの三つに固定するようになる。

メロヴィング国家の統治の仕組みは、基本的には最末期ローマ帝国の支配組織をできるだけ利用するというものであった。国王宮廷は、裁判や軍事の統率を任務とする官職担当者や国王の家政機関を擁し、中央機構を体現している。宮廷の財源となったのは、セーヌ川の北では深刻な綻《ほころ》びをみせてはいたものの、ロワール川の南でいぜんとして維持されていた租税であった。メロヴィング時代の経過中に、租税は請負的な形態からやがては徴収額が固定化された慣習的な賦課租に転化するのであるが、当初はまだ租税的性格が濃厚であったのである。

地方の統治はキウィタス(主邑都市)を拠点とする都市伯が担った。彼らは国王が任命する国王役人であり、中央から派遣されるのではなく、地方名望家層の衆望を担ったその地方の人物が、国王により任用されるというのが実態であったらしい。地方ではむしろ主邑都市に拠点をおく司教が、より大きな権力をもって統治していた。都市での法的紛争は司教の裁治権により処理されたし、貧者をはじめとする弱者の救済を実践したのは、司教が統率する教会組織であった。リヨンのニケティウス一族、ボルドーのレオン一族のように、七世紀まで特定の司教座を特定のセナトール貴族門閥が連続して掌握する例が珍しくない。メロヴィング国家の地方支配において、教会の支配機能は都市伯のそれにもまして重要な役割をはたしたのである。

## カロリング朝の膨張政策とヨーロッパ貴族の源流

七世紀初めアウストラシアの宮宰であった大ピピンの血統から、のちのカロリング王家が生まれた。宮宰という官職は元来国王の家政機関を束ねる官職であったが、七世紀から副王的存在に上昇をとげて、国王が幼く親政がおぼつかない状態が続いたこの世紀の末からは、実際は君主のごとく統治した。これを開始したのがカール・マルテルである。「カール」という名前はフランク人の命名リストにはない名前である。アングロ・サクソン語の「ケアール」、すなわち「自由人」からきていると推測される。カールはピピン二世が、マーストリヒトを根城とする豪族の娘アルパイダと内縁関係を結んで生まれた子供であるが、この名前がピピンとアルパイダ一族とがなぜ結びついたか、その理由を明かしている。この一族は北海からライン川、マース川流域に影響力をもっており、ピピン二世はその海上・河川交易活動に野心を燃やしていたのである。次男のグリモアルドを海民フリーセン人の王ラドボードの娘と縁組みさせているのも、同じ理由によるのである。シャルルマーニュにつながるカロリング王権のルーツが、このように海上交易的な色彩にそめられていた事実はあまり注意をはらわれてこなかったが、大事な点である。

カール・マルテルは七三〇年代、ほとんど毎年のように南フランスやプロヴァンスに遠征したが、七三二年のトゥールとポワチエのあいだでのイスラーム騎馬軍との戦いは、その端緒といえる。南部社会にとって、彼の軍事遠征がもたらした惨禍は神が振りおろした「鉄槌《マルテル》」にほかならず、イスラーム教徒の破壊を遥かにこえていた。この地方の古代的な名残は、たび重なる人的・物的被害により完全に息の根をとめられたのである。ラングドック地方は、カールとその息子ピピンの遠征によってはじめてフランク人の国土となった。

七五一年、時の教皇ザカリアスの内諾のもとに、ピピンはメロヴィング朝最後の王となったキルデリク三世をアミアン近くのサン・ベルタン修道院に幽閉し、自らが国王として即位した（在位七五一～七六八）。これによりカロリング朝の幕が上がる。ピピンはフランクの王ではじめて即位の儀式に塗油の儀礼を取り入れたが、これは自らの権力掌握がクーデタに等しい行為である事実を意識し、旧約聖書にみえるイスラエル王権の儀礼を導入することにより、正当性を強めようとの配慮からでたものであった。

カロリング朝を代表する君主は、いうまでもなくピピン（短身王）の息子カール、のちの大帝、すなわちシャルルマーニュ（在位七六八～八一四）である。彼は八〇〇年にローマで「西ローマ皇帝」として戴冠することにより、西方における皇帝権の復活者となった。「ヨーロッパ」という空間的・文化的概念は、彼の治世にはじめて実体を備えた生きた概念として誕生したのである。

父の渾名《あだな》と対照的に巨軀の持ち主で、野心と精気にあふれたこの人物は、ほぼ七〇年におよぶ生涯の大半を戦塵のなかで過ごしたといってよい。その軍征の年表を一覧するだけで、ヨーロッパの凡庸な支配者は色を失うであろう。南はピレネ山脈の彼方《かなた》のスペイン、東はハンガリーの平原、北はデンマークの湿原と、広大な領域をほぼ毎年のように転戦している。これを可能にしたのは、専門の訓練を積んだ職業戦士が構成する封臣軍の高速騎兵隊であった。公の権力という観念はけっして消滅することはなかったが、主従誓約に基づく封建的絆での再編成が着実に社会に浸透しつつあった。ある専門の歴史家によればシャルルマーニュの帝国は空間的に三層に分けられる。中核にあるのは「フランキア」と称されるほぼセーヌ川とライン川に挟まれた地帯である。その外側にフランク人に服属した部族の領域が取り囲むように展開している。これは「レグナ(regna)」と呼ばれる地帯である。もっとも外側に位置しているのが周辺民族のスラヴ人やイスラーム教徒の領域であり、周縁地帯と形容される空間である。南はピレネ山脈、東はエルベ川がその境であった。

シャルルマーニュが実効的な支配の対象と考えたのはレグナ領域までで、周縁への遠征はいわばその安寧を確保するための副次的な意味しかもっていない。彼は大小とりまぜておよそ五〇〇にのぼる伯管轄区に、多くをフランク人の封臣層から起用して伯として派遣している。この統治手法はメロヴィング朝がとった地方支配のそれと大きく異なっている。その実現のほどはともかく、カロリング朝は地方を直接に掌握しようと望んだのである。ここに国家組織の面での一定の進展をみてとることができる。地方に派遣された国王封臣のなかの有力な人々は「帝国貴族層」と呼ばれ、やがて中世ヨーロッパの名門貴族の源流となるであろう。

## 西フランク王国からフランスへ

八一四年にシャルルマーニュが他界したあとの帝国を継承したのは、ルイ敬虔帝(一世、在位八一四~八四〇)であった。彼が即位してほどなく早々と決めた息子たちへの帝国の分割方針が裏目にでて、ルイの死まで続く父子間の対立が勃発し、帝国の基礎を揺るがせた。ルイの死から三年後の八四三年に三人の息子、すなわち長男のロタール、次男のルートヴィヒ、三男のシャルルのあいだでヴェルダン条約として知られる協定が結ばれ、それぞれの領域が定められた。最終的には八七〇年のメールセン条約により調整がおこなわれるが、三男のシャルル禿頭王(二世、在位八四三~八七七)の領土となった西フランク王国から「フランス」という国土が誕生するのである。

九八七年にカペー朝を開いたユーグ・カペーの属するロベール家は、もとをたどればライン川中流に基盤をもち、ロルシュ修道院の創建に加わった帝国貴族の一員である。西フランク王国での台頭は、八四〇年ころにこの一門の一人ロベール・ル・フォールがロワール川の河口、アンジェに拠点をえたことに発している。ロベールはロワール沿岸地方の主要な伯領の伯称号を兼併し、トゥールのサン・マルタン修道院長職も取得し、権力をこの地方一帯に広げたが、八六六年にヴァイキングの侵寇を阻止しようとして戦死した。彼の長男ウードは二〇年後にヴァイキングからパリを救った英雄として、カロリング の血統以外ではじめて西フランクの国王(在位八八八~八九八)に推戴されている。

ウードの死後、王位はカロリング朝の血統に復帰した。だが西フランク王国の政治的重心は、ウー

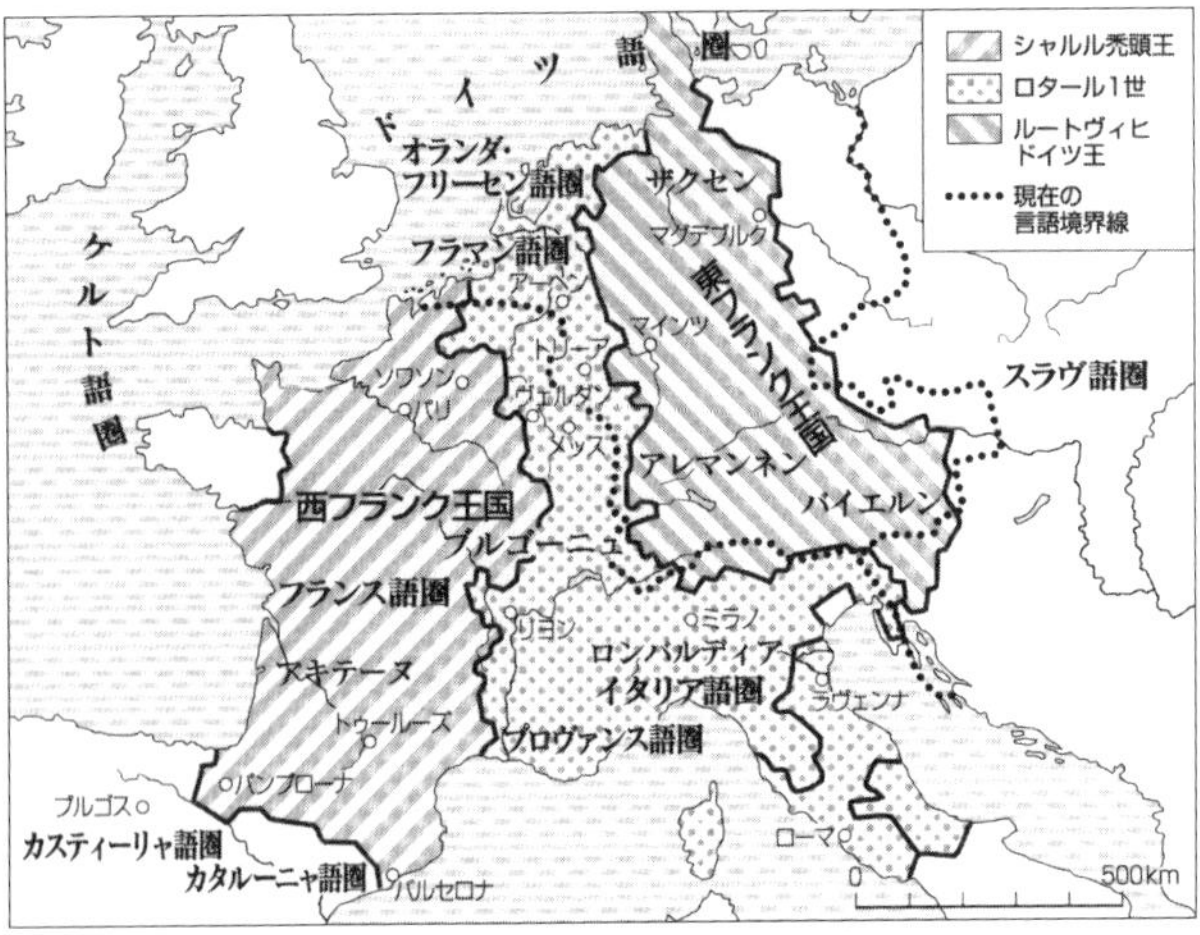


ヴェルダン条約によるカロリング帝国の分割(843年)

ドの甥で「フランキア大公」と称され、セーヌ・ロワール間地帯に二〇の伯領と主要な修道院長職を一手におさめていたユーグ・ル・グランにあった。けれどもユーグは王位に即《つ》くことにより、それまで獲得した領土と権益を失うのを虞《おそ》れ、一族の勢力の絶頂期に王錫を握るのをあえてやりすごしたのであった。息子のユーグ・カペーが王位を手にしたとき(在位九八七〜九九六)、国王の威信たるやビザンツ皇帝家と縁組みをおこないえたドイツ王権と比べて、パリ地方を中心にした凡庸な一政権のそれでしかなかったのである。

# 第三章　中世フランスの国家と社会

## 1　カペー朝の試練

### ユーグ・カペーの登極

九八七年の晩春、時の国王ルイ五世（在位九八六〜九八七）はサンリスにあるフランキア大公ユーグ・カペーの森で狩りを楽しんでいたが、落馬し脇腹を痛打した。同時代人であるリシェの手になる『フランス史』では、その様子はつぎのように叙述されている。「医者が肝臓は血の源であると認めるように、この器官に強い打撃を与えると血嚢《エマトイカ》に血液が奔入する。彼の鼻孔と口からおびただしく血が流れ、胸は間断なく激痛に襲われ、全身が焼けつくようなたえがたい痛みを覚えた。こうしておのれの父が逝ってからわずか一年の五月二十二日、彼は人の本性による罪を贖《あがな》い、息を引き取った」。

ルイには後継者がいなかったために、六月初めに時をおかず、新王選出の目的で王国会議がサンリスで聖俗の貴顕諸侯を集めて開かれた。この会議で主導権を握ったのは、ランス大司教アダルベロンであり、背後で大司教を支えたのは懐刀《ふところがたな》ジェルベール、すなわちのちの教皇シルヴェステル二世であった。二人の意向は神聖ローマ帝権、すなわちザクセン朝が担うドイツ王権を軸としてヨーロッパ諸国民の統合をはかることであり、ドイツ王権との融和策を標榜《ひょうぼう》していたフランキア大公ユーグを王位に選出させることにあった。だがなくなったルイ五世の叔父、ロレーヌ大公シャルルがカロリング家の血統を引く有力な対抗馬として存在し、シャルル自身が王位への強い意欲を示していた。王位は血統や身体の高貴さによって決められるのではなく、優れた知恵と武勇と寛大な精神の持ち主こそが選ばれるべきであるとのアダルベロンの大演説は、これを意識するものであった。結局このランス大司教の意見が会議の総意となって、フランキア大公ユーグが国王に選出された。

七月三日の日曜日にノワイヨンでアダルベロンの手により塗油と戴冠の儀式がとりおこなわれ、かくしてあらたな王朝が誕生した。ユーグ(在位九八七〜九九六)は「フランキア人、ブルトン人、ノルマン人、アキテーヌ人、ゴート人、スペイン人、ガスコーニュ人の王と宣せられた」のであった。続いて、同じ年に二人の王を即位させることはできないとしぶるアダルベロンを説得して、ともかくもこの年のクリスマスにオルレアンで息子のロベール二世敬虔王(在位九九六〜一〇三一)を共同王として聖別させた。

このようにして、ユーグは自らの身に万一のことがあっても、一族の王権がただちに危殆《きたい》に瀕することがないように策を講じた。ユーグの懸念には根拠があったといえる。それというのも、ユーグの最大の後援者であったランス大司教アダルベロンが九八九年初頭に没するや、ロレーヌ大公シャルルは好機来《きた》れりとして、ブロワ伯ウードやトロワ伯エルベールらの諸侯を味方につけて、本気で政権奪取の構えをみせたからである。けれども、謀反計画はシャルルに忠誠を誓ったラン大司教アダルベロンの裏切りにより、九九一年の春に頓挫した。シャルルの身柄はユーグに引き渡されて、ほどなくして闇に葬られた。こうしてカロリングの血統は絶滅し、ユーグの懸念は払拭されたのであった。

## 非力な王権

大叔父でパリ伯のウードが、ユーグ自らが属するロベール一門からでた最初の国王として即位してから約一世紀、そして父ユーグ・ル・グランが目の前に差し出された王位を自ら辞退したに等しい行動をとってから半世紀、この一族はメロヴィング、カロリングに続いてフランスの国土を支配する三番目の王朝となった。そしてその名もユーグにつけられた渾名《あだな》カペー(俗人修道院長が羽織った短い外套を意味する)を名乗る王朝が、傍系王朝のヴァロワおよびブルボンを介して、フランス革命まで続いた。革命後の一七九二年、王政廃止にあたって、革命政府側からルイ十六世は揶揄《やゆ》的に「ルイ・カペー」と称されたのである。

ところでカペー朝の支配は実現したけれども、王権が実効的に支配をおよぼしえた範囲はきわめて限られていたといわねばならない。それは国王の家領たる王領地が集中しているパリを中心に、イル・ド・フランス地方しか掌中におさめていなかったように思える。中世史家ルマリニエは、国王宮廷に伺候し、王の名前で発給される文書に証人として副署する者が、もっぱらこの地方の城主や騎士層である事実を明らかにして、初期カペー王権の領域的基盤の狭小さをまことに鮮やかに論証している。ロベール敬虔王が巡礼をかねて、政治的な示威行為として南フランスを巡歴したおりに、彼が滞在した七つの修道院のどれひとつとして、こうした機会をとらえて権利の安泰を画して求められる国王証書の発給を要請しなかった事実が、威光の凋落《ちょうらく》ぶりを如実に物語っているといえよう。

王の支配力の弱体化はアンリ一世(在位一〇三一～六〇)の治世にさらに深刻となった。その支配はトゥール、アラスの西にあるモントルイユ、そしてシャロン・シュル・マルヌの三点を結ぶ線に囲まれた範囲に限られ、その息子フィリップ一世(在位一〇六〇～一一〇八)の時代には、サンリス－パリ－オルレアンの軸線とオワーズ川流域に縮小したのであった。だが、こうした傾向はフィリップの時代に底を打つ。つぎのルイ六世(在位一一〇八～三七)は、有能な顧問であったサン・ドニ修道院長シュジェの助言のもとに、封建的主従関係を政治的序列づけの原理として存分に活用して、権威を回復し、その子のルイ七世(在位一一三七～八〇)はシュジェの導きのもと、ノルマンディ大公領を領有するプランタジネット朝イングランド王ヘンリ二世を一一五一年にパリに呼びよせ、フランス王の下臣として忠誠を誓わせるのに成功した。こうしてフィリップ二世尊厳王《オーギュスト》(在位一一八〇～一二二三)の時

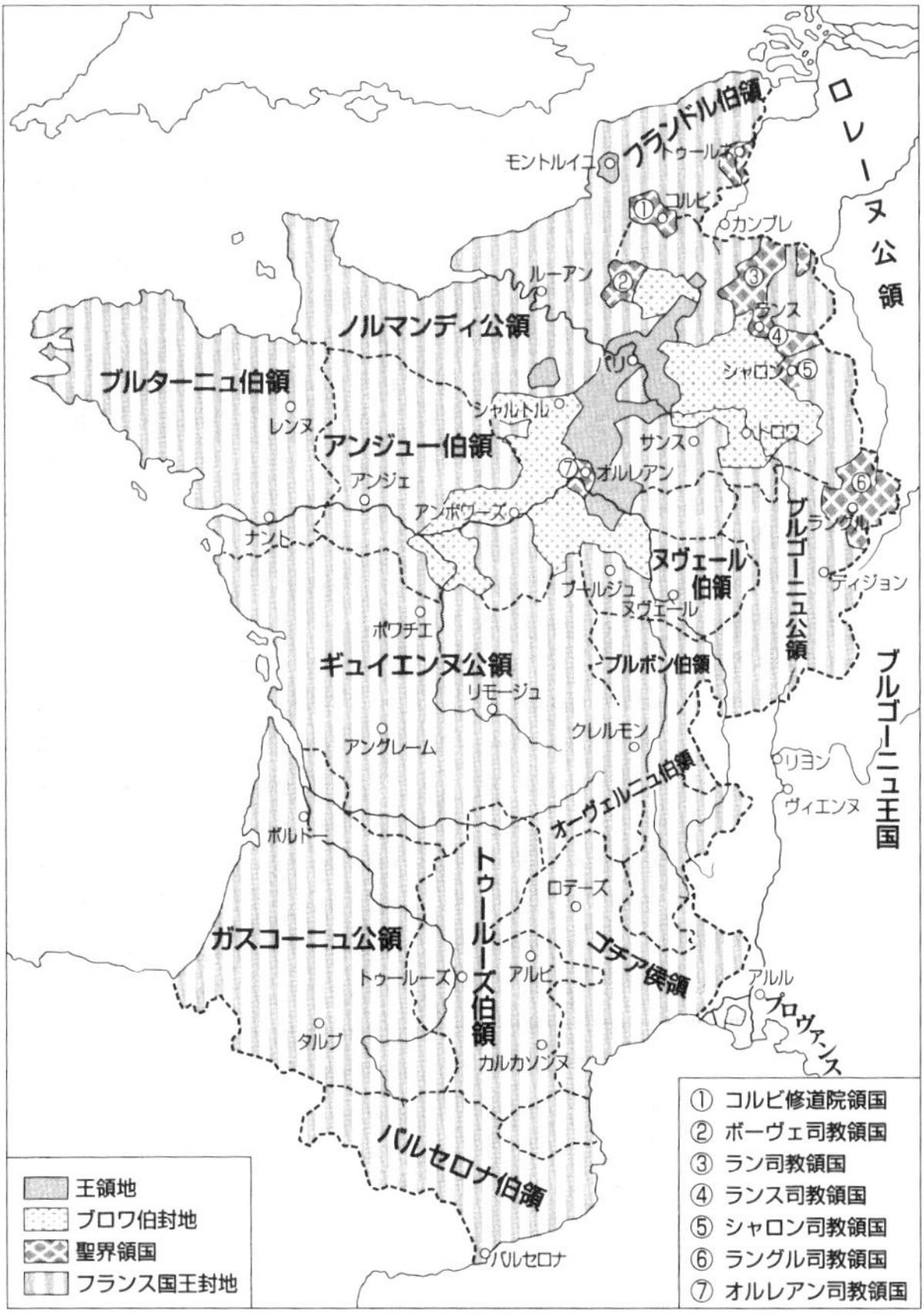

フランドル伯領
ロレーヌ公領
モントルイユ
トゥールネ
コルビ
カンブレ
ルーアン
ランス
ノルマンディ公領
パリ
シャロン
ブルターニュ伯領
シャルトル
レンヌ
サンス
トロワ
アンジュー伯領
オルレアン
アンジェ
アンボワーズ
ラングル
ブルゴーニュ公領
ナント
ヌヴェール伯領
ブールジュ
ヌヴェール
ディジョン
ポワチエ
ギュイエンヌ公領
ブルボン伯領
ブルゴーニュ王国
リモージュ
クレルモン
アングレーム
リヨン
オーヴェルニュ伯領
ヴィエンヌ
ボルドー
トゥールーズ伯領
ロデーズ
ガスコーニュ公領
ゴチア侯領
アルビ
トゥールーズ
アルル
プロヴァンス
タルブ
カルカソンヌ
バルセロナ伯領
バルセロナ
王領地
ブロワ伯封地
聖界領国
フランス国王封地
① コルビ修道院領国
② ボーヴェ司教領国
③ ラン司教領国
④ ランス司教領国
⑤ シャロン司教領国
⑥ ラングル司教領国
⑦ オルレアン司教領国

領邦君主の勢力圏

代には、王権の威光はゆるぎなき権力としてのそれを回復したのである。

## 領邦君主の支配

シャルル禿頭王の死(八七七年)のあと、フランス王国での王権の威光ははっきりとした凋落の様相を示していたが、それと対照的に地方に勢力をたくわえた指導者は、しばしば自らをプリンケプス(princeps)すなわち「君主」と称し、国王権力から自立する勢いをみせた。君主が支配する領域をフランス語でプランシポーテ(principauté)と呼び、「領邦」と訳される。

領邦の起源は、カペー家の祖先ロベール・ル・フォールにアンジューとブロワの領域が委ねられたように、シャルル禿頭王がヴァイキングの侵寇などに対処するために創設した、複数の伯領を統合した広域軍管区に端を発する場合もあれば、アキテーヌ大公領、ブルターニュ大公領のように、部族意識が基礎となっている古くからの領域的まとまりが再浮上したような例もある。またノルマンディ大公領のように新来の民族の定着がつくりだしたものもあり、けっして一律な姿をとらない。このように起源はさまざまであるが、いずれの領邦もおおむね八八八年から九二〇年のあいだに誕生している(領邦の分布については前頁の地図を参照)。

領邦君主の支配体制の第一の特徴は、その地位が父から子、子から孫へと継承される世襲制がゆるぎなく確立した点にある。第二は、領邦内部では、君主が本来国王の大権に属していた権力を行使し

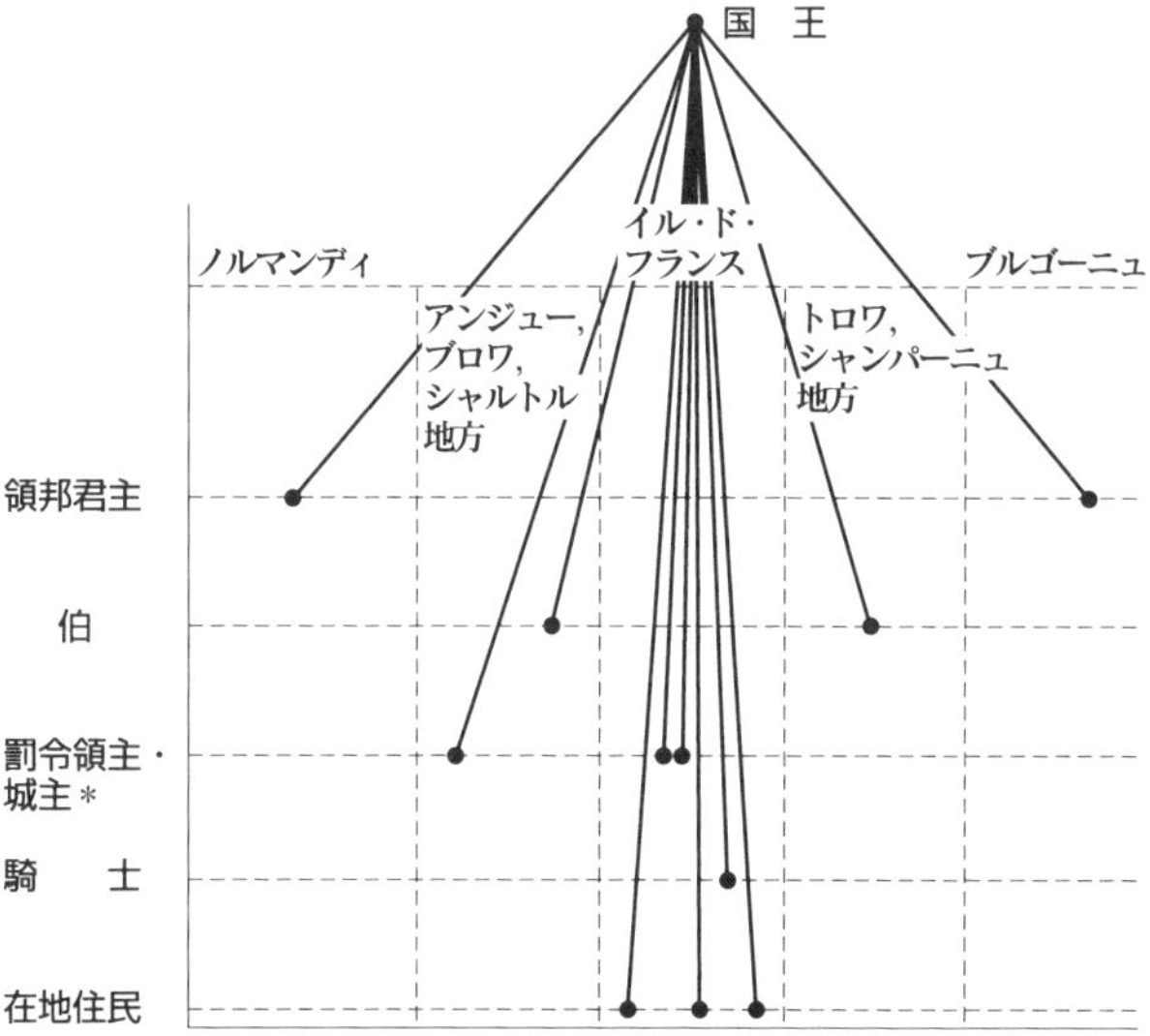


11世紀のフランス国王権力の浸透度（J.-F. Lemarignier, La France médiévale, Institutions et société, Armand Colin, 1970, p. 155による）
＊罰令（バン）領主・城主については99頁を参照。

たということである。そのような大権としてもっとも重要であったのが貨幣を発行する権利、すなわち造幣権であった。貨幣が表現する名目価値と貨幣が内包する貴金属の価値の差額は、造幣の利益として造幣権者となった君主の収入となったが、このほかに貨幣に自分の名前を刻印して流通させることによって生まれる威信の獲得も大きな利点であった。流通税や取引税収入もまた領邦君主の手中に握られる。君主は公文書の発給もおこなったが、当初は文書局組織をもたなかったこともあり、散発的でまた国王証書に比べれば通用力の点で劣っていた。やがて十二世紀から君主礼拝堂付聖職者団が核となって、領邦君主文書局が形成されるようになった。ノルマンディ大公やフランドル伯の文書局が独自の印璽《いんじ》を備えて登場するのは、十二世紀になってからである。

前頁図は十一世紀の時点での国王権力と領邦君主の権力が、どのように対抗していたかをあらわした図式である。イル・ド・フランス地方について、王権は在地権力の最末端までとどいてこれを掌握しているが、ノルマンディやブルゴーニュなどでは領邦君主レヴェルまでしかとどかない。いいかえればこれらの二領国では、領邦君主が自らの名のもとに独立の支配を実現していたということである。

## 城主支配圏の簇生

先の図式でいえば、在地支配の主要な勢力である城主層が、一〇二〇年から三〇年にかけてフランス各地で突如として歴史の表舞台に賑々《にぎにぎ》しくおどりでてくる。だが城の建設をめぐる事情は地方によりかなり異なっている。王権がわりあい強く実効的支配を維持することができたシャルトル地方では、建設された二〇程の城の半数が国王ないしは伯、副伯の手になり、残る一〇のうち九までが国王封臣と司教が建設したものであった。これと対照的に、たとえば西フランスのシャラント地方では、アルーと称する自有地のうえに、公権力の体現者である伯の許可をえることなしに、さかんに私城が建設された。この地方の城の三分の二がこうした種類に属している。その建設者の多くは、伯のつぎにランクづけられるような地方の領主階層の出身者で、わずかな相続財産しか与えられなかった次男、三男であった。彼らは領邦君主との庇護関係を恃《たの》みとして、無許可での築城によっても処罰されないことを確信していたとされている。

しかしこうした私城は長く私的性格を保持することはなく、早晩なんらかの公的起源の支配権力、たとえば罰令権力（バン）が接木されて、その城主はバン領主としてあらわれる。このような動きがいち早く展開していたマコン地方では、城主層は公的制度としての伯主宰の裁判集会に出席することをおこたるようになり、伯の下級役人のヴィカリウスが掌握していた農民にたいする裁判権をはじめ、在地を包括して支配する権力を一手に掌握した。この過程はG・デュビィの研究によって明らかにされている。バン領主の意図するところは農民の掌握にあり、伯や領邦君主へのむやみな反抗を目的としていたのではなかった。

罰令権の内容は大きく三つに分けられる。ひとつは命令をくだし、罰金を徴収する権利であり、領民の兵力としての徴発や、領主の所有する水車やパン焼き竈《がま》、ぶどう圧搾機の使用を強制する権利がそれである。二番目は拘束し、逮捕する権利。第三が裁判権であった。このうち領主がその支配を強化し拡充する手段としてもっとも多用し、かつ効果的であったのは裁判権であった。

このような強制力で武装した権力の支配のもとでは、伝統的な自由、不自由の身分区別が意味をもたなくなり、領民への賦課も一元化されるようになる。こうして隷属農民というきわめて中世的な一律の身分が形成された。城を中心とした、半径一〇キロ程度のコンパクトな城主支配圏の内実はこのようなものであった。フランドル伯とノルマンディ大公の領国では、伯や大公が築城権を名実ともにしっかりと掌握しつづけ、不法に築いた城を破却させることができるほど強い指導力を発揮できたので、バン領主による城主支配の構造はほとんど展開しなかったが、そのほかの地方では程度の違いはあるものの、城主支配体制《シャテルニー》が中世フランスの領主支配の典型として広く浸透したのであった。

## 神の平和、神の休戦

アキテーヌやラングドックなどの南フランスでは、カロリング朝が恃むに値する唯一の正統な支配者であるという意識が強かったこともあり、シャルル禿頭王以後の弱体化した王権には、この地方の領主層が武力に訴えて事を解決しようとしたり、あるいは暴力で教会や農民の財産を侵害したりといった非道をとめることができなかった。こうした状況を前にして、九八九年にシャルルーにアキテーヌの司教たちが集まって公会議を開き、「なんぴとといえども、農民またはほかの貧者からその財産、牛、驢馬《ろば》、山羊、羊、豚を奪った者は破門さるべし」として、暴力の停止を求めた。そして翌九九〇年ナルボンヌでの公会議は、シャルルーの禁令をさらに拡大し、その遵守《じゅんしゅ》を騎士たちに誓約をもって約束させたのである。この二つを震源地とする「神の平和」運動は、やがてリムーザン、オーヴェルニュなどの地方に広まった。

禁令の違反者には破門あるいは聖務停止の罰がくだされた。このうち後者が罰としてはより効果的であった。というのも処罰の対象は本人だけではなく、その領邦君主や家臣などにもおよんだ。聖務停止が宣告されると、その地方では新生児の洗礼を除いて、一切の宗教儀礼が停止させられたからである。

この運動はロワール川の北ではなかなか展開しなかった。D・バルテルミィの研究によると、ひとつにはカロリング的政治文化の伝統が濃厚に残っていて、教会主導のこの種の禁令にアレルギーが強かったからである。けれども一〇二〇年代にはソワソン、ボーヴェ、アラスなどにも浸透した。北フランスやブルゴーニュ地方への「神の平和」運動の普及にあたっては、クリュニー修道院がその強力な担い手となった。

「神の平和」が教会や弱者の保護を主眼としていたのにたいして、戦士や騎士同士の実力行使を抑止しようとする動きが「神の休戦」である。その発祥の地はまたしても南フランスであった。一〇二七年のラングドックのエルヌでの教区会議、続いて四一年のプロヴァンスの教区会議が、「神の休戦」を宣言した。それは特定の時期を区切って、一切の武力行使を禁ずる措置である。具体的にいえば待降節(クリスマスの四週間前)からクリスマスまで、そして四旬節から復活祭までがその期間である。さらに一〇九四年のクレルモンの公会議では、正当な理由のある武力行使であっても、それが許されるのは月曜から木曜までのあいだであるとされた。

こうした禁令は、いうなれば槍一本でおのれの運命を切り開くほかにない騎士たちのあいだに大き

ベック・エルワン修道院の聖ニコラの塔　1034年に騎士エルワンが創建した。ノルマンディ大公ギヨームの庇護を受け，海峡を挟んでイングランドと大陸の両方で大きな影響力をもった。

な不満を鬱積《うっせき》させることになった。十字軍遠征への昂揚の原因のひとつに、こうした心理的事情もあげられるかもしれない。

## ノルマン人の「海外雄飛」

九一一年にサン・クレール・シュル・エプトの和約により、セーヌ川下流地帯への定着を許され、晴れてエグザゴン《フランス》（六角形）の一員となったノルマン人であったが、その後一世代をかけて東西に支配圏を広げて、やがてノルマンディの名で知られる領域をかたちづくった。

彼らはすでにイングランドにあって、その名も「デーン・ロー」と呼ばれた地域に定着した人々と同じデーン人であった。そのこともあって、イングランドやアイルランドでデーン人が襲撃して略奪した戦利品の取引がルアンでおこなわれ、これがノルマンディに富をもたらした。

デンマーク王スヴェン一世が十世紀の末に開始したイングランド進攻は、その息子クヌート大王の時代(一〇一六年)に成就し、後者はイングランド王となった。だが、クヌートが若くしてなくなったあと、王位に即いたのはノルマンディに亡命していたサクソン人王エドワード証聖王であった。エドワードは聖職者や俗人騎士をも含めて多くのノルマン人やフランス人を、海峡の彼方《かなた》にともない教会や政府の要職に就けたのであった。海峡を挟んでの人材の交流が、ノルマン・コンクェスト以前から始まっていたのだ。一〇六六年に相続人のないままにエドワードがこの世を去ったあと、王が死の床で血縁のないままに後継者に指名したウェセックス伯ハロルドと、王の遠縁にあたるノルマンディ大公ギヨーム、そして王位をねらうノルウェー王ハーラル三世の三つ巴の争いになった。現実にはハロルドとギヨームの対決となり、ヘースティングの野の会戦でハロルドは戦死し、ギヨームは英仏海峡にまたがる支配圏を形成したのであった。

この遠征には長子の単独相続の慣行が貴族や騎士のあいだに広まるにつれて、相続から排除された次男、三男騎士が一攫《いっかく》千金をねらって参加したとされる。ギヨームの呼びかけに応じて、ノルマンディだけでなく、ブルターニュ、アンジュー、メーヌはおろかフランドルの騎士たちも遠征に加わっていた。

ノルマン人の海外進出は、これより早くもっと劇的で、心おどらせる冒険物語の色調をおびている。

それは地中海イタリアを舞台としていて、一〇一六年にさかのぼる。ビザンツ領プーリアでのランゴバルド人メレスへの加担に始まり、一〇三八年のギヨーム鉄腕侯のビザンツ側への支援をへて、六一年の「世界の恐怖」と恐れられたロベール・ギスカールの南イタリア支配と最初のシチリア遠征と、彼らの活動はビザンツ帝国、神聖ローマ帝国、教皇庁という当時の地中海政治の華やかで、狡知《こうち》にたけたパワー・ポリティクスの演じ手のなかにあって、遜色ない存在感を示しつつあった。やがて彼らの努力はシチリア王国の建国として結実するであろう。

これらの地中海に進出したノルマン人は、故郷にその果実を還流させた。クータンスの聖堂はロベール・ギスカールの送金で建設されたのであり、セーの聖堂や修道院は、アプリアやビザンツで富をたくわえたかつての教区民の醵金でまかなわれたのである。

## 王威の覚醒

カペー王権は、フィリップ二世の登場により二世紀近く続いたまどろみから覚め、その威光を国内はもとより、国際政治のアリーナに轟かせた。アンリ一世のキエフ公女アンナとの縁組みにより持ち込まれた「フィリップ」というビザンツ東方的な洗礼名を、曾祖父フィリップ一世についで名乗った二人目の国王は、小柄で隻眼《せきがん》の策士で好人物とはいいがたいが、精力的で臨機応変の機敏な頭脳を備えていた。

王領地を拡大することが、フィリップの最優先の課題であった。彼はこの課題を婚姻政策や交渉、ときには戦争により実現した。当時フランドル伯は自領のフランドル地方ばかりでなく、アルトワ、アミエノワ、ヴェルマンドワ、ヴァロワの各地方も領有していた。フィリップは伯の姪にあたるイザベル・ド・エノーと結婚することにより持参金としてアルトワを獲得し、またフランドル伯の妃の相続問題に巧みに容喙《ようかい》して残る三地方も取り戻した。またブロワ・シャンパーニュ伯領については、当主の伯チボー四世が幼齢であるのにつけこみ、多くの城と人員、それに多額の出費を約束させた。

彼の所領政策のもっとも大きな成果は、海峡を挟んで領土をもつイングランド王権から獲得したものであった。ヘンリ二世プランタジネットと息子リチャード獅子心王の不和、後者と弟ジョン失地王との葛藤を利用して、ノルマンディをはじめ、トゥレーヌ、オーヴェルニュ、ベリーなど西部と中部フランスにある領土をことごとくカペー王権に譲渡させた。一二〇六年の休戦のおりにプランタジネットに遺《のこ》された大陸領は、わずかにギュイエンヌひとつというありさまであった。

フィリップの治世は、ロワール、セーヌ、ソンムなどの基幹河川を利用した水運・交易の活況の恩恵にも浴した。関税や取引税収入が、直接税制度を知らないこの時代にあっては、王庫の貴重な収入源である。彼はまた都市共同体が領主から自立してコミューンを組織する動きを支えた。都市は王権に定期金や軍事力を提供することが期待されたのである。

初期カペーの王たちは好んでオルレアン地方に滞在したが、フィリップはパリのシテ島にある宮殿に住まうことが多くなった。パリは北西フランスとシャンパーニュ大市および南部の商業との交差点に位置していて、商業上の要衝でもあった。今日でも右岸ではエチエンヌ・マルセル街、左岸ではリセ・アンリ四世校の近くに、一部が遺るいわゆるフィリップ・オーギュストの城壁や、ルーヴル宮の地下にみられる城塁の石組み遺構は、この国王の王城としてのパリ整備事業の一環であり、そうしたもののなかにシテ島のすべての街路を舗石で覆うようにという命令も数えられるだろう。

彼は王領地の管理にかかわる改革も実行した。王領地は伝統的にプレヴォという代官が差配していたのだが、ヘンリ二世がノルマンディやアンジューに施行していた制度をそっくり模倣して、北部にバイイ、南部にセネシャルという王が自由に任免できる役人を配置し、彼らに司法と財務の権限も与えて、より効率的な行政機構をつくりだそうとした。また一一九四年にリチャード獅子心王と戦っていたとき、ヴァンドーム近くのフレトヴァルで文書櫃を失い、公文書をことごとく失った苦い経験を踏まえて、国王文書局の制度を創設した。政治や王領地管理にかかわる文書を保存するレエットと呼ばれる部門と、国王が発給した文書の写しを保存する発給文書登録部門(ルジストル)とからなっていた。公的文書の体系的管理と保存は、統治の連続性を実現する不可欠の手段である。

治世の晩年を飾る一二一四年七月二十七日のブーヴィーヌでのイングランド王と神聖ローマ帝国の連合軍にたいするフィリップの勝利は、フランス王が名実ともにヨーロッパの覇者として名乗りをあげた記念すべき事件であった。十世紀のザクセン朝以来つねにドイツ王権の後塵《こうじん》を拝してきたフランス王権が、領邦の分立状態のなかで統一の糸口すらみいだせない隣国にたいして、一二〇二年に教皇インノケンティウス三世に宣言させた「フランス国王はいかなる上長も有さず、彼は王国の皇帝である」ということばそのままに、数世紀にわたる劣等意識を払拭する出来事であったのだ。

## 2 宗教心性と世俗文化の展開

### クリュニーとシトー

八世紀なかばころから、カロリング王権が修道院財産の活用をねらって始めた俗人修道院長の制度がもたらした修道規律の弛緩と退廃は、いっときアニアヌのベネディクトゥスによる規律の引締めがある程度効は奏したものの、その霊性の沈滞はいぜん覆うべくもなく明らかであり、またノルマン人の侵寇による破壊の爪痕も修道生活に大きな打撃となっていた。

ほぼ一世紀間にわたってフランスに吹きすさんだノルマン人の劫略《ごうりゃく》の嵐がやんだ九〇〇年ころに、新しい霊性を求める清新な修道院建設の運動がブルゴーニュ地方から湧き起こった。九世紀の末、この地方の貴族に生まれたベルノンという人物が、ベネディクトゥス戒律の原点に立ち返った生活を実践するためにジュラ山中のボームに開いた修道院は、多くの修道志願者を呼びよせてたちどころに満杯となった。そこでベルノンはアキテーヌ大公でマコン伯であったギヨームに、彼がクリュニー地方に所有している所領を修道院建設のために下賜してくれるよう願い出た。こうしてクリュニー修道院が誕生する。

ここで開始された修道生活の特徴は、なによりも祈禱と神を讃えることを重視したことであった。それまでの修道生活では教父の作品の筆写や、その研究などの知的活動が重要な要素であったが、クリュニーでの実践は祈りと沈黙こそが霊的生活の根本であるとする考えによっていた。もうひとつの特徴は、この修道院がいかなる世俗権力からも自由であり、ただ教皇庁にのみ属するというその独特の地位にある。十一世紀後半から十二世紀前半にかけて、クリュニーの戒律を採用し、この修道院と連携した修道院は全ヨーロッパにまたがって分布し、その数約一五〇〇を数えたのであった。

クリュニーよりもさらに厳しい禁欲を旨とし、聖ベネディクトゥス戒律を厳格に適用しようとした修道制が、一〇九八年にロベール・ド・モレームによって、ディジョン近くのシトーで始められた。ここでは禁欲の観念が清貧と結びついていて、クリュニー派で認められていた修道院自身が教会を所有し、その十分の一税を収取したり、また領民をかかえることなどが禁止された。修道士は自ら額に汗して労働し、収穫し、これを生きる糧としなければならなかった。余剰を目的とした所領の経営ではなく、もっぱら自活のために穀物を育て、豚や牛を飼い、蜜蜂を養った。

シトー派修道院もクリュニー派と同じように教皇の保護下にはいったが、当初の展開はそれほどめざましいものではなかった。けれども聖ベルナールが自分と同じ身分の三〇人の若い貴族の子弟とともにシトーにやってきた一一一二年が飛躍の転機となる。やがてベルナールはクレルヴォーに新しい修道院を開き、とくに厳しい禁欲を実践した。魚や乳製品や卵を食することを禁じ、許されたのは葉物と空豆である。古代の教父の典籍に通じた学識の人であると同時に、神秘主義の肌合いももつ禁欲の士ベルナールの魅力に惹《ひ》かれ、七〇〇人の修道士が集まったとされる。全西欧に建てられたシトー派修道院三五〇のうち、一六〇がクレルヴォーに発していた。

## 二つの十字軍──聖地とラングドック

「十字軍」遠征の構想は、一〇九五年にビザンツ皇帝の使節が聖地イェルサレムの奪回を訴えたことで、教皇ウルバヌス二世の脳裏に突然兆したものではない。一〇六三年以来何度か、教皇の呼びかけによってフランスの騎士たちがスペインを舞台に、イスラーム教徒と戦っていたアラゴン人を援《たす》けるべく馳せ参じて、いわゆる「スペイン十字軍」を組織したことがあったからである。

皇帝からの要請を受けたウルバヌス二世は、すぐに遠征の参加者をつのる説得のためにフランスに赴いたが、その活動は南東フランスに限られていた。国王フィリップ一世を離婚問題で破門にしていたためである。教皇は、一〇八七年にアラゴンへの十字軍に参加していたトゥールーズ伯レモン四世を恃《たの》みとし、彼を早々と遠征軍の軍事面の指揮官に任命した。一〇九六年八月に出発した遠征軍は、苦戦の末にアンターキヤ(九八年)、イェルサレム(九九年)を占領し、ロレーヌ大公家を王位とするイェルサレム王国が建国された。これ以後第二回(ルイ七世)、第三回(フィリップ二世)にはフランス国王が参加し、また第六回、第七回は聖王ルイ九世(在位一二二六〜七〇)が企て実行した遠征である。ルイ九世の情熱は強く、第六回には自身が捕虜となり、第七回の遠征に乗り出した矢先に、その生涯をチュニスで閉じている。彼は聖人として一二九七年に列聖されているが、フランス国王でただ一人聖人に加えられた人物である。

十字軍遠征を西欧の東方への植民地主義的膨張であるとするならば、レバント地方に建国された十字軍諸国家のほかに、ギリシアの各地に領地をえて定着したブルゴーニュやシャンパーニュの騎士、キプロスを支配して王となったポワトゥーのルイジニャン家などの支配もこのうちに数えられよう。

中世フランスの人々の宗教的エネルギーは、東方への十字軍遠征の敢行だけでなく、さまざまの異端運動のかたちでも噴出した。そのなかでカタリ派異端は、その信徒に民衆だけでなく貴族層をも取り込んだことにより、権力の問題に発展した。「カタリ」とはギリシア語で「純粋」を意味し、世界は善神と悪神によってつくられているという二元論的な教義を特徴としている。目に見える物質的なものは悪神によってつくられ、不可視で霊的なものは善なる神の創造になるとする、現世否定の思想を展開したのである。教会という組織もまた否定さるべきものであった。

教皇インノケンティウス三世はトゥールーズ伯レモン六世をカタリ派の頭領とみて、フィリップ二世に撲滅のための遠征を勧めたが拒否された。そこで指揮をとったのがシモン・ド・モンフォールである。一二〇九年のベジエの虐殺に始まる進攻は「アルビジョワ十字軍」の名前で呼ばれ、やがて北フランス勢力によるラングドックの政治的制圧、ひいてはカペー王権による征服という意味合いをおびることになったのである。南部の抵抗はアヴィニョンの陥落(一二二六年)により終焉をみた。一二二九年のパリ和約により、南部に強固な領邦を築いていたトゥールーズ伯レモン七世は、アルビ地方南部、カルカソンヌ、ベジエ、アグド、ニームなどの地方をただちにフランス王ルイ八世(在位一二二三〜二六)にゆずらざるをえなかった。正統信仰を信徒に甦《よみがえ》らせ、カタリの教義を一掃するために、トゥールーズ大学がパリ和約の年に創設され、また異端を厳しく糾問するために、当時の教皇グレゴリウス九世は新しくドミニコ会を認可して事にあたらせている。

隠修士ロベール・ダルブリッセル

クリュニーの運動が、修道制の改革において大きなうねりとなって広がっていたころに、共同での修道生活と人里離れた「荒野」である森のなかでの孤独な瞑想生活のあいだを、行きつ戻りつしながら、民衆の敬虔生活の願望を受けとめ、導こうとした一群の隠修士が登場している。その代表格がロベール・ダルブリッセルである。

彼は一〇四七年ころにブルターニュに生まれ、パリで学び、グレゴリウス改革の息吹にふれて帰郷した。一〇八九年にレンヌ司教が彼に司教区を託したとき、彼はその改革に大変な情熱を傾ける。そのため司教が死去すると、レンヌから逃亡しなければならないほど、同僚から怨嗟《えんさ》のまととなっていた。彼は在俗の聖職者であることに絶望して、故郷に近いクラオンの森に隠棲し、厳しい禁欲生活を送った。

彼は優れた説教の才能にめぐまれていたので、アンジュー地方の遍歴説教は多くの悔悛者を集めたが、そこには犯罪者や娼婦であった者たちが数多く含まれていたのは有名な事実で、このために同時代人のみならず、後代にもとかくスキャンダラスな眼でみられがちであった。とくに女性の悔悛者が多数派なのが特徴である。われわれは第一回十字軍遠征の熱狂の時代にいる。

ロベールは彼につき従う多数の帰依者を定着させるために、ロワール川とヴィエンヌ川の合流点に近いフォントヴローに修道院を建設した(一一〇〇年)。彼はベネディクトゥス戒律をもとにした独自の戒律を定めたが、そのなかで男性の修道士がいるにもかかわらず、最高責任者は女性と決められていた。ロベールが世を去ったとき、二〇〇〇人の帰依者が送ったという。フォントヴロー修道院はヘンリ二世から保護を与えられ、その菩提修道院となってから、一層発展をとげることになる。

### 騎士道と宮廷社会の萌芽

一一二五年ころにフランス王国の北で、トゥルノワと呼ばれる馬上槍試合(トーナメント)がさかん

トゥルノワ　1470年ころに，ブルゴーニュ大公フィリップ善良公のために描かれた馬上槍試合の一場面。

におこなわれるようになった。はじめは囲いのある競技場での一騎討ちではなく，二手に分れて野原でおこなう集団戦であり，しばしば死者がでる激しい模擬戦であった。それはやがてなかば戦闘の訓練としての，なかば一定の作法に則《のっと》った「遊戯」としての個人戦となり，神の休戦により私戦を禁じられた若い騎士たちの野性を解き放つまたとない機会となったのである。

エノー伯ボードワン五世はこの地方の貴族をつれて，しばしばトゥルノワの機会を求めてシャンパーニュやブルゴーニュなどに遠征をしたとされている。ヘンリ二世の息子で西フランスを継いだ王子ヘンリは，トゥルノワの大の愛好家であったから，彼が主催する競技は貴族の子弟にとって，おのれの名声を広く世に知らしめる絶好の場として人気があった。

トゥルノワは消費経済を刺激した。商人たちが優秀な鎧や武器，馬などを商品として携え，贔屓《ひいき》筋の騎士や君主を相手に商いをしたが、当然地方の同業者相手の商売もおこなったから、その開催には一種の「市《いち》」も付随したことになる。富裕で権力ある貴族にとっては、これ見よがしの顕示的消費による威信獲得の機会でもあったのだ。

封建下臣の義務として主君の召集に応じて裁判集会のために集まってくる貴族に楽しみを与え、余興としてのトゥルノワを開くなどして歓待した君主たちの努力は、貴族、騎士ばかりでなく、富裕な市民たちを含めての社交の場に発展した。君主たちは数ある城館を遍歴する生活から、しだいに好みの館に滞在することが多くなり、また収入も増加したこともあって、以前よりも遥かに宏壮で複雑な構造の城館を建築するようになった。そして十二世紀の後半には、宮廷は独特の行動様式と価値規範が支配する空間となる。そうしたものとして、アキテーヌ地方の宮廷で活躍したトルバドゥール(吟遊詩人)が、騎士と貴婦人の禁欲的な愛を讃える叙情詩をさかんにつくり、宮廷恋愛という独特の恋愛作法を生み出したことが想起される。トルバドゥールの詩や、クレチアン・ド・トロワをはじめとする作家たちが書いた騎士物語が理想の騎士像を彫琢《ちょうたく》したのであった。

### 語りと読み書きの新作法

人間がおこなう社会的実践のなかでもっとも基本的な行為、すなわち意思と知識の伝達の仕方にも、十三世紀に大きな変化が生じた。ドミニコ会、フランチェスコ会、托鉢修道会など、この時代に誕生

先生と生徒たち　中世末期のパリの寄宿制の小規模な学校(コレージュ)での様子をあらわしたもの(彩色した木の彫像，1500年頃)。

した教団は民衆の教化のために、とくに説教活動に熱心であった。その際説教師がおおいに利用したのが、「エクセンプルム」と呼ばれる『喩《たと》え話集』である。不義を働いたコウノトリが仲間から殺される話は、聴く者に人間社会の守るべき掟を改めて思い起こさせるであろうし、邪《よこしま》な誘惑に打ち克《か》った者がむくわれる話は、教訓として人々の心にきざまれた。ラ・フォンテーヌの『寓話』にみえる「蛙の王様」や「都会の鼠と田舎の鼠」などの寓話は、すでに『喩え話集』に知られている。ブーランの研究によれば、こうした喩え話は説教の終わりころに準備されたという。中世初期の聖人伝や奇跡譚の類も、説教のなかで語られた内容を文字化したものが多いのだが、説教と喩え話は渾然《こんぜん》としていて分節化されていない。これにたいして『喩え話集』は聴衆が話に疲れたころに話題を転換し、具体的な喩えを引くことで主題への関心をつなぎとめるというように、説得の話法としての進歩がみられる。

こうした話法のあらたな動向と並行して、文字によるコミュニケーションもまた十三世紀に新展開をみた。文字で記録するという行為は、ヨーロッパですでにローマ期とそれに続く時代にある程度広まっていたが、その後の社会的混乱のなかで停滞していたのが、この世紀になって、一気に加速されたのである。国王文書にかんしていえば、フィリップ・オーギュストの時代に発給されたのが数百の単位でしかなかったのが、一〇〇年後のフィリップ四世の治世(一二八五〜一三一四年)には数千の単位に増加している。もちろんこの間に、すでに述べたように国王文書局の制度化という重要な変化があったことを忘れてはならない。とにかく、人々は頻繁に記録に頼るようになり、しかもそれを保存するようになったのである。

読書によって、あくなき知識欲を満足させることが顕著な高まりをみせたのもこの世紀であった。教会人は相変わらずラテン語で著作をおこなったが、それにもかかわらず彼らは俗語(古フランス語)も理解し、時としてそれをコミュニケーションの手段として利用した。そして十三世紀の後半にはラテン語の古典的作品、たとえばボエティウスの『哲学の慰め』などが、俗語に翻訳されて読まれるようになる。この世紀にトマス・アクィナスが『神学大全』を著わし、ヴァンサン・ド・ボーヴェが一種の百科全書ともいうべき『大鏡《スペクルム・マーイウス》』を書いた。後者は全体で九八八五章からなる中世の一大知的記念碑である。

### パリ大学と中世の知識人

中世史家J・ルゴフが述べるように中世の大学は、その起源がしばしば分明でない。十二世紀にギヨーム・ド・シャンポーやピエール・アベラールの名声が多くの学生を集めたパリ大学は、十二世紀の末に教師たちが狭隘《きょうあい》さと司教座の監督をきらって、シテ島の司教座聖堂から左岸に移り、これにたいして一一九四年に教皇ケレスティヌス三世が最初の特許状を与えたときに明確になり、一二〇九年に「教師と学生のギルド」として正式に認知された。

十三世紀にパリ大学はコスモポリタン的な知識人の活躍の場であった。イギリス人でフランチェスコ会士ハーレのアレクサンデルは、アリストテレスの著作のアラビア語訳を使って哲学と神学を講義した最初の一人であるし、ドイツ出身のアルベルト・マグヌスはドミニコ会士で、キリスト教の教義をアリストテレス哲学で正当化しようと試みた。イタリアからきた彼の弟子で、輝くような才能の持ち主トマス・アクィナスは、師の問題を継承しアリストテレス哲学によるキリスト教神学の体系化をめざした『神学大全』を著わし、パリ大学の威光を全ヨーロッパ中に鳴り響かせたのであった。この世紀の終わりに、ギヨーム・ド・ナンギスはフランス王国の徴《しるし》である白百合の三つの花びらを、三つの権威を象徴するものとして説明している。ひとつは教会《サケルドーティウム》、二つ目は王権《レーグヌム》、そして最後に大学《ストゥディウム》。それほどまでにパリ大学の威信は高かったのである。

フランスの個性は、澎湃《ほうはい》として起こりつつあった識字文化のなかで、なによりも大学人や知識人が重要な地位を占めたことであった。たとえばイングランドでは、コモン・ローの発展の推進役をはたしたのは実務家であった。これにたいしてフランスでは、大学の法学部が法の実務に大きな影響をおよぼしたとされている。フィリップ四世の時代に本格的に動き出す国家機構の近代化の端緒を担ったテクノクラートとしての法曹家《レジスト》が、ここから輩出されてゆくことになる。

以前のように口述筆記によるのではなく、孤独な思索の道筋を自らの手で書き記すという作業は、個人としての意識を涵養する。この点においても十三世紀は人間精神の発展のなかで重要な意味をもったのは確かだ。けれども他方において、大学教育のなかで「討論《ディスピュターチオー》」が重視され、雄弁な教師が英雄として偶像視されたように、口頭でのコミュニケーションの卓越した技量もいぜんとして重きをなしていた。大学の教師と説教師がこの時代のヒーローであった。

## 3　経済の脈動

### 二〇〇〇万のフランス人

十一世紀から戦乱や政治的混乱があったものの、おおむねヨーロッパ全体が順調な気候にもめぐまれ、農業の発展と人口の著しい成長を経験したのであった。なかでもフランスでその色合いが著しく、十三世紀のおおよそ一〇〇年のあいだに総人口は以前の二・五倍の二〇〇〇万人に増加したとされている。年代の物差しが少し異なるが、参考のために紹介すると、イングランドでは一〇八六年に一一〇万の人口が、一三四六年に三七〇万にふえ、この間に約三・四倍の成長率を示している。

こうした人口成長は、どこでも一律に同じリズムをきざんだわけではなかった。農村と都市のあいだで、また地方によってその増加の程度に違いがみられた。ある歴史家によれば十三世紀初めにフランスの総人口の九〇%は農村地帯に住んでいて、残る一〇%の人々が都市に住んでいた。ところがこの世紀の終わりには、都市人口が全体の一五%にまで増加している。眼をむくほどの変化とはいえないが、都市の着実な発展を示す数字である。最大の人口を誇ったのがパリであるのはもちろんだが、その実数については十三世紀末の時点で、八万人説から二〇万人説までと隔たりが大きい。二番目の都市はずっと離れてセーヌ川河口に近い港町ルアンであった。

地方間の格差もまた少なくない。おおまかにいえば、パリ盆地とおもにその北に広がる地方がいち早く顕著な人口増加をみたのにたいして、中部や南フランスは成長が遅々として進まなかった。人口密度がもっとも高かったのは、パリの北にあるサンリス地方やヴァロワ地方を中心とする北部の諸伯領である。つぎにパリ地方、そして人口密度一平方キロ四〇人から六〇人のラングドック、トゥールーズ、ポワトゥー、トゥレーヌ、アンジュー、ブルゴーニュなどが続く。四〇人以下のもっとも人口密度が低いのは、ペリゴール、ケルシーなど中央山地の南に位置する諸地方やガスコーニュ、そして中部フランスに属するベリー地方であった。

これらは地方単位での人口密度の比較であるが、じつは地方内部で人口集中のばらつきがみられた。たとえば東ノルマンディ地方では、海岸地帯は内陸のコー地方に比べて二倍以上人口密度が高かった。パリ盆地の南西に広がるペルシュ地方では、小教区単位でみると、相互にじつに一二倍の密度の開きがみられた。こうした人口分布のかたよりは、とりわけ農村では粘土質の重い土がまさっている土地が敬遠され、軽い黄土質の地味が好まれるという、古くからの伝統的な要因によって大きく左右されつづけた結果であった。したがって人の流れは、水のように密度の高い地域から低い地域へと移動して均衡化されたわけではなかった。

人口の分布状態は、この時代ほぼ富の分布状態を反映していたといえよう。

## 開墾と干拓の展開

十一世紀の後半から始まった人口の増加を、根底で支えたのは食糧生産の増加であったのはいうまでもない。それを可能にしたのは耕地の拡大と農業技術の進歩であった。

開墾活動は十二世紀に飛躍的な発展をとげた。かつてマルク・ブロックはこの世紀を「大開墾の時代」と形容したが、その後の研究の進展にもかかわらずこの言い方は今でも通用するものである。つぎの十三世紀にはいっても、こうした傾向は持続した。ブーランの研究によれば、パリの西三〇キロにあるドルーの森の縁辺にあるシェリジーの村の耕地は、現在のコミューン領域の六分の一を占めるほどの広がりをみせたという。またピカルディ地方でも、森林の中心部分を開墾してあらたな定住村落を形成する動きが盛んであった。

しかし一二六〇年を過ぎると、北フランスの開放耕地《オープンフィールド》制の地方では、開墾活動が停止する。こうした現象はピカルディ、イル・ド・フランス、北ポワトゥーなどの一帯で共通してみられた現象であった。

十三世紀の後半に、あらたな耕地の創出の重点は、森林の開墾から湿地や沼沢地の干拓に向けられたのである。フランドル伯の指揮のもとに、現在のフランドル地方からサン・トメールにかけておこなわれた海岸の低湿地の干拓事業が、あらたな耕地や牧草地をつくりだした。ラングドックのモンタディの沼の干拓はとくに有名である。一二四八年にベジエの富裕な市民たちと近在の領主が、ほぼ円形に近いこの水域の水を逃がす導水を放射状に何本も掘削し、この水を延々一・五キロのトンネルを開削して排水し干上がらせたのである。この北には紀元前九世紀にさかのぼる高地集落《オッピドゥム》の遺跡アンセリュンヌがあるが、この遺跡から見おろすとかつてのモンタディの広がりと、その干拓事業の様子が眼前に彷彿《ほうふつ》として浮かんでくるようである。

湿地は海岸地帯だけではない。大きな河川沿いにも、大水がでたときにできた乱流域として湿地が広がっていた。アンジェ近くロワールの川筋にはじめて堤防が出現したのは、一一六〇年ころ、プラ

モンタディの干拓地　1248年にナルボンヌ大司教の特許状をえて，領主層，農民らが協力し20年の歳月をかけて完成した。

ンタジネット朝ヘンリ二世の時代であった。堤防を意味する最古のことばトゥルシア(tursia)はアンジュー地方の方言であり、そのことからロワール川の堤防築造はまずこの地方から着手されたことが知られる。堤防により川筋が確定し、乱流域の干拓と耕地・宅地化が進むとともに、堤防の頂部は重要な交通路となり、基部には曳船《ひきふね》用の通路が設けられた。ロワール川は、かくて交通と運送の手段として、より重要な機能をもつようになる。

## 新村の建設

人口の増加と開墾活動の活発な展開は、新村、つまり開墾村落の建設をうながした。この現象は大きくいって二つの面から農民の生活に深い影響をきざんだ。ひとつは生活空間の組織化の点でもたらされた変化である。森や荒蕪《こうぶ》地を征服した成果である耕地には、開墾者や遅れてやってきた入植者が棲《す》みつき集落を形成した。フランス西部一帯ではこれは一般にブール(bourg)の名前で呼ばれた。のちに有産市民をブルジョワと称するようになるが、これはもとは「ブールの住民」を意味するブルゲンセス(burgenses)からでたことばなのである。ノルマンディ地方のブールについて論じたL・ミュッセによるならば、この地方のブールの建設は領主層のイニシアティヴのもとにおこなわれ、加えて興味深いことに、当時衰退の兆しあらわであった古典荘園の直領地を利用するのがよくみられたという。

ボルドー、ケルシー、ガスコーニュ、アルビなどの南西フランスでは、新しく建設された村落は「バスチード」と呼ばれる。その建設の波はフランスのほかの地方よりやや遅れて十三世紀の初めに始まり、十四世紀のなかばころまで続いた。注意しておきたいのは、バスチードがほかの新村とちがって、もっぱら農業の振興を第一義の関心として展開された成果というより、むしろ散居的な定住の度合がはなはだしかったこの地方の住民を統合し、税の徴収やその他のコントロールをしやすくするという配慮が、強く働いていたということである。

プロヴァンスやラングドックなどの地中海沿岸地方では、新しい定住の組織化は「インカステラメント」と呼ばれる独特の現象として成立した。イタリアやスペインを旅した人であれば、山の中腹や、ときには谷底に深く落ちかかる崖のうえに集落が営まれているのにきっと強い印象を受けた経験があるにちがいない。このような高地防備集落はカストルム、またはカステルムと呼ばれ、地中海沿岸のフランスでもそれほど極端ではない姿でみられ、ブールやバスチードの形成を導いたのと同じ、農村成長の成果なのである。

新村建設へと押しやった力が農民生活にもたらした第二の要素は、領主との関係で農民の立場が強化されたことであった。領主は自分の主導で開拓した耕地に入植者を多く集めるために、それまでみられなかったさまざまの特典を保証した。たとえば労働賦役を貢租支払いにかえるとか、そうした貢租も一定期間免除するとか、移動の自由を保証するなどがそれである。この種の代表的な法が「ボーモン・タン・ナルゴンヌの特許状」である。

こうした好条件はやがて、建設された新村だけではすまされなくなる。旧来の村落にしっかりと根づいていた農民までが、特典に惹《ひ》かれて新村に移動するのを防ぐためには、領主は同じような条件を古くからの村落にも認めざるをえなくなったからである。開墾と新村の建設は、このようにして農民の独立性をいちだんと高めるのに貢献したのであった。

### 多様化する農業

十三世紀は農業に地方色、地域差が顕著になるとともに、一地方のなかでも地形や地味や極小気候に応じて創意工夫をこらしたさまざまな農業がおこなわれ始めた時代である。

穀物栽培では、もっとも商品価値が高い小麦の作付けへの指向が加速された。また個々の農民の経営の枠組みではなく、一村規模で耕地を冬穀畑、夏穀畑、休閑地の三耕区に分けるいわゆる耕区制をともなったかたちでの三圃農法も、この時期に広く普及した。それはパリの北にあるサンリス近くのシトー派修道院ヴォーランで一二五〇年ころに始まり、パリ盆地を中心に広まったとされる。大開墾運動以後の土地の集約的な利用のために、肥沃な土地では放牧地が不足するようになるなかで、休閑地は家畜を放し飼いにする格好の土地となった。

このころから中央山地のような山地地帯で、羊の放牧を基本とする牧畜も活発となる。それは夏季の羊の移牧であった。夏になると羊の大群が近隣の平地から、あらかじめ決まった山の放牧地にのぼり、そこで一夏を過ごすのである。放牧地には牧人が寝泊りする木造の小屋があり、そこではまた搾乳やチーズづくりがおこなわれた。乳製品が自家消費する以上に市場に向けられたのはいうまでもない。

小麦栽培の一層の展開と収穫の増加は、比較的広い耕地を有する富裕な農民を富ませることになったが、中規模または零細経営の農民にとって、ぶどう酒生産や野菜栽培が少ない土地から農業収益を増加せしめる手段となった。市場向けのぶどう酒生産をいち早く開始したのはランやソワソン地方の農民であった。この地方は現在では生産地ではなくなっている。アルザス地方のぶどう酒は、ライン川諸都市の消費者に向けられていた。ロワール産やポワトゥー産のそれは、船でフランドル地方やイングランド、スコットランド、デンマークまで輸出されている。ポワトゥー産はラ・ロシェルの港から積み出され、大西洋に面したこの海港の発展は、この輸出のおかげであった。

ボルドー地方のぶどう酒は、おもにイングランドに販路をもっていた。一二一四年に最初のボルドー産ぶどう酒がブリストルの港に入港したことが記録されている。のちに述べる百年戦争のあいだ中、この地方を封地として領有していたイングランド王への忠誠を変えなかったこともあり、イングランドではボルドー産がほかの地域産の品物を排して愛飲されたようである。こうしてボルドー地方に流れ込んだ富のよすがを伝えているのが、この地方の村々で今もみられるロマネスク様式の立派な教会である。

野菜栽培はなかんずく都市の成長と深く結びついていた。ただし保存技術もなく、大きな利益をもたらす取引ではなかったので、都市の近郊農村で慎ましく営まれたが、そのぶん着実で安定した収入をもたらすものであった。今日でもアラス、アミアンなどのピカルディ地方でみられるような野菜の湿地栽培は、十三世紀に盛んになる。

このほかに北フランスを中心に亜麻、大麻などの繊維原料の栽培や、青や黒の染料のもとになる大《たい》青《せい》の栽培も広まった。聖職者が着る衣服をつくるための黒色の布地の需要がこれを促進したのであった。

## シャンパーニュ大市と商人

十三世紀は遠隔地商業の歴史のなかで栄光の時代であった。つぎの世紀になると、商人たちは自ら

ミリィ・ラ・フォレの屋根付き市場　1479年につくられたパリの南にあるミリィ・ラ・フォレのマルシェ。プレートにあるように，1979年に500年祭を祝った。木組みは教会の屋根とまったく同じ形式。

遠距離の旅行をする度合が少なくなり、特定の都市への定住の度を強めるようになるであろう。また交通路の変貌やシャンパーニュを取り巻く政治情勢の変化もその衰退に拍車をかけることになった。このことについては、少しあとに述べようと思う。

シャンパーニュ地方の一連の都市が交替して開催するいわゆるシャンパーニュ大市は、この種の定期的に開かれる大市の花形であった。プロヴァンやトロワは古くからの市場であったが、十二世紀初めにはその活動は地方の域をこえず、土地の羊毛や皮革が取引されるにとどまった。この世紀の後半になって地中海地方と北海とをつなぐ街道に位置するという地の利をいかして、シャンパーニュ諸都市は活動範囲を拡大し、シャンパーニュ伯も大市での取引からもたらされる利益を財源としてあてこんだのである。伯は商人を安全護送《ソフ・コンデュイ》制度で保護し、ラニー、バール・シュル・ローブ、プロヴァン、トロワの四都市の開催期日を調整し、一年をひとつのサイクルに組み上げたのであった。まず一月から二月にかけてがラニー、二月から三月にかけてがバール、続いて少しあいだがあって五月にプロヴァン、七、八月がトロワ、九月にふたたびプロヴァン、そして最後に十月のトロワで一年のサイクルが終わる。

それぞれの期間は三週間から六週間で、はじめの数日間を商人たちは売場の確保や、商品の展示などの準備にあてた。また最後の一週間は取引はせず、もっぱら代金の決済や、信用取引への振替あるいはほかの場所でつくった負債の支払いなどの整理をおこなった。

取引の対象となった商品は、おもに上質の毛織物である高価な羅紗《ラシャ》であった。そのため野盗その他の力ずくでの略奪から商品を守り、フランドルやイタリアなどから参集する商人が活発な取引をおこなえるように、シャンパーニュ伯やフランドル伯、そしてフランス国王などの領域権力が治安に配慮し、その活動を盛り立てた。とくにイタリア商人は手形や信用状などの為替技術を、ヨーロッパ各地から集まった商人に伝授し、その普及に大きく貢献している。まさしくシャンパーニュ大市は商取引、金融操作の「学校」の役割もはたしたのである。取引にかかわる紛争は大市の領主法廷に持ち込まれた。大市の規模と性格から、その法廷はヨーロッパの最高商事裁判所とでもいうべき存在であった。

大市は十三世紀の終わりには衰退の様相があらわとなった。原因はひとつではない。ギュイエンヌをめぐるフランドル戦争のせいで、一二九六年から一時期フランドルとシャンパーニュとの結びつきがたたれた。またフランス王権がシャンパーニュを王領地に併合したことにより、大市で取引する商人に以前より重い租税が課されるようになったのも要因として大きい。さらにアルプスにゴットハルト峠が開かれイタリア北部とライン地方が直接結ばれたこと、地中海のスペイン周航ルートの開拓によりイタリア商人がフランドル市場にじかに参入できるようになったことなど、通商路の変動もシャンパーニュ大市衰退の重要な原因として多くの歴史家が指摘している。けれどもより本質的なのは、先にもふれたように、商人がしだいに定着化して商会を組織し、信用技術の発展に支えられて、西ヨーロッパの主要都市に支店を設けるようになると、わざわざ大市にでかけて取引をする必要が感じられなくなったことであった。

### 都市の成長と手工業者の台頭

十三世紀のフランスは都市の一大躍進期であった。それは社会経済の面のみならず、文化、宗教すべての生活に影響をおよぼし、歴史発展の原動力となったのである。古くからの司教座都市の地誌は、十三世紀以前には、その起源がローマ期にまでさかのぼるシテと呼ばれる古い市街地と、旧市街地からやや離れた場所に司教座教会や修道院を核にして成長した、フォーブールと称される二つの焦点をもつ構造を示すことが多かった。多くの場合、それぞれが周囲を壁で取り囲んでいたのが、この時期になるとシテ、フォーブールをあわせて全体にひとつの市壁をめぐらすようになる。シャルトル、ボーヴェ、サン・トメールなどがわりあい早くに、一体化を実現した都市である。

都市の「中心地機能」の最重要因子は人間の吸引である。それは近隣、遠隔の土地を問わず人を引き寄せることにより、人口の空間的分布にはっきりした変化をもたらした。先にふれたポワトゥー産のぶどう酒の積出港として生まれたラ・ロシェルは、一二二四年に人口六〇〇〇人であった。この年フランス国王にたいして市民が忠誠誓約をおこなったのであるが、そのおりのリストが残っている。この名前の判明している一三六〇人のうち、五〇〇ないし六〇〇人は地元出身者であるが、一八〇人の遠隔地出身の者もいる。そしてその出身地は、この港と交易関係をもっているイングランドや遥か北海地方の沿岸、より近いロワール川流域地方、内陸のブルゴーニュや地中海沿岸地方と、きわめて多岐にわたっていた。

都市には商人とならんで手工業者の活動が結びついている。農村にも手工業者が存在し、荘園制の枠組みのなかで生産活動に勤《いそ》しんでいたが、とりわけ大都市の手工業者は経営の形式こそ少数の徒弟と親方家族からなる家内制的色彩は濃厚であるものの、生産ははなはだ専門化が進んでいた。十三世紀のパリの事情を示す『職人の書』によれば、この都市の皮革関連職業は皮鞣《かわなめし》職人、鞍製造職人、勒《くつわ》職人、皮財布職人、靴職人、毛皮職人などなど著しく個別専門化が進んでいた。

一方で都市を寡頭的に支配した有力商人層と、親方・職人からなる手工業者との社会的緊張が十三世紀中ごろから北フランスの毛織物工業が盛んな都市で高まっていた。とりわけ一二七〇年と七五年のイングランドとフランドルの羊毛取引をめぐる紛争により、毛織物の原料であるイングランド産の羊毛の到着が遅れ、羊毛価格の高騰を引き起こした。このため手工業者の失業がふえ、ドゥエ、トゥールネ、ブリュッヘ（ブリュージュ）、イープルなどの毛織物業が広く展開した都市で、親方や職人たちの騒擾《そうじょう》を招いた。フランス国王から派遣されていた統治官のジャック・ド・シャティオンは富裕な商人からなる都市貴族を支持したが、一三〇二年にブリュッヘのフランス王守備隊が蜂起した職人たちにより殲滅《せんめつ》され、フランス騎士軍はクルトレで反乱軍に粉砕された。かくして都市での商人層の支配にゆるみが生じ、親方層の市政への参加を認めざるをえなくなるのである。

## 4　栄光のカペー朝から苦難のヴァロワ朝へ

### プランタジネット家の遺産

一二一四年七月の日曜日にブーヴィーヌの野で、フランス王フィリップ・オーギュストに喫した大敗により、イングランド王ジョンは一気に政治の奈落に落とされた。王威の失墜がイングランドの貴族をして「大憲章《マグナ・カルタ》」をジョンに認めさせた要因であった。だが彼が翻意してその無効を宣すると、かたやこれを支持したローマ教皇庁やイングランド教会、それにギヨーム・ル・マレシャルのような忠臣、かたや多くの貴族がそうであったようにジョンの王位を認めない党派に国論は二分され、イングランドは一層の混乱にみまわれた。こうした状況のなかで、一二一六年、貴族たちはイングランドの王冠をフランス王の息子ルイ(のちのルイ八世)に与えるとして、ルイに海峡を渡ってくるよう招請したのであった。大がかりな軍勢と、フィリップの法律家がおこなった隣国の王位掌握の法的正当化(ルイの妻ブランシュ・ド・カスチーユがヘンリ二世の孫娘であることを継承権の根拠とした)を背景に、ルイは五月に海峡を渡り、七月にイングランド東部を制圧した。けれども十月にジョンが死去すると情勢は変わり、フランス軍は劣勢に立たされた。結局翌年の暮れにランベス宮で条約が結ばれ、秘密条項に盛られたイングランド側が支払う一万マルクの賠償金を代価にルイは撤退したのであった。

父王と共同統治の経験をもたないカペー家の最初の単独の王であったルイ八世は、イングランド王位奪取の試みからもうかがわれるように、貧相で小柄な外見の内側に強い決断力と満々たる野心を秘めた人物であった。彼は登極から三年後に下痢のためにあっけなくこの世を去ったが、このきわめて短時日のあいだに、ロワール川とガロンヌ川に挟まれた南西フランスの大部分、すなわちポワトゥー、リムーザン、ペリゴール、オニス、サントンジュの諸地方をイングランド王権から奪回している。

しかしプランタジネットの大陸領をめぐるイングランド、フランス王権のせめぎあいは、ポワトゥーの地方貴族やボルドーなどの有力都市の思惑も絡んでなかなか安定しなかった。一二五八年、聖王ルイ九世が聖地から帰還したのち、緊張緩和の気配が兆した。ルイはエジプトのスルタンからおくられた象を、イングランド王ヘンリ三世に友好のしるしとしておくっている。これは記録されているかぎり、この島に象が姿をあらわした最初とされている。このように意をつくしたルイの呼びかけが効を奏して、両王は胸襟を開いて語る仲となり、それは一二五八年にパリ条約として結実した。これによりヘンリ三世はノルマンディ、アンジュー、トゥレーヌ、ポワトゥーへの要求権を放棄した。一方ルイ九世は、リムーザン、ケルシー、ペリゴールを年額四〇〇〇ポンドの地代をヘンリが支払うのを条件に、フランス王の知行の名義でイングランド王に戻したのであった。

### 王権イデオロギーとルイ聖王

百合花の紋章と、オリフラムと呼ばれる突端がとがった紅旗は十二世紀からフランス王家を象徴する記号として、国王崇敬を醸成する酵母の役割をはたしていた。十三世紀はフィリップ二世、ルイ九世、フィリップ四世らの賢く明敏な国王が、いずれも長期にわたって優れた指導力を発揮して、国勢を盛り立てた。この生身の人間の活躍により、中世王権への崇敬は決定的となった。

一方で王位を神話化するためのもろもろの措置も、おこたりなくとられていた。フィリップ二世が死去したおりに、歴代の国王ではじめて荘厳な告別・埋葬の儀式が演出された。遺体には足首までとどく白衣が着せられ、頭には王冠を載せ、手には王錫を握るその姿が公開された。またサン・ドニの修道士たちをはじめとして、国王を中心にすえた王国の年代記が書かれ、かつてラテン語で記された史書が、フランス語に翻訳されたりした。マルク・ブロックが傑作『王の奇跡』のなかで論じた、王の按手《あんしゅ》による瘰癧《るいれき》治癒の実践も、その奇跡的病治しの能力への人々の「信仰」ゆえに、国王崇敬をいちだんと強める作用があったのは確かだ。けれどもこの面では、やはりルイ九世という特筆すべき王の役割を強調しないではすまされないであろう。

父王の急逝により、彼は十二歳でフランス王位に即いた。母ブランシュ・ド・カスチーユが摂政として優れた手腕を発揮し、貴族層を巧みに操縦して国内の統治を取り仕切った。もともと強い信仰心の持ち主であったが、三十歳のおりに大病を患い、平癒するとただちに第七回十字軍遠征を組織して、一二四八年にエジプトに上陸した。転戦の途中で、マムルークの捕虜となったりしたが、四年間の聖地および東地中海地方の旅行は、公正な統治者としての見識を磨くための糧を彼に与えたようである。帰国すると四十歳ではじめて親政を開始した。その指針は福音の命ずるところと重なり、慈愛と正義をもってなしたとされる。けれども慈愛は怒りをあらわにする激しい気性と一対をなし、統治にあたってはつねに決然としており、いかなる王よりも権威的で、家臣にも高位聖職者にも容赦しなかった。一二七〇年、あらたな十字軍を組織して到達したチュニスで、ペストにかかりこの世を去る。中世史家ルゴフは、当時の人々がルイのうちに「王としてのキリスト」の具現をみたのだとしているが、死後二七年たって教会により正式に聖人として列聖されるという異例の事態が、フランス国王の光輝を一層輝かしいものとした。

## フィリップ四世と「テクノクラート」

十三世紀の王権の確立は、実態はともかく理論上は教皇が世俗の君主を廃位することができるという神権政治の観念を許容しえなくなっていた。やがてこうした状況はフィリップ四世美王《ル・ベル》（在位一二八五〜一三一四）の時代に、教皇ボニファチウス八世との衝突という事態に発展し、フランスの世俗のことがらにかんしては、国王権力が教会に優先するというガリカニスム（教皇庁と一線を画したフランス教会独自性の主張）の思想を、国民のあいだに涵養してゆくことになる。

これと並行するようにして、国王を中心とする行政・司法機構が整備されていった。十一世紀にクリア・レギスと称される国王会議が生まれ、十二世紀にこれが王の家政機構である国王内廷《オテル・デュ・ロワ》と国政機構の国王宮廷《クール・デュ・ロワ》に分れ、十三世紀には後者から重臣会議《クール・デ・ペール》と国王顧問会議《コンセイユ・デュ・ロワ》と高等法院《パルルマン》の組織が生まれた。つぎの世紀にはあらたに会計院《シャンブル・デ・コント》と三部会《エタ・ジェネロー》が誕生するであろう。国政全般を議する国王顧問会議は王の兄弟、それに王の親族にあたる有力重臣や名門貴族の一員などが構成メンバーであったと推測されている。けれども多数を占めたのは二〇〜三〇人からなる専門の官僚たちであった。

彼らは実務を通じて法律に通暁し王侯に召しかかえられた人々とか、大学で正規に法学を学び、学位を取得して顧問として遇された者たちもいる。彼らはその法学的な専門知識により法曹家《レジスト》と称される。ラングドック出身のギヨーム・ド・ノガレはこうしたレジストの一人であった。彼は一三〇二年に主君フィリップと対立していて、ローマの夏の暑さを遁《のが》れてアニャーニに滞在していた教皇ボニファチウス八世を手勢とともに急襲し、威嚇《いかく》し、あまつさえ顔面を殴打した事件で歴史にその名をとどめた人物である。もちろん暴力の行使がレジストの特技というわけではなかったが。

また金融や租税関係については、パリのブルジョワやイタリア人出身の銀行家が重用された。ピエール・ド・シャロンは全国の関税網の整備に、ピエール・ド・ラチーは租税システムの構築にそれぞれ功績を残したテクノクラートである。

これら優れた専門知識と能力を備えた官僚団を操作し、調整し、その力を政治に活用できるかそうでないかは、君主たる国王の力量による。レジストたちの歴史的活躍の背後にはフィリップ四世の支配者としての能力をみてとるべきなのであろう。

## テンプル騎士団事件

一一一八年聖地にいた十字軍騎士の一団が、シャンパーニュ出身のユーグ・ド・パイヤンの指導のもとに、キリスト教巡礼者の保護を目的に修道騎士団を結成した。イェルサレム国王ボードワン二世が、ソロモンの神殿近くに建てた宮廷の一部を彼らの宿舎として与えたので、ここから神殿(テンプル)騎士団の名前がでたのである。一一四〇年にはパリに本拠を移し、現在の共和国広場近くのタンプル——その名はテンプル騎士団に由来する——に堅固な要塞を構えた。

彼らは聖地やヨーロッパのキリスト教諸侯の庇護と援助、一般信徒の喜捨などにより、聖地はおろかヨーロッパの各地に土地と定期金収入からなる財産を獲得した。一説にはコマンドリーと呼ばれる分団の数は、最盛期に九〇〇〇にものぼったとされる。またそれらを資金とする国際金融活動にも手をそめ、莫大な富を築く。

タンプルの要塞にはいつも四〇〇〇人程の人々が起居していた。これはもちろん騎士だけではなく、税をまぬがれようとここに逃げ込んだ職人や農民、はては国王法廷の司直の手を遁れた者たちなど、雑多な人々がまじっていた。このように、国王の威光さえ意に介さないとみられるほどの独立の誇示は、危険な反感を国王の周辺ばかりでなく、社会全体に醸《かも》し出していた。なにしろその財力にものをいわせて、パリの地所の四分の一を手にいれていたほどなのだから。それだけではない。フィリップ四世自身が、ということはフランス王国が騎士団の大口の債務者であり、返済の目処《めど》を立てるどころか、さらなる借入を考えているほどであった。

そうしたなかで一三〇七年十月に、突然フランス王国全土で騎士団員の一斉逮捕がおこなわれた。嫌疑は盗み、不正蓄財、男色、偶像崇拝である。団員が身分のうえでは修道士であることを想起しなければならない。訴追を指揮したのはギヨーム・ド・ノガレであった。騎士団はローマ教皇に直属していたので、その廃絶については教皇の承認が必要であったが、フィリップが擁立に成功したボルドー司教出身で、アヴィニョンに教皇庁を移したクレメンス五世が許可した。かくして一三一四年、騎士団長ジャック・ド・モレーともう一人の幹部が火刑に処せられ、テンプル騎士団は消滅した。その財産の一部は国庫に没収されたが、多くはのちにマルタ騎士団となる聖ヨハネ騎士団に移転されたのであった。

## ヴァロワ朝の開幕

ジャック・ド・モレーが冤罪《えんざい》を訴え、王と教皇への糾弾のことばを叫びながら火炎に没してから半年程過ぎた十一月、フィリップ四世は死の床にあった。長子で王位を継ぐルイ十世(在位一三一四〜一六)をはじめ次子のフィリップ、三子のシャルルが健在で、イングランド王エドワード二世に嫁したイザベルも存命であった。けれども息子たちにはいまだに王位の後継者はなく、ルイとシャルルの二人には当面その可能性さえもたたれていた。二人の妻はそれぞれ宮廷の騎士と不義密通を働き、騎士たちは身の毛もよだつような残酷な方法で処刑され、二人の女性のうちルイの妻マルグリット・ド・ブルゴーニュはすぐに土牢のなかで凍死し、もう一人のブランシュ・ダルトワも生きて牢獄をでることはできなかったからである。やがてルイは後妻としてハンガリー王女クレマンスをむかえたが、自身は妻の懐妊のさなかに在位一八カ月で早逝した。生まれたジャン一世はわずか五日間の命であった。そのあとを継いだのは、フィリップ四世の次子フィリップ五世(在位一三一六〜二二)、ついで三子シャルル四世(在位一三二二〜二八)であったが、どちらにも男子は生まれず、かくして九八七年に開始してから必ず男子の後継者をもった「カペー家の奇跡」も終わりを告げたのである。

王位を継承したのは、フィリップ四世の弟でヴァロワ伯であったシャルルの息子フィリップである。彼は一三二八年四月にフィリップ六世(在位一三二八〜五〇)として即位した。新しい王朝ヴァロワ家の誕生である。

## 百年戦争の始まり

歴史上の出来事がひとつの原因に由来することはまれである。フランス王家とイングランド王家とを、おおよそ一〇〇年の長きにわたって対立させ、断続的に大量の血を流させ、占領と飢餓の日々をもたらした複雑で巨大な事件となればなおさらのことだ。歴史家たちはこの戦争の原因として、先に述べたカペー家男子直系の最後となったシャルル四世の後継問題を重視する者、むしろイングランド王が大陸に領有する封地ギュイエンヌをめぐる英仏両王の主従関係の比重を重くみる者と見方は一律ではない。この二つの見解について、少し詳しくみておこう。

カペー家の伝統のなかに男子曠闕《こうけつ》の際の確たる王位継承原則がなかったのは、当然といえば当然であった。なにしろ四〇〇年間にわたってこのことを考える必要もなかったからである。生物学的に異例な事態がそれを許してきたのであった。一三一六年にルイ十世が肺炎で急逝し、死後に誕生したジャン一世がこれも閃光のような早さでこの世を去ったあとで、王冠はルイの娘ではなく、弟のフィリップにいったのだから、一応ここで女性の王位からの排除は先例となったと考えることはできる。けれどもそれは女系の排除ではなかったはずである。フィリップ美王の娘イザベルの息子で、イングランド王エドワード三世は外孫とはいえ、甥であるフィリップ・ド・ヴァロワよりも美王により近い存在ではなかっただろうか。しかし重臣会議は「フランスで生まれ、この地に多くの友人と同盟者をもつ」フィリップに白羽の矢を立てた。イングランド王をフランス王にするわけにはいかなかったのである。決定は理屈ではなく感情であり、それゆえ本心をいえばエドワードにも理解できることであったにちがいない。

女系の王位継承からの排除を、見当違いの土地相続規定を『サリカ法典』のなかにみいだして、牽強付会もあらわに主張するという疑似法学論争に本格的にのめりこんだのは、敵対関係があとに引けない状態になったとフランス側が判断したシャルル五世の時代(一三六四〜八〇年)からであった。エドワード三世は一三二九年四月にフィリップ宛に大要つぎのような書簡を送っていた。

「わがこのうえなく貴き宗主にして主君よ。私は陛下のなすところ成功をおさめざるはなく、また幸運めぐまざるなきよう衷心より念願しております。さて久しい以前から私の義務をはたすべくフランスに赴き、陛下に拝謁をたまわりたいと存じておりましたが、おりあしく私の王国で不測の事態があいつぎ、今日まで胸中しまっておりましたこの計画を実現しえないままに過ごしてまいりました。神の御加護により、事情が許しましたらただちに、義務とこころえております忠誠の誓いを陛下に捧げるべく御許《みもと》に参る所存です」。

エドワードはこれを実行に移すほかはなかった。六月初旬アミアンでエドワードがフィリップに、大陸領の封主として臣従の誓いを宣する儀式が挙行された。これはヴァロワ朝の最初の外交上の勝利であった。

戦争の根本的な原因は、封土の保有にともなう臣従関係にあった。これが一般の家臣と国王の関係であればともかく、一国の君主間ともなれば見方によっては国同士の主従関係と意識せざるをえない。いささか誇張していうならば、フランスとイングランドとはノルマン・コンクェスト以来、人的交流や言語の面で久しく二重王権のもとに生きるひとつの生活圏のような様相を呈していた。けれども一二五八年のパリ条約以後、事態は徐々に変化しつつあった。人的交流は以前よりも活発さを失い、イングランドでのアングロ・ノルマン語の影がうすれ、それにかわって個別意識がより前面にでてくるようになった。フランスにおいても事情は同様であり、重臣会議の空気はそれを映す鏡であった。臣従関係とは別の方式でイングランド王がギュイエンヌ大公領を保持しつづける方策があったならば、あるいは百年戦争は起こらなかったのかもしれない。けれども、それは詮方ない歴史家の夢想でしかない。国民意識は金銭の代価だけで国土を他国に貸し出すほど単純ではないのである。この紛争はつまるところ、早くも頭をもたげ始めた近代国家の論理と、封建的主従関係の論理、この二つの論理の対決であり、近代への展開に向けて両国が早晩解決しなければならない問題であった。

黒死病の流行　王侯・貴族や聖職者も農民も区別なく，黒死病の猛威にさらされた(14世紀のミニアチュール)。

## 黒死病の惨禍

一三四七年初秋のこと、黒海沿岸のカッファから出航したジェノヴァ商人の船団がシチリア島のメッシナに入港して、東方の商品を荷おろしした。そのときおそろしいペスト菌をも持ち込んだのであった。この病気は犠牲者の遺体が黒ずむところから黒死病と呼ばれた。菌の発生地はシベリア、バイカル湖近辺の森林地帯とされていて、この森に棲息するマーモットや黒鼠などの齧歯《げっし》類につく蚤《のみ》が宿主であった。現在では考古学的研究から一三三九年ころから中央アジアにこの疫病が流行した事実が確認されており、シルクロードをとおってさらに西方に伝染したとされている。

フランスでは海港マルセイユを伝染源として、交通路であったローヌ川にそってエクス、アルル、アヴィニョンが一三四七年中に打撃を受けた。一三四八年にラングドック地方にはいって、一方ではスペイン、もう一方ではトゥールーズを経由してボルドーに達した。そしてここから海路ノルマンデイ、イングランドに伝染の波がおよぶ。ローヌ・ルートはさらに北に進み、リヨン、シャロン、パリをへてこの年の暮れには北フランスにはいった。

同時代の年代記作者フロワサールは、人口の三分の一が失われたと証言している。いくつかの個別地域の研究から、このフロワサールの数字がほぼ実状を示していることが裏書きされる。A・デュメルジェが紹介するブルゴーニュ地方シャロン・シュル・ソーヌ近くのジヴリィの教区簿冊には、一三三八年から五〇年にかけてこの村で取り結ばれた結婚および死亡の記録が登録されている。これはペスト禍がもたらした惨状と、それを生き延びた人間のたくましい精神のありようを強烈に示してくれる。すなわち、この村の平年の死亡者数は二〇ないし二五人であったのが、一三四八年には約三〇倍の六四九人が死亡している。結婚数の推移はさらに興味深い。それまでおおよそ年平均で二〇組であったのが、一三四八年にはただの一組もなく、翌四九年には一転して八六組の結婚が記録されているのである。一三四七年の暮れころから、おそろしい死病の到来が遠い太鼓のように響いて、人々が縁組みを考えるどころか、息をひそめるようにして生きていた様子を、そして大流行が去ったと確信できるや、ただちに生活の再建に立ち上がった姿を彷彿《ほうふつ》とさせるのである。

## ジャクリーとエチエンヌ・マルセルの反乱

ジヴリィ村の結婚行動から推測されるように、ペストで失われた巨大な人口を埋め合わせるための動きが驚くほどの早さで立ち上がったものの、一朝一夕で労働力が回復するわけではない。荒れるにまかされる耕地が広がり、廃村もここかしこにみられた。人口の激減により穀物価格は低落したが、労働力の需給関係から手工業製品の価格は上昇した。また農業労働者の賃金は高騰して、経済史のうえで賃労働者の黄金時代と呼ばれる時代があらわれた。こうした状況にたいして、一三五〇年に国家は賃金を抑制するための王令を布告するが、それは王領地にしか適用されない限定的なものであった。

一見するとこうした社会・政治状況は農民の生活に好ましいと映るが、とりわけ下層の農民にとって、メリットは国王租税がますます重みを加えることで完全に相殺されてしまった。さらに労働力確保の政策としてとられた移動禁止の措置は、かえって農民大衆をアウトローの世界に追いやることになる。盗賊騎士とならんで、ノルマンディの「白頭巾」や、ブルゴーニュの「貝殻団《コキャール》」、イル・ド・フランスの「カイマン」などの盗賊集団はとおる道々に恐怖を撒き散らした。悪化した治安、そのなかで流言飛語が引き起こす不安が農民の反乱へと導いた。そのもっとも有名な例が一三五八年にボーヴェ地方で起こったジャクリーである。それはまたたくまにノルマンディ、ピカルディなどの近隣地方に広がった。農民のスローガンは「すべての旦那衆を打ち倒せ！」であった。領主は殺され、女たちは凌辱され、子供たちは串刺しにされ丸焼きにされたという。

反乱農民とは別のレヴェルで政治と社会の歪《ゆが》み、国家組織の改良をめざす動きがあった。その流れの代表格がパリ商工会議所会頭エチエンヌ・マルセルである。一三五六年ポワトゥーに攻め入ったイングランド王エドワード三世の息子で、ウェールズ大公の黒太子を駆逐するために国王ジャン二世（在位一三五〇～六四）自らが軍勢を率いたが、打ち破られ捕虜となりロンドンに送られるという一大失態が起こった。国王不在のあいだ国政を取り仕切ることになった王太子シャルルは三部会を召集し、戦費調達のための課税を承認させようとしたのであった。このときエチエンヌ・マルセルはこれに反対する論陣を張ったばかりでなく、仲間を糾合して、ナヴァル（ナバラ）王シャルルを押し立て、王太子に国政の大改革を建議した。焦点は国王顧問会議の廃止と行政・司法機構の改革にあった。たとえば三部会は国王の召集によらず開催される、租税の徴収は国王役人ではなく、三部会が任命した徴税人に委ねられるなどの内容である。そして決然たる意思を王太子に示すために、その面前で二人の国王顧問を殺害するのである。この過激な振舞いに怖気《おじけ》づいたパリのブルジョワは離反し、彼に理解を示していた改革派貴族も離れた。孤立したエチエンヌ・マルセルはまもなく暗殺者の刃《やいば》に斃《たお》れ、改革は挫折するのである。

## 5　近世フランスの序曲

### 緒戦の敗北

一三二九年にイングランド王エドワード三世がフランス王フィリップ六世にたいしておこなったアミアンでの臣従によって、両国の衝突はひとまず回避されたが、長続きはしなかった。二つの勢力が対決せざるをえないパワー・ポリティクス的状況が、ほとんど近代的とも形容しうるかたちで出現していた。先に述べたように、イングランド王がフランス南西地方に領土的野心をもち、現に封土としてフランス国王から与えられていたが、フランス側はエドワードが征服に苦心していたスコットランド王デイヴィッド・ブルースを公然と支援していた。双方ともに相手の柔らかい腹に匕首《あいくち》を突きつけあっていたのである。この手詰まり状態を打開する手立てとして、教皇庁が構想したのが十字軍遠征であった。両王とも乗り気のこの計画が、教皇ベネディクトゥス十二世が双方のより一層の融和をねらってもくろんだ小細工によって中断したとき、緊張は一気に高まり、状況は英仏の軍事的対決に向けてはしりだしたのである。

そのおりエドワードが大陸の橋頭堡と考えたフランドルを自らの陣営に取り込むために、一三三七年フランドル諸都市に圧力をかける手段として、国家歳入の莫大な損失を覚悟のうえで打ち出した羊毛の禁輸措置はじつに独創性に富んでいた。ヨーロッパ随一の毛織物の産地であったこの地帯にとって、原材料が入手できないことはたんに経済的な打撃を与えるにとどまらず、深刻な社会不安を生み出すことになるからである。かわりにブラバント商人には、フランドルへの再輸出を禁ずる条件で取引を認め、こうしてアントワープを拠点とするブラバント大公領、そしてエノーをはじめとするいくつかの伯領を加えた反フランス同盟を構築するのに成功したのであった。

こうした経過をへて、二つの陣営が本格的に交戦したのは海上においてであった。一三四〇年六月にフランドルのスロイス港でカスティーリャ海軍の支援を受けたイングランド王の艦隊は、フランス海軍を急襲し、これを撃破し英仏海峡の制海権を掌握した。さらに一三四六年にエドワードの軍隊はノルマンディのコタンタン半島に上陸し、カンを占領したあとセーヌ川にそって東に進み、炎暑の八月にパリの北にあるポンチウ伯領のとある村に戦線を築き、フランス軍を待ち伏せして撃破した。これがクレシーの戦いである。さらに北上したイングランド軍は、一三四七年にはカレーの都市も占領した。

その直後の休戦協定は、黒死病の大流行を挟んで一三五四年まで守られたが、この年黒塗りの甲冑から黒太子と渾名《あだな》されたエドワード三世の息子ウェールズ大公が、五〇〇〇人の兵士を率いてギュイエンヌに攻め入り、終わりを告げた。一三五六年のポワチエでのフランス軍との会戦は、クレシーの再現であり、一層の悪夢は国王ジャン二世が捕虜となったことであった。イングランド側に勝利をもたらしたのは、いずれの会戦でも弓兵である。フランス側の旧式で速射能力の低い重いジェノヴァ弩《ゆみ》にたいして、イングランド側は三倍の速射力を備えた二メートルの長弓を駆使して、遠距離から矢の雨をふらせることができた。これによって敵陣に穴を開け、弓兵を取り囲んでいた軽騎兵が、包囲のために旋回運動をする。続いて後陣に配置された重装騎兵が敵陣に突撃をかける。これは伝統的な封建軍の正面からの単調な突撃作戦より遥かに効果的で、殺戮的であった。

こうした一連のフランス側の敗北は、ロンドンに捕囚として連行された国王ジャンの解放を、フランスの半分を割譲してまで実現しようとの焦りをもたらした。けれどもフランス人の国民意識の高まりはこれに抵抗し、各地でゲリラ的な抵抗が起こった。このためエドワードは、結局ギュイエンヌの全面的割譲とジャンの身代金、金貨三〇万枚という条件で満足せざるをえなかった。これがいわゆるブレティニー・カレー条約(一三六〇年)の中身である。

### 分裂した国土――アルマニャック派とブルゴーニュ派

身代金を調達するためにいっとき解放されたジャンが、不首尾のまま約束どおり虚《むな》しくロンドンに帰り、一三六四年この地で没したあとをうけて、長く摂政として支配していた長男のシャルルが、シャルル五世として即位した(在位一三六四~八〇)。この人物は病弱で、両手がなかば麻痺していて、とうてい軍隊の指揮には向いていなかったが、この時代の閨秀《けいしゅう》作家クリスチーヌ・ド・ピザンの表現によれば智恵と分別を備えていた。フィリップ四世以来の奇跡をおこなう王として、またいつも聖書やアリストテレスの著作を繙《ひもと》き、のちのフランス国立図書館の蔵書の核となる書物の蒐集に熱心な知識の人として知られ、さらに中世の最初の経済学の書ともいうべき『貨幣論』を著わしたニコラ・ドレームのような優れた大学人を側近として登用して、戦乱とペストで疲弊した国土の再建と文化の発展につくした。

彼の軍事面での右腕となったのは、ブルターニュの郷紳で元帥に任命されたデュ・ゲクランであった。ゲクランは連勝につぐ連勝でノルマンディをイングランド側から奪回し、ブレティニー・カレー条約の締結で失職し、野盗化して治安の悪化を引き起こしていた傭兵たちを、遥かスペインのカスティーリャのエンリコ・トラスタマールの戦線に連れ出し、厄介払いをするという微妙な任務もはたした。

一三六八年ウェールズ大公の家臣であったアルマニャック伯ジャンが、主君への竈《かまど》税の支払いを拒否して「ギュイエンヌ大公ならびに大公領の宗主」たるフランス国王に訴えたために、パリの高等法院で審理が開始され、ウェールズ大公が喚問を拒否したこともあり、ギュイエンヌの没収の判決がくだった。

ふたたび戦端が開かれ今度はフランス側が優位に立った。南ではイングランドの勢力はボルドー、ダクス、ベヨンヌ周辺に、北ではカレーに拠点を残すのみとなった。もっともブルターニュとコタンタン半島にあらたに勢力圏をつくりだしはしたが。こうしたなかで、一三七七年にエドワード三世とウェールズ大公が没し、フランスでも八〇年にデュ・ゲクランとシャルル五世があいついで他界した。

十四世紀の最後の二〇年は、英仏とも摂政による不安定な統治の時代であった。シャルル五世を継いだシャルル六世(在位一三八〇〜一四二二)は十二歳であった。神経疾患をかかえていたが、成人に達してからははっきりとそれが顕在化した。後見の役を務めたのは従兄弟にあたるブルゴーニュ大公ジャン無畏公であった。彼は一四〇四年に他界した父フィリップから、父が巧妙な結婚政策によって獲得したフランドルからブルゴーニュにいたる、かつてのロートリンゲン王国——中央に大きな空白部分はあるものの——を彷彿とさせる広大な領土を相続し、政敵であったルイ・ドルレアンをパリの市中で暗殺させていた。こうした逸脱は当然のことながら反感を呼び起こした。殺害されたルイ・ドルレアンの舅《しゅうと》アルマニャック伯ベルナール七世を軸に、反ブルゴーニュ大公の党派が形成された。おもに南フランスの貴族勢力がここに結集した。これにたいして、ブルゴーニュ大公のもとには北部と東部フランスの貴族が集まった。十五世紀初頭のフランスはアルマニャック、ブルゴーニュの二つの党派に引き裂かれたのである。

## トロワ条約と救世主ジャンヌ・ダルクの活躍

イングランドではエドワード三世の没後、王位を継いだ孫リチャード二世が幼少であったために、摂政ランカスター公がしばらく実権を掌握して力をたくわえた。そして親政を開始したリチャードの苛斂誅求《かれんちゅうきゅう》がワット・タイラーの反乱（一三八一年）を引き起こし、また貴族層がその専横に反発して退位を迫ったために、王位はランカスター家に移っていた。その二代目ヘンリ五世は、久しく混乱していた内政が安定したこともあり、ふたたびフランスに目を向けたのである。彼はフランス王シャルル六世の娘カトリーヌを妻にむかえ、ノルマンディ、ブルターニュ、フランドルの宗主権とギュイエンヌの領土を、当時フランスの与党であったアルマニャック派に要求した。当然交渉は決裂する。一四一五年夏、ヘンリは東ノルマンディに上陸し、北上した。英仏両軍の決戦の野はピカルディのアザンクールであった。相変わらずフランス軍は数のうえでは優勢だが、武器も戦術も旧態依然としていて、イングランド軍の術中にはまり、弓兵と槍兵に殺戮された。けれどもヘンリの勝利も決定的とはいえず、三週間後にはカレーから帰還した。

フランスではこの敗北は大きな政治的波紋を引き起こさずにはすまなかった。アルマニャック派は力を失いパリを離れ、かわってジャン無畏公の率いるブルゴーニュ派が権力を握り、イングランド王との接近をはかった。けれども一四一八年に、ヘンリが再度軍を率いて上陸し、驚くべき勢いでノルマンディを制圧しパリに迫ると、ジャンはあわてて王太子シャルルに歩みよる気配をみせる。翌一九年九月、ジャンは自らが暗殺の首謀者であったルイ・ドルレアンの家臣によって復讐された。復讐の輪舞《ロンド》が始まる。大公の息子フィリップ善良公は、暗殺の陰に王太子シャルルの了解があったことをかぎとった。いまやブルゴーニュ派の統領となったフィリップは、ヘンリ五世との平和を約したトロワ条約(一四二〇年)に、王太子シャルルからフランスの王位継承権を奪い、ヘンリ五世にそれを認める一項をいれることにより復讐した。

王位の継承から排除されたシャルルはフランスの中部にあるブールジュに逼塞《ひっそく》した。歴史家はシャルルの国を「ブールジュ王国」と呼ぶが、実際にはギュイエンヌを除く南フランスが領土であり、有能な役人によって整然とした統治がおこなわれた。こうして巻返しの到来を待つシャルルに、イングランド勢力とブルゴーニュ大公との不和という好機がおとずれた。シャルルは反撃を開始し、一四二九年五月ベドフォード公の指揮のもと激しいイングランド軍の攻撃にさらされていたオルレアンを救ったジャンヌ・ダルクの奇跡的な活躍により、七月十七日ランスでシャルル七世としてフランス王に即位した(在位一四二二〜六一)。その後ジャンヌはブルゴーニュ派に捕えられ、金貨一万枚でイングランド軍に引き渡される。裁判の結果、彼女は異端の徒と断罪され、一四三一年にルアンで火あぶりの刑に処された。

この四年後シャルルはブルゴーニュ大公とアラスの和約を結んで和解し、イングランドと対決した。弓兵隊を中心とする兵制に転換して意気あがるフランス軍は一四五〇年にフォルミニー、五三年にカスティヨンでイングランド軍に勝利し、カレーを残してその勢力をフランスから駆逐するのに成功した。かくして一〇六六年のノルマン・コンクェストに始まる両国の一体の歴史は、イングランド王へンリ六世の国璽尚書はなおしばらくのあいだ公文書で「フランス王にしてイングランド王」という称号を用いつづけるのだが、それはそれとして、後代からみてまぎれもなくひとつの終焉をむかえたのである。

### 新しい大貴族たち

イングランド王との戦争が終わったものの、フランス国王の権力基盤はいぜんとして不確かであった。国王が直接権力を行使できる王領地は限られていたというべきである。とくに前世紀にあらたに歴史に登場してきた大貴族の勢力がその大きな要因であった。すなわちフランスに古くから根を張っていた名門貴族は十三世紀にほぼ王権により克服されたが、これにかわって王家の次子、三子が親王采地《アパナージュ》を与えられて形成した領国が、国家のなかの国家として伸張してきた。ブルゴーニュ大公領はその代表格である。これら親王たちは国王から采地(領地)を受領するとき、国王への臣従の誓いをすることがなかったから、義務に縛られなかった。国王から独立の君主のごとく行動し、自らの判断で他国の王と臣従関係にはいり、しばしばフランス国王の利益を害してはばからなかったのである。

ブルゴーニュ大公は低地地方の領有により、アンジュー家はロレーヌの領有により、それぞれ神聖ローマ帝国に領土を有していた。ヴィスコンティ家から嫁したヴァレンチナの息子シャルル・ドルレアンは、ヴィスコンティ一族が継承してきたミラノ大公領の相続を求め、ルネ・ダンジューはナポリ王国の獲得を画していた。このように親王の血統たる大貴族たちは、自分個人の利益に即して対外活動を繰り広げ、国王の外交政策の選択肢を狭めたのである。シャルル七世は治世の末期にこの問題を解決しようとつとめたが、実現できなかった。

これは息子のルイ十一世(在位一四六一〜八三)の課題となった。ルイは一四六一年に即位するとただちに過激な措置をとり、役人を大量に解雇し、聖職者への課税を試み、貴族の特権と年金を廃止し、大貴族の国王への優先奉仕を内容とする臣従の誓いを強制しようとした。反発は激しく、貴族の反国王同盟がブルゴーニュ大公シャルル豪胆公を中心にできあがった。大柄で縮れた黒髪とポルトガル王女の母から受け継いだ褐色の肌をもち、厳しい容貌のシャルルは、その豪胆公の渾名が示すように戦場での勇気に優れ、「見栄えのしない容貌と貧弱で曲がった手足で、訥弁《とつべん》で粗末な衣服」の国王ルイとは好対照であった。けれども最終的に勝利したのは、同時代の歴史家フィリップ・ド・コミーヌによれば、蜘蛛《くも》のように策謀の網の目を張りめぐらし、獲物がかかるのを物陰からじっと待つ根気をもったルイであった。結局シャルルは一四七七年にナンシーの戦いに斃れ、ブルゴーニュ大公の領国は瓦解《がかい》した。フランス王国の統一にとってこれは決定的に重要な事件であった。

### ジャック・クールと国際商業の展開

十四世紀のあいだに、シャンパーニュ大市は完全に没落してしまったが、それはジブラルタル海峡をとおってのイタリアとフランドルの直接取引が恒常化したことや、より大きな要因としての信用・金融技術の発達のほかに、百年戦争の影響も無視できない。戦争による被害を避けるために、南北を結ぶ商業ルートは、より東のソーヌ川沿いに移動し、シャロン・シュル・ソーヌの大市がブルゴーニュ大公の保護のもとに発展した。けれどもブルゴーニュ派とアルマニャック派の対立は、一四三〇年ころにシャロンの大市の活動を完全に停止させてしまった。アルマニャック派の都市リヨンが、南への通商路を封鎖してしまったからである。シャロンにかわって台頭したのがさらに東のジュネーヴであった。

フランスの内部では商業圏が、イングランド・ブルゴーニュ圏とブールジュ王国圏とに二分されたかの印象を受ける。前者の中心は大消費地パリであり、ブルゴーニュから北西フランスにかけてのヨンヌ—セーヌ—オワーズ軸が、ブルゴーニュのぶどう酒、ノルマンディの織物、イル・ド・フランスの穀物を流通させる動脈となった。アルマニャック支配圏の国際取引を動かしていたのはラングドック地方である。とくにペゼナとモンタニャックの大市が、プロヴァンス、ドーフィネそしてイタリア、カタルーニャ、アラゴンなどの商人を呼びよせた。

ブールジュへの王太子シャルルの亡命、ロワール一帯の城館への頻繁な滞在が都市ブールジュやトゥール、ポワチエの商業や産業を振興させた。とくにフランスとレバントとのイタリアを介さない貿易によって大成功をおさめたジャック・クールが、一四〇〇年ころこのブールジュで生まれたことは

中世末期の町家　ロワール川沿いのシノンの町家。1階より2階が，2階より3階が突き出ている中世末期の都市にみられる典型的な家屋。

意味深い。彼は東方への輸出品を入手するために、ヨーロッパ各地に通信員を駐留させ情報を蒐集した。こうしてヨーロッパ各地から集めた特産品をブールジュやトゥールや、東方への積出港として利用したマルセイユに集荷した。彼が武装商船として建造させたもののうち、六隻までその名前が知られている。

大西洋商業もこの時期に活性化している。それまでのイングランドやフランドル、ハンザ商船だけでなく、カスティーリャ船がとくにフランスの港に寄港して羊毛を荷おろしした。またピエール・ショニュが「地中海的大西洋」と名づけたマディラ諸島やアゾレス諸島からはサトウキビが運ばれている。

### シャルル八世と「イタリアの幻影」

一四八三年に父ルイ十一世の徴税制度の確立、重商主義的振興策の推進、国家機構の整備などの内実豊かな治世のあとを受けて王位に即いたシャルル八世（在位一四八三〜九八）は、シャルルマーニュを王道の鑑《かがみ》とし、騎士物語に心を奪われた夢想家肌の男であった。崇敬する大帝の強靭な巨軀も剛毅な神経とも無縁で、虚弱な肉体と繊細な神経の持ち主であった。けれどもコンスタンティノープル、キプロス、イェルサレムと、オスマン帝国に征服されたばかりのキリスト教世界をこの異教徒から奪回しようという夢みる力の大きさと、それを行動に移す情熱は、中世フランスの国王のなかで独特の光彩を放っている。その遠大な十字軍構想の実現にとってイタリア遠征はほんの入り口であった。

アンジュー家のルネを介して父ルイ十一世に遺贈されたはずのナポリ王国の領有権が、行動の契機であった。契機といってもとくにこの時期にナポリに軍を進める理由はなかった。ルネ・ダンジューとその弟シャルルの遺言状をなんども精査させてえた結論を、夢が後押しした成果とでもいえようか。イタリアに乗り出すにあたって、彼は隣国との国境問題を解決する努力をおこなっている。アラゴン王にたいしてルシヨンとセルダーニャを、神聖ローマ帝国にはアルトワとフランシュ・コンテをそれぞれ割譲した。またアンヌ・ド・ブルターニュとの結婚により、王権の支配に頑強に抵抗してきたこの地方の王領への統合のプログラムを実現したことも忘れてはならない。親王采地の系譜を引く強力な領国として残るのは、わずかにブルボン家のそれのみとなった。

一四九四年十月に、シャルルは約三万の軍隊とともにアルプスをこえた。大小一〇〇隻からなる海軍が大西洋や地中海のフランス港から集結地点のジェノヴァに向かっていた。強大なフランス軍を前にイタリアの諸勢力はなすすべもなく、フィレンツェはメディチ家を失脚させ、サヴォナローラをシャルルのもとに派遣し、当代のキロス大王と讃えさせた。ボルジア家の教皇アレクサンデル六世は、フランス軍接近の報に恐慌をきたし、すぐにローマの市門を開いた。ナポリの占領は翌年二月末に実現した。けれどもフランス軍への敵意は容易に醸成されえた。フランス軍の略奪やフランス人が「ナポリ病」と呼んだ梅毒の兵士への蔓延にみられる退廃もあって、教皇アレクサンデル、ヴェネツィア共和国、ミラノ大公スフォルツァ、神聖ローマ皇帝マクシミリアンらの反フランス同盟の包囲網が一気に形成された。とくにアラゴン王フェルナンドは、すでにシチリアの王として君臨しており、ナポリ王国はその自然な延長と考えていた。このとき、ひとつの事件が起こった。シャルルがローマからともなっていたオスマン帝国を逐《お》われた悲劇の王子ジェムが病に斃《たお》れ、十字軍遠征の大きな道具立てを失ってしまったのである。

こうしてシャルルは失意のうちにナポリ王国を放棄し、帰国せざるをえなかった。莫大な戦費を費やしての大計画は、政治的にはなんの利益ももたらさなかったが、文化的な面では少なからぬ成果をあげた。数十トンもの美術工芸品がナポリからリヨン、リヨンからアンボワーズに運ばれた。シャルルは遠征に出発する前から、イタリアからの戦利品をこの城の調度品にするために準備をしておいたのである。またナポリにあったギリシア語、ヘブライ語、ラテン語、イタリア語、フランス語で書かれたアラゴン王の蔵書を一一四〇冊も運ばせた。このほかにドン・パチェロのような作庭師やドメニコ・ダ・コルトーナのような建築師も数多くフランスにともない、アンボワーズにナポリの宮殿を再現しようとした。のちのフランソワ一世のイタリア嗜好の水脈は、シャルル八世の幻影に発し、近世フランス文化を構成する伝統的要素となるのである。

## 中世のエピローグ

シャルル八世の治世を最後に中世フランスは幕をおろすことになるが、これはあくまで時代区分の伝統的便法でしかない。この時期を境にして前後に大きな変化、断絶が想定されているわけではけっしてないのである。時代区分にかんしてはさまざまな議論があるが、おおよそ一三〇〇年ころから一六〇〇年ころまでを一纏まりの時代として考えてみてはどうかという意見が有力な歴史家たちから提示されている。この時代を中世後期と呼ぶのか、それとも近世と称するのか意見が分れるであろうが、いずれにしてもシャルルの時代の構造はさらに一〇〇年程続くことになる。このことを認めたうえで、締めくくりの総括をしよう。

シャルル八世がアンボワーズの城で事故死した一四九八年には、フランスはヨーロッパでもっとも「近代化」した国民国家に脱皮しつつあった。先に述べたようにブルボン公領を除いて、王国は直接に国王の統治に服した。軍隊は一新され、ナポリからの帰途パルマ近くのフォルノヴォで、アラゴン、ドイツ、教皇、ミラノ、ヴェネツィアの同盟軍と戦った際のフランス軍の勇猛ぶりはヨーロッパを震憾させた。財政制度は整備され、ルイ十一世の治世にタイユ（戸別税）、エード（国王援助金）などの臨時税が恒常化され、王領地収入の枠をこえて多様な財政的措置を講ずることができるようになった。古来の貴族門閥は百年戦争の経過中に消滅し、統治の要にあたったのは専門的な知識を備えた吏僚であった。国璽尚書が発給する公文書は伝統的なラテン語とならんでますますフランス語が使われるようになる。そして経済はかすかにではあるが、政策の対象として認識されるようになりつつあった。

一四五六年につくられた『フランスの伝令使とイングランドの伝令使との口論』という風刺文は、両国の豊かさを三つの点で比較している。すなわち人口の多さ、土地の肥沃さ、商業の発達である。これこそが、時の為政者の「国富論」の要諦であった。

# 第四章　近世のフランス

## 1　絶対王政の成立と展開

### 近世という時代

　この章では十五世紀末からフランス革命前夜までの約三〇〇年間を扱う。ところで、この期間をさす表現としては、本書で用いる「近世」のほかに、「アンシアン・レジーム」や「絶対王政期」などもある。アンシアン・レジームということばは、フランス革命期の憲法制定議会のメンバーによってはじめて使われたもので、この国民議会がまさに廃止しようとしていた古い体制をさしたものであったが、現在では、そうしたネガティヴな意味合いを含めずに使われる場合がほとんどである。ただし、このことばが、フランス革命をさかいにした歴史的区分を強調するものであることは確かなので、革命前後における連続的な要素に配慮する欧米の歴史家のなかには、このことばを避ける者もいる。一方、絶対王政期という表現は、この時期の重要な特徴である王権の伸長がよく示されている。だが、王権の発展過程にはあとでみるようにいくつかの画期があるため、どの時点で絶対王政が成立したかについて必ずしも共通の認識が形成されていないという問題がある。

そうした若干の問題はあるにしても、この二つの表現はともに一般的なものであり、ここで使用することも可能であるが、以下では、「近世」という表現で統一して叙述をおこなう。これは、中世的な社会構造を継承しつつ近代国家への道を開くこの時期の特徴が、「近世」という用語で比較的よく伝えることができるのではないか、と考えるからである。

## ヨーロッパの覇権

中世末から力をつけ、国内において名目だけでない実質的な支配者へと成長していたフランス王権は、その目をさらに外に注いでいた。為政者たちのあいだには、古代ローマ帝国、シャルルマーニュの帝国の復興という、ヨーロッパに普遍的な支配を樹立する志向が根強くあった。シャルル八世(在位一四八三～九八)がイタリア遠征をおこなったのも、オスマン帝国にたいする十字軍を計画したのも、そうした意識の表れであった。そして、イタリアでは、「皇帝」として同じくヨーロッパの覇権をめざすハプスブルク家とフランスの対立を軸として、ほかのヨーロッパ諸国を巻き込んだ大規模な戦いがおこなわれた。

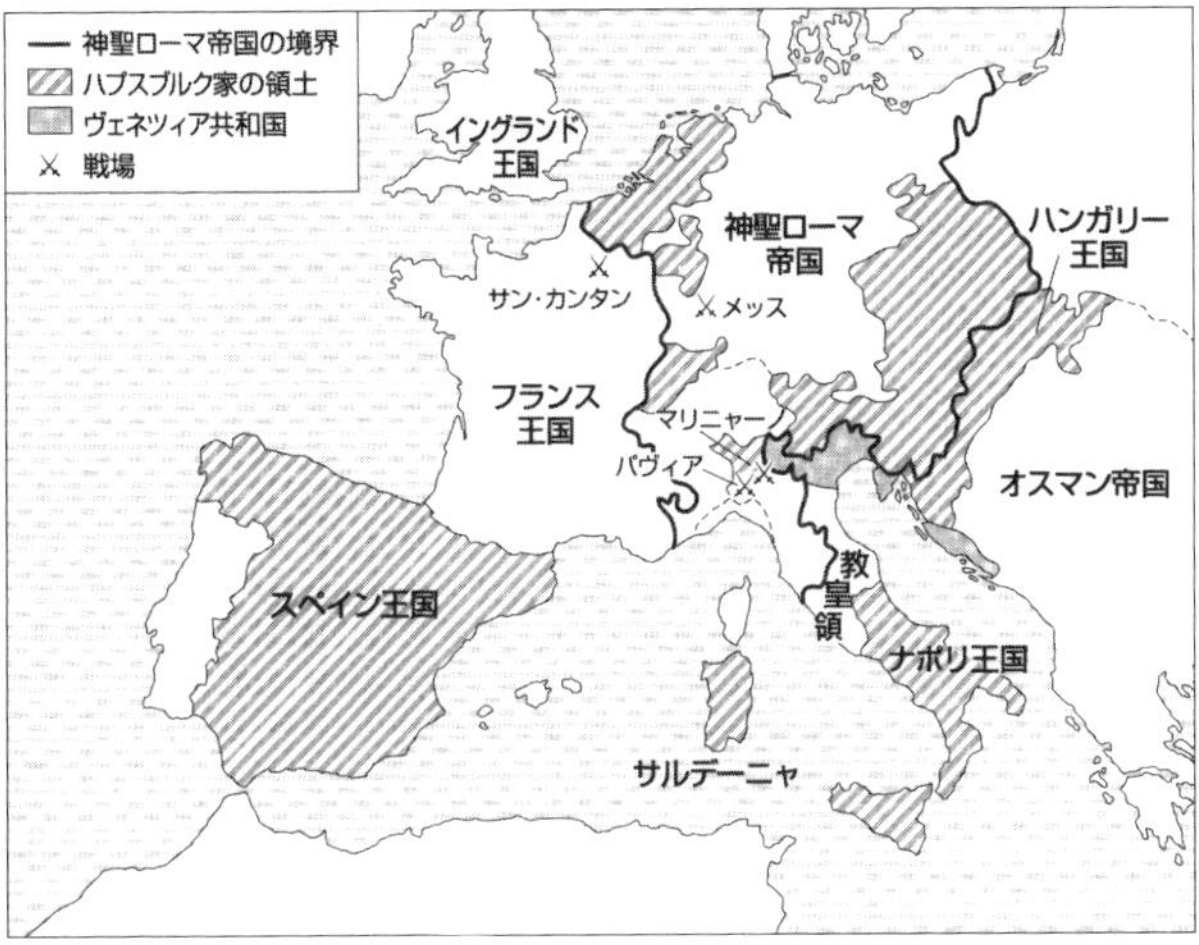

16世紀のヨーロッパ

イタリア遠征に挫折して帰国したシャルル八世は、一四九八年に不慮の事故により急死したが、そのあとを継いだルイ十二世（在位一四九八〜一五一五）、フランソワ一世（在位一五一五〜四七）も、イタリア攻略とハプスブルク家との争いを継続した。フランソワ一世は、一五一五年マリニャーノの戦いに大勝してミラノを回復、この年、和平条約が結ばれイタリア戦争はいったん終結した。

しかし、ヴァロワ王権にハプスブルク家が一層の脅威となって立ちふさがる事態が生じた。スペインのイサベルとフェルナンドの孫でもあったハプスブルク家のカールが、一五一六年カルロス一世としてスペイン王位を継承したのである。この結果、フランスの領土は、ハプスブルク家の勢力に包囲されるかたちとなった。一五一九年に神聖ローマ皇帝マクシミリアンが没すると、フランソワ一世はこの苦境を打開する好機ととらえ、皇帝選挙に出馬、祖父のあとを継ごうとするカルロス一世と激しい選挙戦を展開した。

この戦いがヤーコプ・フッガーの財力に支えられたカルロスの勝利に終わり、彼がカール五世として皇帝に即《つ》くと、フランソワ一世は一五二四年、ふたたび大軍を率いてイタリアにはいったが、パヴィアの戦いで敗れ、自身が捕虜となるうき目にあった。イタリア戦争は、一五五九年、カトー・カンブレジの和約をもって終わりを告げた。結局、この長い戦いでフランスはハプスブルク家の優位を突きくずすことができなかった。しかし、じつはこのことによって、フランス王権は「イタリアの幻影」から解放され、その力を国内に傾け、コンパクトな主権国家の形成へと向かうことになったのである。

イタリア戦争のあいだも、国内では王権の中央集権化政策が着々と進んでいた。王国中心部に広大な所領をもち王権から独立的な傾向をもっていたブルボン公家の所領が、当主シャルルがハプスブルク家と通じたかどで没収処分を受け、一五二七年に王領に併合された。すでに結婚政策によってヴァロワ王家と結びつけられていたブルターニュ公領も、一五三二年、地方三部会の同意をえて最終的に王領に統合された。こうして国王の主権的支配が王国全体におよぶことになった。

また、国家教会体制《ガリカニスム》の確立も、王権の伸長に大きく寄与した。ヨーロッパ的規模の組織の一部を構成する国内の教会を、教皇の干渉を排除して君主の統制下におこうとする国家教会への動きは、中世末から始まっていたが、フランスにおいてこれを決定的なものにしたのは、マリニャーノの勝利を背景にして結ばれた一五一六年の「ボローニャの政教協約《コンコルダート》」であった。この協約は、大司教、司教、修道院長といった高位聖職者の選定権を国王に委ね、この問題をめぐる長年の教皇との争いに決着をつけたものだった。これによって、国王は国内の教会にたいする教皇の影響力を弱めることができたばかりでなく、貴族にたいして大きな力を獲得した。というのは、高位聖職者のポストは有力貴族が子弟の生計のために望んでいたものであったが、それを手にいれられるかどうかは国王の恩恵によることになったからである。

国家教会を成立させたことは、王権にとってまた別の利点もあった。中世以来、教会の末端組織である教区は、人々の日常生活の重要な枠組みとなっていた。王権はこれを利用することで、まだ未熟であった自らの統治組織の弱体性を補うことができた。一五三九年のヴィレール・コトレの王令は各教区の司祭に洗礼記録を記載した教区簿冊をつけることを命じ、七九年のブロワの王令は、洗礼に加えて婚姻、埋葬の記録をもつけ加えた。教区簿冊の写しは国王裁判所に提出することを義務づけられ、こうして王権はいわば「戸籍」を管理することができたのである。また、王令は日曜のミサの場で司祭によって読みあげられることで、文字の読めない人々にも伝達された。このように、国内の教会は王権にとって王国統治の重要なパートナーとなったのである。なお、ヴィレール・コトレの王令は、公的な文書におけるフランス語の使用をも義務づけ、これは、王権の言語であるフランス語の普及に

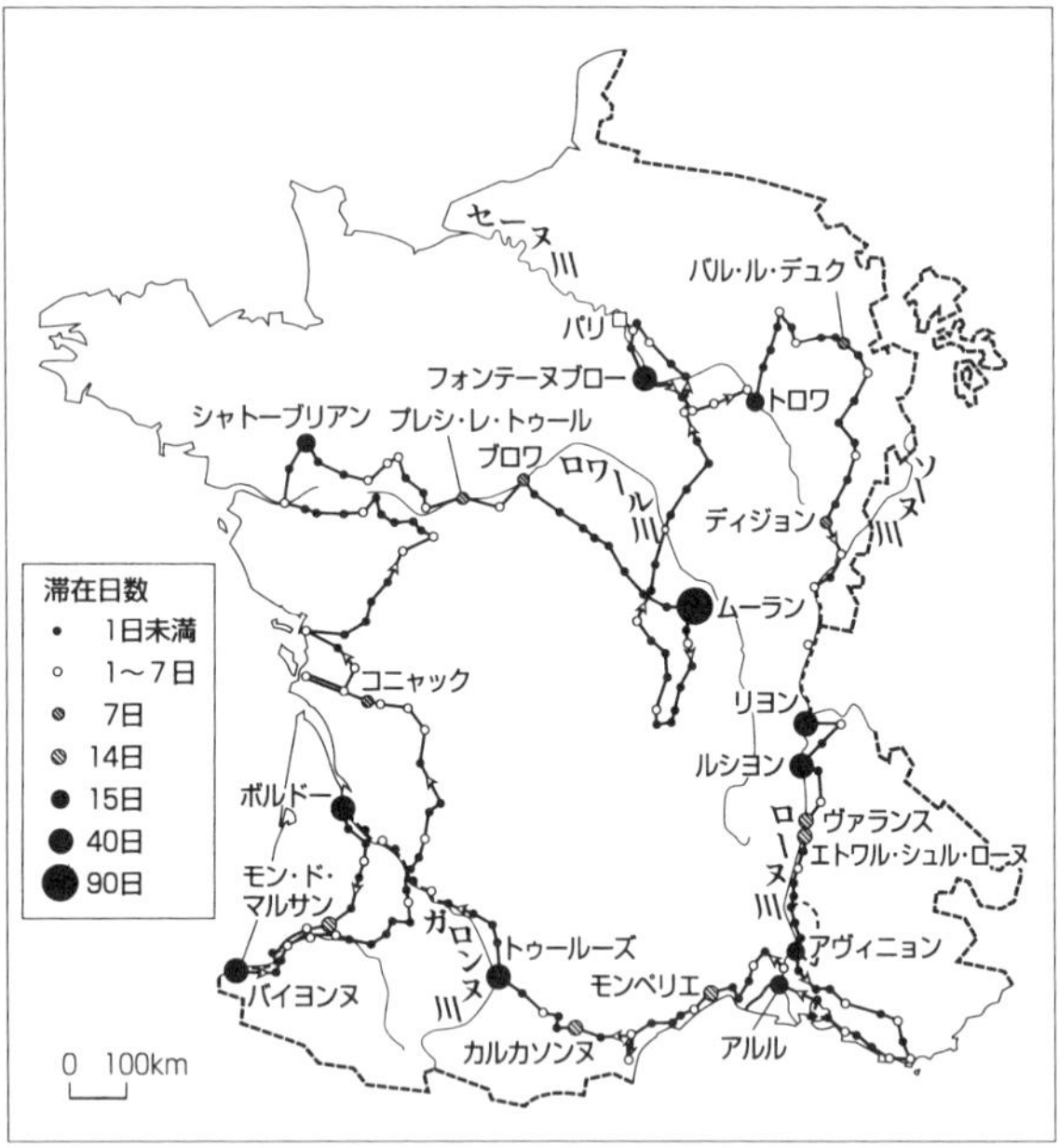


シャルル９世と母后カトリーヌ・ド・メディシスの巡幸(1564～66年)

貢献した。

以上のような王権の伸長がみられるものの、このあとで述べる宗教戦争の時期も含めた十六世紀には、王権が最盛期をむかえる十七世紀とは異なる統治上の特徴が存在していることにも留意する必要があろう。三部会や名士会といった中世的な代表制度が依然として国政に大きく関与していた。また、宮廷が、大諸侯領の統合によって広がった支配領域を移動していた。フランソワ一世は一五二九年から三二年にかけて何度も長期間の旅をしたし、シャルル九世も六四年から六六年にかけて大巡幸をおこなった。国家儀礼が盛大におこなわれていたのも、この世紀であった。これらは、王権が臣民と交渉や対話をおこないながら統治をおこなっていたことを意味する。こうしたことから、十六世紀の王政については、これをまだ絶対王政以前の段階とみなして、ルネサンス王政と呼ぶ歴史家もいる。

### 宗教戦争

十五世紀なかばから十六世紀前半にいたる王権の強化は、十六世紀後半にいったん後退をよぎなくされる。宗教戦争という長期の内乱に王国全体が揺さぶられるからである。十六世紀初めからヨーロッパは宗教改革の波に洗われるが、フランスでも、聖書のフランス語訳をおこなったルフェーヴル・デタープルを中心とする人文主義者《ユマニスト》による教会内部からの改革運動が起こった。さらに、人文主義者のなかから、人文主義的枠組みをこえて民衆に宣伝をする者が出現、また商人や渡り職人を通じてルター派の福音主義が国境をこえて都市の知識層や民衆のあいだに広がった。

こうした動きにたいして、王権は当初、寛容な態度を示していた。時の国王フランソワ一世は、人文主義者に理解があったし、ハプスブルク家と対抗関係にあるヴァロワ王権にとっては、これを牽制するために神聖ローマ帝国内のルター派諸侯の意向にも考慮する必要があったからである。しかし、一五三四年プロテスタント急進派が、王宮や諸都市にカトリックのミサを非難するビラを貼ったいわゆる檄文事件以降、王権は厳しい態度に転じた。すでにフランスの教会は王権の統制のもとにおかれており、王権にとっては、教会は統治のために不可欠な存在となっていた。そうした教会への行きすぎた攻撃は認めがたいものであった。一五四七年に即位したつぎのアンリ二世(在位一五四七〜五九)は、父以上に厳しい態度で臨み、パリ高等法院内に異端取締りのための火刑裁判所を設けた。

しかし、フランスの宗教改革運動は、下火になるどころか、その勢いを強めあらたな局面をむかえる。カルヴァンの教えがフランスにはいってきて、人文主義者の運動やルター派にかわって改革運動の中心になったからである。一五四〇年代にカルヴァン派の教えはフランス全国に広がり始め、五〇年代後半から六〇年代初めにかけて、確固とした全国組織が形成された。また、一五五〇年代後半からの改宗者のなかには貴族も多く含まれていたことは、プロテスタントが大きな政治勢力となったことを意味していた。一五六一年には、二一五〇もの改革派の教会ないし集団が全国に存在していて、プロテスタントの人口は、二〇〇万人におよんだ(その後、弾圧を避けて国外にでる者などがあり宗教戦

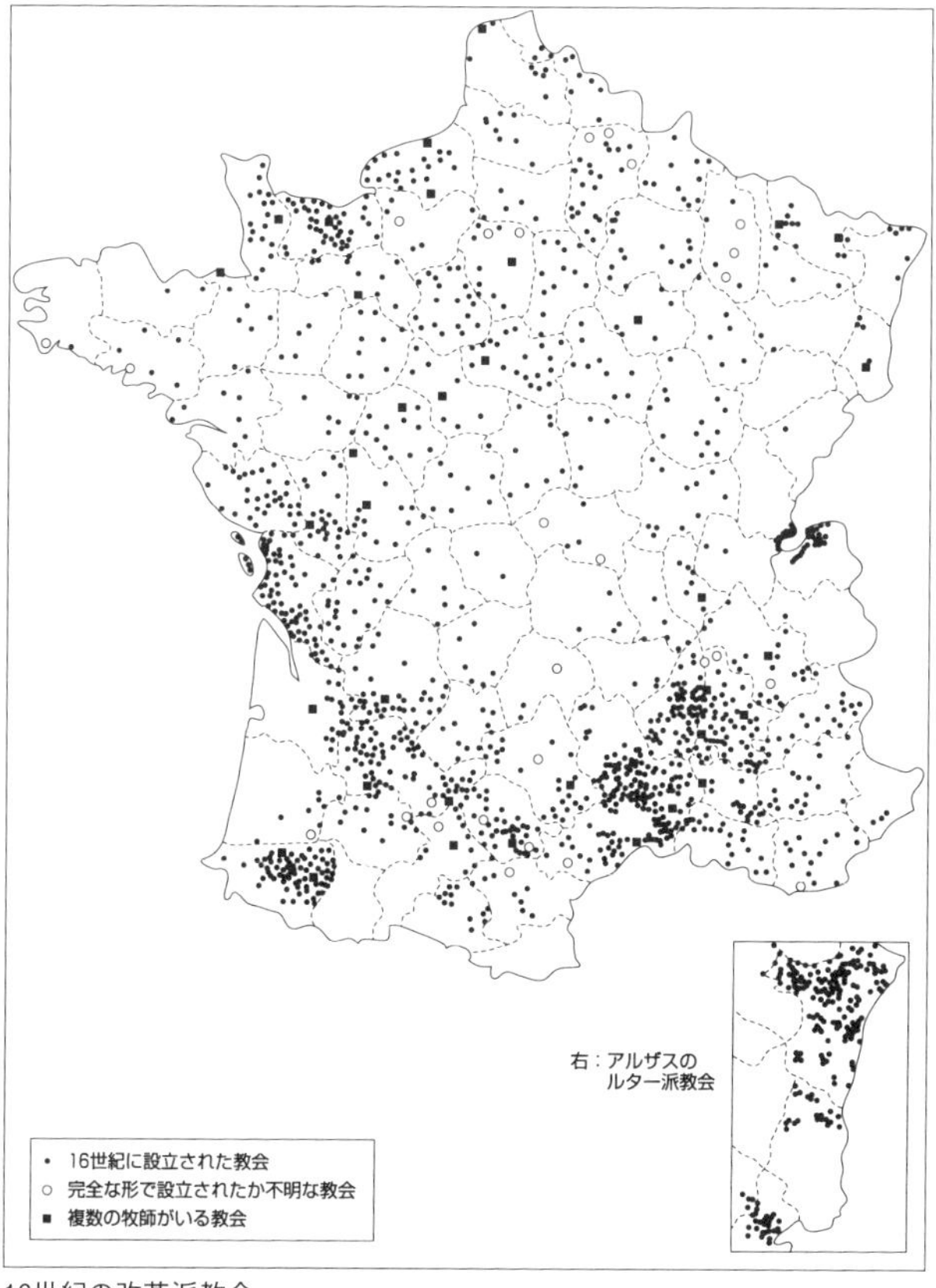
右：アルザスの
ルター派教会
• 16世紀に設立された教会
○ 完全な形で設立されたか不明な教会
■ 複数の牧師がいる教会

16世紀の改革派教会

争の時期に急速に減少し、一五九八年には一二五万人、十七世紀にはさらに減少を続け一六八一年には七三万人と推定されている)。

地域でみれば、全国に広がってはいるが、ドーフィネからプロヴァンス、ラングドックにいたり、さらにベアルン、ギュイエンヌ、ポワトゥーにおよぶ南部の幅の広い弓状の地帯が中心である。とくにラ・ロシェル、ニーム、モントーバンが拠点となった。こうした地理的分布をとることについての説得的な解釈はまだ提出されていないが、パリから距離があり、王権や教会権力の支配がおよびにくかったことがひとつの要素としてあげられよう。社会層についてみると、初期には都市の手工業者や小商人を主たる担い手としていたが、その後、幅広い階層に広がる。しかし農民については、のちにカミザールの反乱を引き起こすことになるセヴェンヌ地方のように農民が熱心な信者になる場合もあり、簡単に一般化はできないが、ほかの社会層と比較すれば、この新しい信仰に敏感でなかったようにみえる。

こうしたプロテスタントの増加は激しい宗教対立を引き起こすことになり、一五六二年、宗教戦争が開始された。こののち、一五九八年まで八次にわたる内戦が続くが、この間、王権はカトリック、プロテスタントいずれの陣営にも属さない。プロテスタント弾圧政策を撤回し、カトリック勢力の中心ギーズ家から距離をおき、両陣営のバランスのうえに内戦で低下した王権の回復をはかった。その舵《かじ》をとったのは、夫アンリ二世の死後、母后摂政として政治の実権を握ったカトリーヌ・ド・メディシスだったが、彼女の政策は成功したとはいいがたい。王権が両派のあいだで揺れたことは、その権威をさらに低下させ、内戦を激化させることになった。一五七二年の聖バルテルミの虐殺は、そのようななかで起こった。プロテスタントの旗頭ブルボン家のアンリと国王シャルル九世(在位一五六〇〜七四)の妹マルグリットの婚礼に集まったプロテスタント貴族にたいしてカトリック側が攻撃を加え、これをきっかけに、まずパリで、ついで各地に飛び火してカトリック信徒によるプロテスタントにたいする虐殺が発生した。

この事件によって宗教戦争はあらたな段階にはいった。それまで、フランスのプロテスタントは、カルヴァンの政治思想にそって国王を尊重していたが、この事件をさかいに、プロテスタントは国王から決定的に離れていく。オットマンの『フランコ・ガリア』をはじめとする暴君放伐論があらわれた。一方、カトリックも一五七六年に旧教同盟《リーグ》を結成した。一五八八年、国王アンリ三世(在位一五七四〜八九)は、パリを掌握した旧教同盟派と衝突しパリを追われたが、三部会が開かれていたブロワにおいて旧教同盟派の領袖ギーズ公を暗殺した。そのアンリ三世もまた、一五八九年にカトリック修道士ジャック・クレマンの手で刺殺された。この結果、王国基本法の定めるところによって王位継承者となっていたアンリ・ド・ブルボンが、アンリ四世(在位一五八九〜一六一〇)として即位を宣言した。旧教同盟はアンリを新国王として認めず戦いを継続したが、パリにおける旧教同盟の中核、一六区総代会の過激な行動は、穏健カトリックのブルジョワジーを旧教同盟から遠ざけた。

これにたいしてアンリ四世は、一五九三年にカトリックに改宗、これによって王国の統一を回復しようとした。アンリ四世のこの行動を支えたのは、ポリティーク派と呼ばれる勢力である。カトリックの一部には、宗教戦争の当初から、対立する陣営のどちらにも与《くみ》せず、王国の統一を第一と考える人々がいたが、アンリ四世即位のころから、都市の上層市民、官職保有者に彼らに賛同する者がふえた。また、教会のなかの国家教会主義者も、この列に加わった。一五九四年三月、パリを開城させることに成功したアンリ四世は、九八年四月ナントの王令によって、制限つきではあるもののプロテスタントに信仰の自由を認め、宗教戦争を終結させた。

宗教対立は、なぜ長期におよぶ深刻な内戦に発展したのだろうか。それは、この戦いが信仰上の対立のみに由来しているのではなく、この時期の政治的・社会的要因と深くかかわっていたためである。まず、政治の主導権をめぐって、王家をなかに挟んでの大貴族たちの闘争があった。十六世紀なかばにギーズ家が宮廷への影響力を強めると、筆頭親王家のブルボン家はこれに強く反発した。そして、ギーズ家が一門から何人もの枢機卿を輩出するなどカトリック教会と太いパイプをもち、広がりつつあったプロテスタント信仰の弾圧を強く主張したのにたいし、ブルボン家は、プロテスタントを支配下に取り入れ、ギーズ家に対抗しようとした。この対立は、保護―被保護関係で結ばれた貴族たちをそれぞれの陣営に加担させることになった。また、十五世紀なかば以降、王権の傘下に統合されたかのようにみえた諸地方や都市もたちまちその自律性を取り戻した。旧教同盟の背後には諸都市の連合があったし、ラングドックのモンモランシ、ドーフィネのレディギエール、ブルゴーニュのマイエンヌなどいくつかの地方の地方総督は、しばしば地方三部会の支持をえて、王権の統制のきかないなかば独立的な勢力となった。

民衆の動きもまた、信仰面からだけでは説明できない。この時期には共同体的一体性が衰退しつつあり、そのことによって社会的緊張が生じていた。カトリック、プロテスタントいずれの側も、彼らが相手にたいして集団的暴力をふるうとき、しばしば彼ら自身が口にしているように、そのことによって共同体から穢《けが》れを取り除こうとしているのである。そうした性質をおびていたために、宗教騒《そう》擾《じょう》を引き起こす群集の中核を形成するのは、信心会、祭りの組織、若者組、民兵組織など、共同体で重要な役割を担っていた集団であることが多かった。

## 宗教対立と主権国家体制の成立

宗教戦争は、国際関係と密接な関わりをもって展開された。新旧両派が外国勢力の援助を受けて戦っていたからである。カトリック陣営は、スペイン、教皇と結んだ。キリスト教世界の擁護者を自認してヨーロッパ各地のカトリック勢力を支援していたスペインにとって、宿敵であったフランスに影響力を確保することは好都合であったし、ピレネ国境近くの南フランスに根を張るフランス・プロテスタント勢力の増大は看過することができないものであった。こうして、とくにアンリ三世が死んでアンリ・ド・ナヴァルが即位を宣言したあと、スペインは旧教同盟と提携して軍事介入を強めた。他方、プロテスタント側は、エリザベス女王のイギリスとドイツのプロテスタント諸侯に支援を求めた。エリザベスはスペインと激しく対立していたし、イギリス国教会の存在は教皇との対立を深めていた。イギリスが支援とひきかえにかつて占有していたカレーの回復を求めたように、それらの援助の裏には、それぞれの思惑と計算があったが、それにもかかわらず、プロテスタント側が戦いを継続するうえで力になったのは事実である。

両勢力とも国家中の国家ともいえるほどの組織をつくりあげ、王国が分裂しかねない危機的な状況を生み出した。しかし、より広くヨーロッパ全体を見渡してみれば、カトリック教会の普遍的権威を打ちくだいた宗教対立は、それぞれの地域で世俗権力が宗教をうちに取り込みつつ権力の強化をはかったため、主権国家およびそれを基礎単位とする国際秩序成立の重要な契機となった。そして、フランスもその例にもれなかったのである。外国勢力の介入に危機感をいだき、王国の統一を重視する勢力が王権の周囲に結集し、これを支えたことで、この戦争が終わったとき、主権国家としてのフランスが、それ以前より確かなかたちで姿をあらわすことになった。

### 絶対王政の確立

アンリ四世のもとで、宗教戦争の内乱で傷ついた秩序と国土の回復がはかられた。彼を支えたのは、プロテスタントのシュリー公や旧教同盟に対抗していた時代に周囲に集まったカトリックの人材だった。アンリ四世は、宗教戦争期に強い自律性を示していた大貴族や旧教同盟の拠点ともなった都市を服従させることに力を注ぎ、経済的には、財務卿に任命されたシュリーが財政再建と重商主義政策による産業の振興につとめた。売官制を公認した一六〇四年のポーレット法は、ブルジョワ層を行政機構に参入させ、王権の支持基盤を拡大するとともに、官僚機構の拡充にも役立った。その官僚機構を通じて地方を支配するようになったアンリ四世の宮廷は、もはや各地を訪問することなく、パリとその周辺にとどまることになった。こうしてブルボン朝の礎が築かれ、さらに繁栄に向かうかにみえた矢先の一六一〇年、アンリ四世は熱狂的なカトリック信者ラヴァイヤックによって刺殺された。暗殺に組織的な背景はないとラヴァイヤック自らは供述したが、いずれにしても、ナントの王令はカトリック、プロテスタントのどちらをも満足させず、宗教対立の余燼《よじん》はまだおさまっていなかったのである。

有能な国王の突然の死は、王国にとっては痛手であった。まだ九歳のルイ十三世(在位一六一〇〜四三)が即位し、母后マリ・ド・メディシスが摂政となったが、先王によっておさえつけられていた貴族たちが王権に反旗をひるがえす構えをみせ、不安定な政治が続くことになった。そうしたなかで登場したのがリシュリューで、一六二四年に国務会議にはいると、すぐに事実上の宰相の地位を確立した。リシュリューにとってもっとも重要な課題は、三十年戦争で揺れるヨーロッパのなかでフランス

| 全国三部会 | | 名士会 | |
|---|---|---|---|
| 開催年 | 開催地 | 開催年 | 開催地 |
| 1484 | トゥール | 1506 | トゥール |
| 1560〜61 | オルレアン | 1527 | パリ |
| 1561 | ポントワーズ | 1558 | パリ |
| 1576〜77 | ブロワ | 1560 | フォンテーヌブロー |
| 1588〜89 | ブロワ | 1575 | パリ |
| 1593 | パリ | 1583〜84 | サン・ジェルマン・アン・レー |
| 1614〜15 | パリ | 1596〜97 | ルーアン |
| | | 1617〜18 | ルーアン |
| | | 1625 | フォンテーヌブロー |
| | | 1626〜27 | パリ |
| | | 1787 | ヴェルサイユ |
| 1789 | ヴェルサイユ | 1788 | ヴェルサイユ |

近世における全国三部会と名士会

の地位を確立していくことであった。そのとき、フランスの主敵となったのは、またしてもハプスブルク家であった。イエズス会仕込みのカトリック教徒であった神聖ローマ皇帝フェルディナント二世は、スペインと連携してヨーロッパに政治的・宗教的覇権を樹立しようとしていた。リシュリューはハプスブルク家の動きを警戒して、フェルディナントに敵対する勢力を巧みに束ね支援する外交政策を展開、一六三五年、ついに直接参戦に踏み切った。

この戦いは、国内政策にも大きな影響を与えた。アンリ四世が再開した中央集権化の速度が急激にはやめられ、臣民との交渉や対話にかわり、リシュリューの強力な指導のもとで王権の政策が一方的に押しつけられることになった。この時期には大増税がおこなわれたが、それは、全国三部会や名士会の召集、賛同をえずに、中央集権的官僚機構の整備によっておこなわれた。すなわち、一六二九年から国王直轄官僚である地方長官《アンタンダン》が全国に常駐する制度として法制化され、この時期にはとくに直接税であるタイユの割当ての見直しに力を注いだ。また、直接税の徴収が地方三部会を通じておこなわれていた地域にたいしては、中世以来の慣例で割当税額について交渉する権限をもっていた地方三部会を廃止ないし形骸化して、それをエレクシオンと呼ばれる国王役人による徴収機構に切り替えることがめざされた。

これにたいして、あちこちから抵抗の動きが生じたのは、当然といえよう。大貴族たちにとっては、リシュリューは伝統的な「自由」をないがしろにし、専制政治をおこなう者にほかならず、彼を排除しようとする動きはたえなかった。だが、リシュリューは、一六三〇年、マリ・ド・メディシス、王弟ガストン・ドルレアンとその周囲に集まった者たちの企てを阻止して、王族・大貴族の動きを封じ込めることに成功した。これが可能であったのは、ルイ十三世が一貫してリシュリューを支持していたからである。この国王は小心で疑り深い面をもっていたが、リシュリューの非凡な能力をみぬいていた。

この間、リシュリューはプロテスタント勢力の反乱にも直面した。彼は、宗教戦争期以来の重要拠点のひとつで、イギリスと提携して不穏な動きを示していたラ・ロシェルを一六二七〜二八年にかけて一三カ月にわたり包囲して、降伏させ、アレスの王令(二九年)を発した。彼は信仰の面では寛容で

地方長官管区と地方三部会保有地域

あったから、多くのカトリック教徒の不満にもかかわらずプロテスタントの信仰の自由を維持したが、ナントの王令で認められていたプロテスタントの政治的・軍事的特権については、これを剝奪した。これらの国内政治勢力の動向も国際関係と無関係ではなく、マリ・ド・メディシスらは親スペインの動きを示してリシュリューと対立していたし、その親スペインの動きが、フランス国内のプロテスタントを動揺させ、反乱へとかりたてていた。

また、増税は各地で民衆蜂起を発生させていた。それは、とくに一六三五年以降、激しさを増し、代表的なものだけでも三五年のボルドー、三六年のアミアン、三六〜三七年のクロカンと呼ばれる南西部の広い地域におよんだ農民一揆と続き、三九年のバス・ノルマンディ地方のニュ・ピエの蜂起で頂点に達した。この地方への塩税導入の噂をきっかけとして始まったニュ・ピエの乱は、軍隊の投入によって鎮圧されるまで四カ月半続き、その間、ルーアンやカンにも飛び火した。こうした民衆蜂起は、フロンドの乱をへて、ルイ十四世親政期の一六七〇年代まで続くことになる。

リシュリューは一六四二年に死去し、その翌年には、彼に支持を与えていたルイ十三世も没した。ルイ十四世(在位一六四三〜一七一五)はこのときまだ四歳であったため、母后アンヌ・ドートリッシュが摂政を務めたが、政治を実際に動かしたのは、リシュリューに後継者に指名されたイタリア出身のマザランであった。宰相の地位に就いたマザランは、内政、外交いずれの面でもリシュリューの政策を引き継いだ。しかし、戦争と重い負担にあえぎ、国王の代替わりを機に変化を期待していた人々の

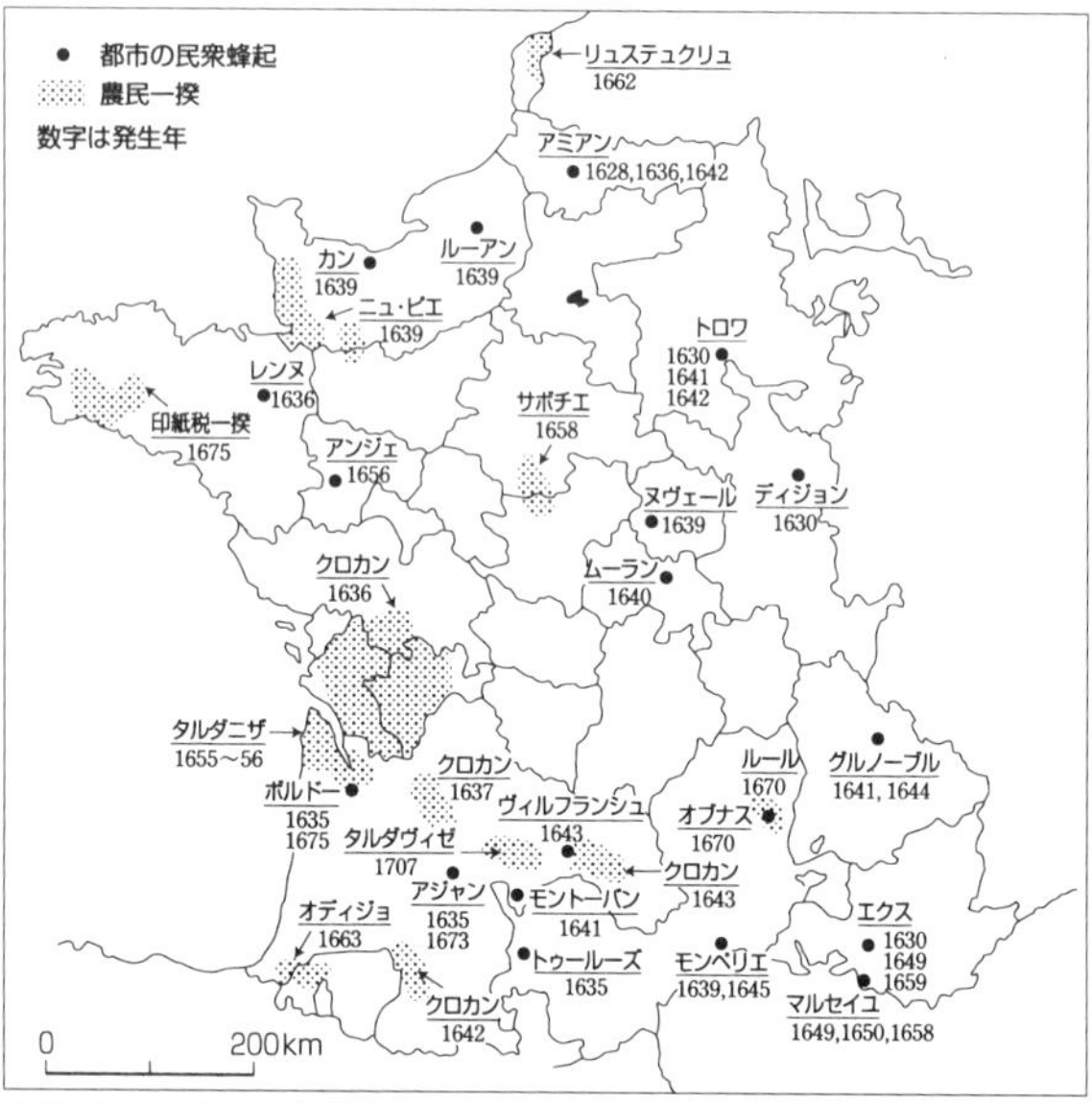

17世紀における民衆蜂起

新しい政権にたいする不満はしだいに高まった。一六四八年一月、アンヌ・ドートリッシュは親裁座を開いて増税のための王令の登録を高等法院に強制したが、この席上、パリ高等法院の次席検察官オメール・タロンは、農村の疲弊が頂点に達していることを指摘し、王権を公然と批判した。この演説はただちに印刷され、地方にまで広まった。さらに四月末、官職保有者たちの俸給を四年間にわたり支払い停止とする決定がなされると、五月、パリ高等法院、会計院、租税院、大法院の四つの最高諸院の代表が集まり、共同の討議を開始、七月にはそれに基づいて地方長官制の廃止、直接税タイユの四分の一減免などを含む国政改革のための声明文をだした。政府に反対する運動

パリ市民にたいして，マザランの「専制」に抗して立ち上がるよう演説するフロンド派　1649年の版画。

は広がりをみせ始め、政府批判の小冊子がパリのみならず、ボルドー、エクス、ルーアンなどの高等法院所在都市でも出回り始めた。一六四八年から五三年にかけて約五〇〇〇種類にもおよぶことになるこうした印刷物は、多くが攻撃の矛先をマザランに向けていたので「マザリナード」と総称される。こうした動きの前に、政府は譲歩せざるをえず、地方長官たちは解任され、パリに呼び戻された。

一六四八年八月に母后とマザランは反撃にでて、最高諸院の運動の中心人物ブルセルを逮捕した。だが、パリの民衆がこれをきっかけに蜂起し、フロンドの乱が開始された。フロンドの乱は、王権にたいして不満をいだいている各階層の動きが重なって、大きな反乱に発展した。最高諸院の法官とそのまわりに集まった官職保有者は、地方長官制や俸給削減により、彼らが獲得した官職とそれにともなう特権を脅かされていると感じていた。パリのブルジョワや民衆は、マザランの増税に不安をいだいていた。コンデ親王をはじめとする帯剣貴族たちは、奪われた彼らの政治的・行政的権限の回復をはかろうとした。この反乱は地方にも広がりをみせたが、これは、王権に反対する帯剣貴族が、それぞれの領地や地方総督として赴任している地域において、人脈関係を通じて貴族たちを集めたことによるところが大きい。

しかし、こうした各層の運動は、それぞれ利害を異にするために、一致した反王権運動には発展しなかった。とりわけ、官職保有者と帯剣貴族は、政府も加えた三者のあいだで二転三転する複雑な提携関係を繰り広げた。一六五二年十月、地方を転戦していた宮廷がパリに凱旋して、この反乱は実質的に終わりを告げた。ボルドーでは、一時はコンデ親王とも提携していた「楡《にれ》の木同盟」と呼ばれる手工業者を中心とした組織が、高等法院や市政を牛耳っていた富裕商人を排除して市政の改革に取り組み、独自に反乱を継続していたが、これも一六五三年七月に鎮圧された。王権は、一時廃止されていた地方長官制を一六五三年から復活させ、秩序の回復に取りかかった。

対外的には、フロンドの乱の始まった一六四八年の十月、ウェストファリア条約が結ばれ、三十年戦争が終結していた。この条約では、フランスはオーストリア・ハプスブルク家からアルザスにたいする原則的領有権を獲得した。フランスはその後もスペインとの戦争を継続したが、マザランはイギリスと同盟を結んでこの戦いを優位のうちに終わらせ、一六五九年ピレネ条約を結んだ。この条約においてフランスは、一六四〇年以降占領下においていたアルトワの大部分を獲得しただけでなく、このときまだ男子後継者をもっていなかったスペイン国王フェリペ四世の長女マリ・テレーズとルイ十四世との婚姻を取りつけ、フェリペ死後のスペインにたいする権利を獲得した。マザランは不人気であったが、政治家としては有能で、両条約においてフランスの獲得したものが大きかったのは、彼の外交的手腕によるところが少なくない。そしてその背景には、フランスがハプスブルク家と比べれば緊密な中央集権的国家を確立することができ、コンデ親王や名将チュレンヌがその国力を背景にした軍隊を指揮して戦争を優勢に導いたことがあった。

## ルイ十四世の親政

マザランが一六六一年に死去すると、ルイ十四世が親政を開始した。このとき、すでに二十二歳になっていたルイは、国王は政治を他人まかせにすべきでないという信念をもっていた。そこで、宰相をおかず、また政策の最高決定機関である最高国務会議を改組し、王族・大貴族を斥け、国王の意思に忠実で有能な少数の重臣を会議の構成メンバーとした。そうした重臣のなかでも、いずれもブルジョワ出身のコルベールとル・テリエ、ルーヴォワ父子をルイは重く用いた。財務監察官コルベールは、政敵であった財務卿フーケを公金私消の罪で弾劾し失脚させ、フーケにかわって最高国務会議にはいり財務行政の最高責任者となった。一六六五年には財務総監に就任するが、しだいに財務のみならず、軍事と外務を除くほとんどの部門を実質的に取り仕切ることになった。彼は国家の強力な介入をともなう重商主義体制をつくりあげ、リシュリュー期以降悪化していた国家財政の再建にいったんは成功した。だが、戦争を第一と考える国王は、一六七二年のオランダ戦争以降、財政を優先させようとするコルベールを遠ざけ、軍政を担当するルーヴォワへと寵を移した。

ルイ十四世は一六六一年からヴェルサイユに新宮殿の建造を始め、八二年、未完成であったが、宮廷をここに移した。以後、一七一五～二二年の期間を除いて、革命までヴェルサイユに王国政府機能の中心がおかれる。建物と庭園が国王の寝殿を中心に配置されたヴェルサイユ宮は、国王がつくりあげることを望んだ秩序を体現していた。また、建物だけでなく、大小さまざまな儀式を中心とする宮廷生活それ自体が、そこに暮す人々を王権の秩序のなかに組み込んでいく機能を担っていた。フロンドの乱で敗北した貴族たちは、富と名誉の分配のシステムをつくりあげた国王の寵を競って、宮廷貴族と化した。貴族の王権への服従は、親政開始直後から始められた「貴族改め」によっても強められた。中世には自生的な社会集団であった貴族は、いまや国王によってつくられるものとなったのである。

民衆蜂起は親政期にはいっても続いていたが、一六七五年のブルターニュの印紙税一揆を最後に大規模な騒擾は起こらなくなる。そのもっとも大きな原因は、名望家層が蜂起の隊列に加わらなくなったことにある。リシュリュー期以来の急激な集権化によって軋轢《あつれき》を生じていた王権と名望家層のあいだに、この時期になって妥協が成立したためである。名望家は王権が彼らの同意なしに課税をおこなうことの正統性を承認し、他方、王権は名望家の特権を再確認し、徴収した税金のかなりの部分が公債の利子や国王役人の税金徴収にかんする手数料、官職の俸給などのかたちで名望家層の収入になるようなシステムをつくりあげた。こうして、少なくとも国内的には、比較的安定した繁栄の時代がおとずれたのである。

十七世紀なかばからのヨーロッパの国際関係は、積極的に対外戦争をおこなうフランスを軸にして展開された。そして、その対外戦争の前半においては、フランスはいぜんとしてハプスブルク家を主敵とみなしている。ルイ十四世はまず、一六六七年、スペイン領南ネーデルラントの相続権を主張してこの地に軍を進め、フランドル戦争が開始された。この侵攻に脅威を感じたオランダがイギリス、スウェーデンとともに三国同盟を結成し、スペインとの和平を強制したために、フランスはこの調停を受け入れて、一六六八年アーヘンで和約を結んだ。フランスは、一六六七年以来オランダとのあいだで相互に関税の引上げや新設をおこない経済的に対立していたが、フランドル戦争は両国の対立をさらに強めた。ルイは、一六七二年四月に宣戦布告、イギリスと同盟を結んでオランダ戦争を始め、圧倒的な陸軍力によって一時は首都アムステルダムを脅かしさえした。だが、一六七二年八月オランダで政変が起こりオラニエ家のウィレム三世が共和国長官の地位に就くと、スペインと神聖ローマ皇帝がオランダと同盟を結び、イギリスがオランダと単独講和し、開戦当初とは逆にフランスは孤立した。

オランダ戦争ののちも、フランスはフランドルやライン左岸への進出を企て、このことが諸国の警戒心を呼び、オランダ、スペイン、神聖ローマ皇帝、スウェーデン、ドイツ諸侯のあいだに対仏防衛の「アウクスブルク同盟」が一六八六年に結ばれた。この同盟側にたいし、ルイ十四世は一六八八年に宣戦布告、アウクスブルク同盟戦争が開始された。ところが、一六八八年末からイギリスで名誉革命が起こり、対仏同盟の中心人物であるオランダのウィレム三世がイギリス国王(ウィリアム三世)となったことから、イギリスも対仏戦線に加わった。戦いは、一六九二年の英仏海峡ラ・オーグの海戦でのイギリス・オランダ連合軍にたいするフランスの敗北を機に同盟側の優位に転じ、九七年ライスワイクで和約が締結された。この条約でフランスは大幅な譲歩をよぎなくされたが、この戦争のさらに大きな意味は、フランスが、これ以後イギリスとつねに敵対する陣営に位置することになったことで、これは、ヨーロッパの覇権をイギリスとフランスが争う時代にはいったことを意味していた。そして、両国はこの戦争以降、植民地においても戦争を繰り広げたのである。

一七〇〇年、スペイン国王カルロス二世が世継ぎをもたぬまま若くして世を去った。ルイ十四世はスペイン王室からマリ・テレーズを妃としてむかえていたことから、カルロスは、遺言によりルイ十四世の孫のアンジュー公フィリップを後継者に指名した。ヨーロッパ諸国は、フィリップがフランスの王位継承権を放棄することを条件として、フィリップのフェリペ五世としてのスペイン国王即位を承認した。だが、その後ルイ十四世が、フェリペ五世のフランス王位継承権の放棄を撤回したことから、一七〇一年、神聖ローマ皇帝、イギリス、オランダの三国は「ハーグ同盟」を結んでこれに対抗、翌年五月フランスに宣戦、スペイン継承戦争が始まった。フランスは、凶作や経済危機による国内の状況の悪化もあり苦しい戦いを強いられたが、一七一三年にユトレヒトで講和条約が締結された。

オランダ戦争以降、ルイ十四世の対外政策を警戒した諸国が一致してフランスにあたったために、フランスは一連の戦争を通じて狙いとしていたような成果をあげることはできなかった。フランドルの一部、アルトワ、ストラスブールを含むアルザス、フランシュ・コンテを獲得したものの、当初から切望していたスペイン領ネーデルラントはハプスブルク家のものとなった。植民地における戦争もイギリスの優位のうちに推移した。

ルイ十四世は領土の大幅な拡張には成功しなかったが、絶対王政期の君主たちにとって、戦争とは、たんに領土を拡張するためだけのものではなく、自らの権威を内外に示すための重要な手段であった。戦争に勝利したルイ十四世の姿がヴェルサイユ宮の壁や天井をかざっているのは、そのためである。ルイ十四世は戦争を通じて偉大な君主のイメージをつくりあげるのに成功したといえよう。とはいえ、国内の疲弊は覆いがたく、国王政府にたいする不満もあらわれるようになった。アウクスブルク同盟戦争の途中から、フランスは対仏同盟にたいして孤立した戦いを強いられた。それをなんとかもちこたえられた大きな原因は、ほかの諸国に比べての人口の多さにある。それが国家に、兵士を数多く調達し、多くの税収を確保することを可能にした。十七世紀後半、イギリスは五〇〇万〜六〇〇万、スペインは、六〇〇万〜八〇〇万、オーストリア・ハプスブルク家の全領土内は約八〇〇万人であるのにたいし、フランスは二〇〇〇万人の人口を擁していた。しかし、スペイン継承戦争末期には、国力も限界に近づいていたのである。

　ルイ十四世は、宗教の面でも厳しい統制策をとった。ナントの王令によってプロテスタントには条件つきながら信仰が認められていたが、ルイ十四世の親政開始とともに、プロテスタントにたいする締付けが始まる。さまざまな立法措置によりナントの王令の規定を空洞化し、とくに一六七九年以降は、プロテスタントの家に竜騎兵を宿泊させて暴力によって改宗を強制する方策がとられた。そして一六八五年、フォンテーヌブロー王令により、ナントの王令の廃止が宣言され、プロテスタントのすべての礼拝が禁止され、教会の破壊と牧師の追放が命じられた。この結果、フランスからは約二〇万人のプロテスタントがオランダ、イギリス、ドイツ、スイスなどに逃亡したが、この国外逃亡による労働力、技術、資産の流出は、「十七世紀の全般的危機」のなかで停滞しているフランス経済に一層の打撃を与えた。また、国内に残ったものの、カトリックに改宗せず信仰を守る集団にたいしては、さらに迫害が加えられたが、これにたいする抵抗運動も各地で生じた。セヴェンヌ地方に起こったカミザールの反乱はその最大のもので、一七〇二〜〇四年にかけて、国王軍にたいするゲリラ的な抵抗が続けられた。

　プロテスタンティズムにたいするほどではなかったが、ジャンセニスムにも取締りの目が向けられた。ジャンセニスムは、オランダの神学者ヤンセン（ジャンセニウス）が説いた教えで、カトリック教会を内部から改革しようとするものであったが、個人の厳格な信仰実践を重視したため、教会の役割を低く評価するものだとして、教会から異端視され、とくに教皇至上主義のイエズス会と激しく対立した。しかし、フランスでは、ヤンセンの友人サン・シランの存在もあって支持者を多くもつようになり、ポール・ロワイヤル修道院は、禁欲的な隠遁生活を送る信徒を集めて、ジャンセン派の拠点となっていた。この信仰にたいして、リシュリュー、マザラン時代から王権も教会と同様に、警戒の念をもっていたが、ルイ十四世治世下の一六七九年、約四〇人のジャンセニストがポール・ロワイヤルから追放され、さらに一七〇九年には、ポール・ロワイヤルの取壊しが命じられた。

しかし、こうした抑圧的な宗教政策は、プロテスタントにたいする場合と同様に、十分な効果をあげなかった。その拠点にたいする弾圧にもかかわらず、ジャンセニスムの信仰がフランス社会に一定の根を張るのを阻止することはできなかった。一七一三年にルイ十四世は教皇からこれを断罪する教書「ウニゲニトゥス」をえたが、これにたいして、ジャンセニスムに同調する高等法院や一部の聖職者からの反対を受けることになった。ジャンセニスムは、官職保有者やブルジョワ層に広がったが、官職保有者層がジャンセニスムに惹かれたのは、リシュリュー期以降、国家行政に占める官職保有者たちの役割が低下し、そうした現実の不安な状況がジャンセニスムの悲観的な宿命観とマッチしたとする解釈もある。その当否は別として、ジャンセニスムが官職保有者層に支持者をもっていたことは、官職保有者たちの牙城である高等法院と王権との対立の火種をふやすことになった。

## 2 近世フランスの統治システム

### 社団・特権・法

すでに述べたように十六世紀には、国王の主権的支配が成立していた。しかし、この時期の国家を十九世紀以降の近代国家と同一視することはできない。近世国家をつくりあげていたのは、均質的な国民ではなく、特権を有するさまざまな団体であったからである。中世末から近世初頭にかけて王権が権力を伸ばしたとき、社会には次節でみるような自律性をもった社会集団が存在していた。王権は、そうした集団にたいして、その自律性を保証しつつ、自らの支配のもとに組み入れる方策をとった。具体的には、特権を与えるのとひきかえに、規制のもとにおいたのである。

「特権」ということばは、近代以降、多くの場合にネガティヴな意味合いを付与されて使われているが、そうした使い方は絶対王政を批判した十八世紀後半の啓蒙思想のなかで生まれたものであり、それ以前のこの時期には異なった意味をもっていた。特権とは、法や慣例に反してある個人に与えられる不当な厚遇ではなく、王権によってその存在を承認され、法人格を認められたすべての団体に与えられるものであった。そのようにして、法的存在として再編成された団体を、社団と呼ぶことにしよう。社団には、都市の商人や手工業者のギルドを典型とする職能的なものと、都市や「地方」(プロヴァンスまたはペイ）のような地縁的なものとがあった。特権は王権の強化にともない縮小されたり、形骸化されたりすることはあったが、その体系自体は、フランス革命にいたるまで、けっして廃止されることはなかった。

特権が存在したということは、人々が同じ法のもとにおかれていなかったということでもある。近世の初めには、人々の生活は都市や職業団体の法、また地域的な慣習法のもとにあった。王権はそうした状況を変えるべく、法の源は国王にのみあると主張し、それらの法を王権のもとに位置づけていく。すなわち、都市や職業団体の法については社団の特権というかたちで承認し、地域慣習法については、十五世紀のなかばからバイイ裁判所管区ごとに成文化の作業をおこなうことにより、これを公認した。他方で、つぎつぎと重要な規定を王令によって定めた。十六世紀にはすでに述べたヴィレール・コトレの王令（一五三九年）、ブロワの王令（七九年）などが、リシュリュー期にはいわゆる「ミショー法典」（一六二九年）がだされる。そして、ルイ十四世親政期には、コルベールの指導のもと、訴訟手続きの統一をはかった一六六七年「民事王令」と七〇年「刑事王令」がだされた。

しかし、注意しなければならないのは、こうした王令がカヴァーできた領域は限られたものであったということである。私法の領域は、アンシアン・レジーム末期まで多くを慣習法に依存していたし、公法の領域でも、たとえば「刑事王令」は、訴訟の手続きについて規定したもので、大逆罪、贋金作《にせがね》り、密輸、騒擾《そうじょう》などいくつかの重大犯罪を除いては、刑罰の内容は慣習法に委ねられていた。地域慣

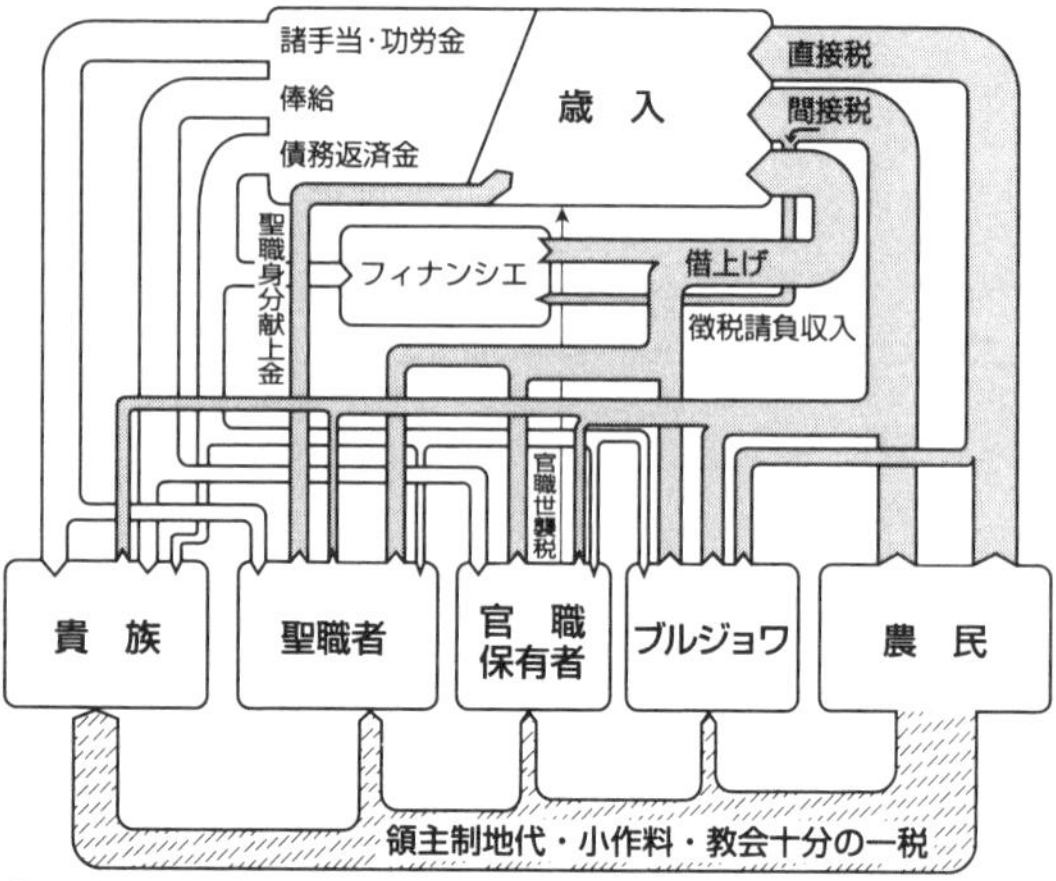


金の流れと社会集団

習法も、成文化の際にある程度の整理統合がおこなわれたが、それでも一般慣習法が約六〇、局地慣習法が約二〇〇という数にのぼる多様さがみられた。

金の流れと国家財政

社会集団間およびそれらと国家のあいだの金の流れを、上の図によってみてみよう。まず、社会集団間では、農民の生産物をほかの諸集団が領主制地代や小作料というかたちで収奪して大きな収入をえているのがわかる。つぎは、それらの集団と国家のあいだである。国庫収入は、租税、国王による借上げなどからなるが、直接税タイユは、主として農民によって支払われている。貴族、聖職者は免除されており、聖職者は、そのかわりに聖職身分として一括して献上金をおさめているが、免除額と比較すれば大きな額ではない。官職保有者の場合、その官職が高位のものであれば免税特権が付与されている。ブルジョワも直接税を支払っていない者が多い。パリをはじめ少なからぬ都市がタイユ免除の特権をえていたからである。

フィナンシエ（銀行家や徴税請負人など国王の金を扱う者全体をさす）からの巨額の借上げや公債の発行は、国王政府がそうした富裕であるが負担の軽い層から金を引き出す重要な手段であった。間接税は、塩税、関税、取引税などからなり、ものの流通や消費にかけられていた。その一部が国庫にはいる手前でフィナンシエに流入しているのは、間接税が徴税請負にだされていたため、徴税請負人が徴収の手数料をえていたからである。他方、国庫支出は農民を除く各集団に収入をもたらしていることがわかる。近世を通じて歳出のもっとも大きな部分を占めたのは軍事費であるが、それにつぐのは、主として軍事費に由来して雪だるま式にふくれあがる債務返済金と宮廷費で、これらは、借上げや公債にたいする元本償還・利子支払いや国王が功労のあった臣下や取巻きに与えた諸手当として、社会諸集団を潤していた。俸給も官職保有者や貴族に少なからぬ収入をもたらした。

こうしてみると、国家が金の流れの中心に位置し、社会集団から金を吸い上げ、配分する機能をはたしていたことがわかる。このことが、近世国家が貴族を飼いならし、ブルジョワを引きよせ、社団的編成をおこなうことを可能にしていたということができよう。ところで、国家がそのような機能をもつことができたのは、近世初頭における国王の主権的支配の成立と並行して、租税にたいする観念に変化があり、財政制度もそれにあわせて発展したからである。国王の実質的支配が王国全体におよ

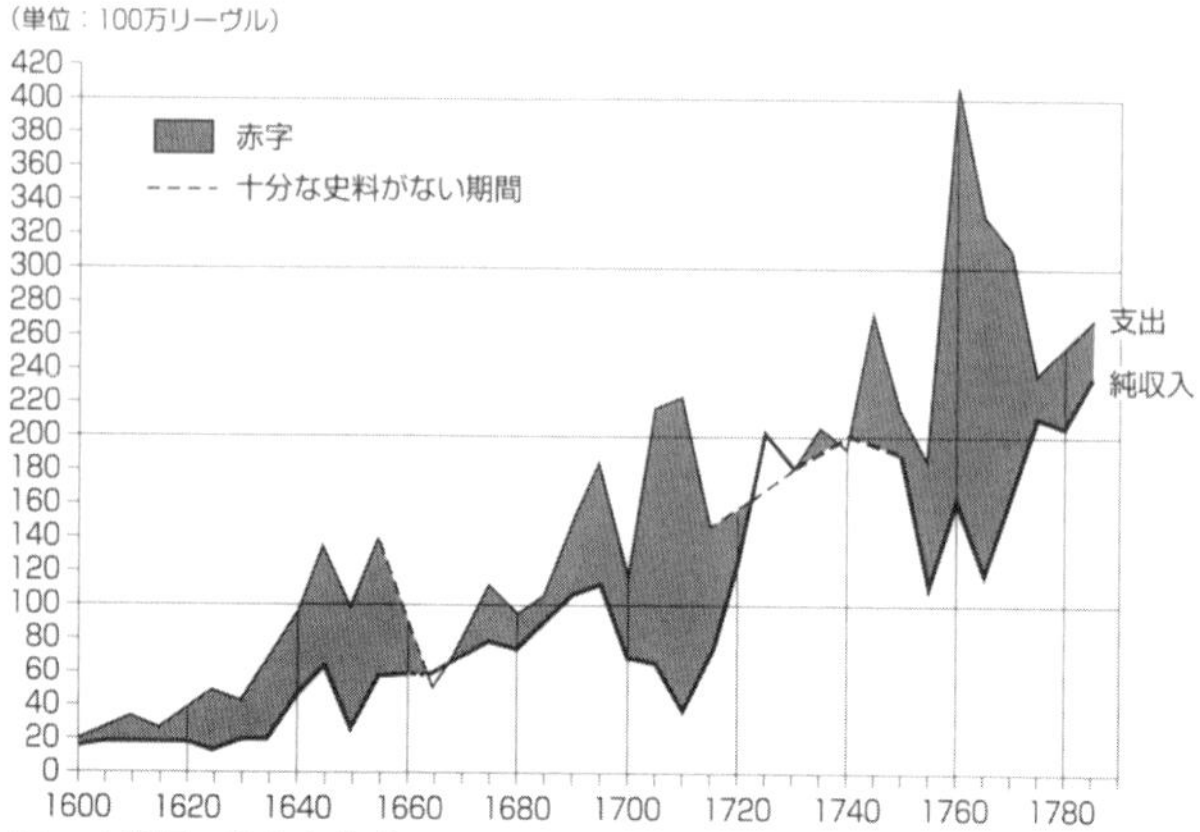


17・18世紀の歳入と歳出

んでいない中世には、国家財政は王領収入によってまかなわれており、王国全体にたいする課税は、臨時的なものとしてしか認められていなかった。こうした事態を反映して、租税収入は王国の財政収入においては臨時収入として扱われ、王領収入が通常収入とされていた。しかし、十五世紀なかばに「王令軍団」をまかなう費用として課せられた税がその後もひきつづき徴収され、実質的に、国王が王国全体に課税できるようになっていた。そして、この変化を制度的に追認するかたちで王権は、一五二三年、臨時収入とされていた租税収入を王領収入とあわせて通常収入として一本化し、これをあらたに設けた中央財務局に扱わせることとした。

　絶対王政の国家財政の特徴は、収入、支出ともに急速に膨張することである(上図参照)。より短期的な特徴を示すならば、リシュリュー期の一六二〇年代末、三〇年代初めが重要な転換点である。急速に支出がふえ、それに対応して増税策がとられた。とくに直接税タイユの徴収強化は著しく、一六二〇年代の前半と三十年戦争に参戦したあとの三〇年代後半を比較すると、およそ二倍、豊かな地域では三倍にも達している。ごくおおまかにいって、農民にたいして国家が課す税が領主や教会の課す負担を上回るのは、この時期なのである。この驚くべき増税にもかかわらず国庫の赤字は拡大し、これはマザラン期まで引き継がれた。ルイ十四世親政期にはいって、コルベールによる財政再建がいったんは成功したかにみえたが、ルイ十四世のあいつぐ対外戦争は、リシュリュー、マザラン期よりもさらに巨額の赤字を生み出すことになった。ルイ十四世の死後、対外的に平和な時期が続いたことと赤字削減の努力により、財政状況は好転するが、これも長続きはせず、オーストリア継承戦争が開始された一七四〇年代初頭からふたたび赤字をかかえることになった。

こうした収支の不均衡、その改善策の失敗は、やがてアンシアン・レジーム末期の財政危機にいたり、革命の遠因になる。しかし、フランス革命を前提として、絶対王政期の財政を破綻に向かってころげ落ちる過程としてのみみては、けっして短い期間とはいえないこの時期の国家財政がもっていた意味を十分に理解することはできない。この時期の財政を、実際に機能していたひとつのシステムとしてみることが必要であろう。借上げや公債の発行というかたちで、絶対王政がフィナンシエや富裕層から資金を調達していたことは、絶対王政が、彼らを自らの支配の構造のなかに取り込むことが、あるいは彼らとの共生関係をつくりあげることが、この時期にできたことをも意味しているのである。

## 官僚制度

官僚制度は、その規模をみると、十六世紀初めに約四〇〇〇人であったものが一六六五年には約四万六〇〇〇人に増加、地方行政機構を中心に発展した。一見するとこうした近世における発展が、近・現代のフランスの中央集権的行政機構の基礎になっているようであるが、質的には両者は大きく異なっている。まず、近世の官僚のほとんどは、官職売買を通じてその職に就任していた。

官職売買は、中世末には民間でおこなわれていて国王はそれを黙認していたが、フランソワ一世の時代に、国王が自ら官職を創設し、売却することを始めた。そして、一六〇四年にはポーレット法により、官職世襲税の創設とひきかえにして私人間の売買も公認された。こうして、数多くの富裕な平民が官職を買って国王役人となった。近世初期の国家にとっては、売官制は都合のよい制度であった。王権から独立的な傾向の強い貴族にかわってブルジョワ層を国王役人とすることは、官僚機構にたいする国王の統制を強化したし、支配領域の拡大にともない必要とされていた統治組織の拡充にも役立った。官僚の増加は、ほとんどが売官制を通じてのものであった。そして、なによりも官職売却によってえられる収入は国庫をおおいに潤した。他方、官職にはさまざまな特権が付随していたし、高位の官職は貴族への道を開くものであったから、金をたくわえたブルジョワたちは、それを商業や工業に投資するよりも官職の購入に振り向けた。

しかし、売官制のもとでは官職は家産とみなされ、同じ官職を保有する者たちで形成される団体の

| | 中央政府 | 総徴税区 | エレクシオン | 教区 |
|---|---|---|---|---|
| 割当 | 財務国務会議 → | フランス財務官 → | エリュ → | 割当人 ↘ |
| | | | | 各戸 |
| 徴収 | 中央財務官 ← | 総収税官 ← | 収税官 ← | 徴収人 ↙ |

直接税の割当・徴収機構(三部会保有地方を除く)

承認があれば、自由に継承・譲渡することができた。それにたいして、国王はこれを異動させたり、罷免したりすることはできなかったから、かつての貴族ほどではないにしろ、しだいに保有官僚たちは国王から独立的な利権集団としての性質をおびるようになった。とくにリシュリュー期以降王権は急速な中央集権化政策をとったが、その担い手としては保有官僚は適していないことが明らかであった。そこで、国王が自由に任命・罷免可能な親任官僚である地方長官の制度が拡充されることになった。

親任官僚である地方長官と保有官僚は類型的に区別されるし、地方長官は保有官僚にたいする上位監督権を与えられていたから、権限をおかされることになった保有官僚はこれに反発した。こうした事実から、かつては地方長官の近代的性格が強調され、両者は対立的にとらえられていた。しかし、地方長官と保有官僚は、個々の局面では軋轢《あつれき》があったとしても、全体としては補完的な体制を形成していると考えるべきであろう。というのは、地方長官の任地における権限は広く司法・治安維持・財政におよび、実際の仕事は財政が中心であったとはいえ、その業務だけでも膨大なものであった。ところが、地方長官に直属する地方長官部局を構成する人員は、十七世紀後半でそれぞれの管区で一〇名に満たなかった。これは、地方行政の中心が地方長官であったとしても、ほとんどの実務がいぜんとして保有官僚によって担われていたことを意味する。また、地方長官自身も、その多くが訴願審査官という大法官府に所属する官職保有者層から採用された者であった。

けれども、このことは、地方長官が特権の網の目に覆われた伝統的な社会のなかに埋没してしまっていたことを意味するわけではない。地方長官に就任した者についてそれ以前およびそれ以後の履歴をたどってみると、王権が近代的な任用システムを形成しつつあり、それを通じて、個別利益と距離をおき、王権にたいする忠誠心をもつエリート官僚集団が形成されていたことが明らかになる。ただ、彼らは、実際に任地で政策を実施するにあたり、王権の意図を一方的に押しつけるのではなく、王権と地方の諸勢力の利害を仲介するかたちをとらざるをえなかったのである。

官僚制度が、その機能において社会集団の自律性に依拠する部分が少なくなかったことにも注意しておく必要があろう。たとえば、直接税の徴収は教区に依拠していた。エレクシオンにおいて各教区(農村部においては、ほぼ農村共同体単位)の割当額が決まると、これの納入については、各教区が国王にたいして連帯責任をおうものとされていた。そして、この責任をはたすために、教区では住民のなかから「割当人」が選ばれ、彼が割当台帳をつくり、それに基づいて各戸に割りあてる。つぎに、これも住民から選ばれた「徴収人」が各戸から徴収した(割当人と徴収人は一六六〇年以降、一本化される)。また、裁判権については、王権以外にも、領主や都市や教会がそれぞれ裁判権をもち、商人たちの商事裁判所もあった。さらに、社会集団とりわけ農村共同体がもっていた目に見えない規範の存在を忘れてはならない。農民たちは、彼らのあいだの紛争を法廷にもちだすことを好まず、たいていの場合自分たちのルールにのっとって処理していたのである。

## 軍隊

近世にはいると、軍事権の国王への集中が進んだ。中世においては、有力貴族はそれぞれ封主として軍役奉仕義務をもつ封臣を召集し、また金で兵士を雇い、戦闘をおこなっていたが、王権は、そうした権利は国王に固有のもので、国王のみが軍隊をもつことができると主張するようになった。また、ひとつの戦役が終わっても解散せず訓練を継続する常備軍が形成されている。常備軍は一四四五年に創設された王令部隊に始まるが、十六世紀以降は志願兵(傭兵)よりなる部隊の常備軍化が進んだ。

こうした変化は、火器の使用による中世末からの戦闘や戦術の発展とも連動している。というのは、火器を使用するあるいはそれを防御するための戦闘や戦術は、訓練された大量の歩兵と糧秣《りょうまつ》や武器をあがなう巨額の資金を必要とし、それを遂行できるのは国家以外にありえなかったからである。一六三〇年代から、戦争はますます国家の管理下におかれるようになった。国王を別とすれば、軍隊のトップにいたのは元帥で、国王に匹敵する実力者がその職にあったが、リシュリューは一六二七年に元帥職を廃止し、文官である陸軍卿を軍隊の最高責任者とした。一六四三年から九一年まで陸軍卿の

| 平時 | | 戦時 | | |
|---|---|---|---|---|
| 時期 | 人数 | 時期 | 名目人数 | 実際の数（推定） |
| 1445～1475 | 14,000 | 15世紀末 | 40,000～45,000 | |
| 1490 | 17,100 | 1540～1559 | 70,000～80,000 | 60,000～70,000？ |
| | | 1567～1568 | 80,000 | 70,000？ |
| 1570年代前半 | 12,700 | 1589～1598 | 50,000～60,000 | |
| 1600～1615 | 10,000 | 1635～1648 | 200,000 | 125,000 |
| 1660～1666 | 72,000 | 1667～1668 | 134,000 | |
| | | 1672～1678 | 279,600 | 253,000 |
| 1678～1688 | 165,000 | 1688～1697 | 420,000 | 340,000 |
| 1698～1700 | 140,000～145,000 | 1701～1714 | 380,000 | 255,000 |
| 1715～1725 | 130,000～160,000 | 1740～1748 | 390,000 | |
| 1748～1756 | 160,000 | | | |

陸軍の兵員数

ポストにはル・テリエ、ルーヴォワ父子があったが、彼らは軍隊にたいする統制の強化を精力的に進めた。陸軍卿と軍隊のあいだの命令・報告のための文書はこの時期に急速に増大し、陸軍卿の部局はその数をふやした。各地の軍隊には、軍政監察官が派遣された。ルーヴォワは兵器廠や国境付近での糧秣貯蔵庫、兵舎の建設など後方支援体制の整備にも力をいれ、一六七〇年には老兵、傷病兵の収容施設としてアンヴァリッド（廃兵院）が設立された。技術将校ヴォーバンが東北部を中心とした国境地帯に築いた「鉄の国境線」と呼ばれた要塞群も、国家的事業としての戦争をよく示している。

こうした体制のもとで、兵士の数も増加した。兵士の数は、連隊による水増し報告や脱走兵の存在により見かけ上の数と実際の数に差があるが、国王が動員できた見かけ上の兵数は、十五世紀末に四万〜四万五〇〇〇人であったが、ルイ十四世時代には、四〇万人前後に達した。絶対王政期の過半は対外戦争に覆われている。イタリア戦争の始まった一四九四年から一七八九年の二九六年間に一五九年間の戦争の時期があった。戦争が常態化し、それが財政をはじめ国家の基本的な部分を規定していた。その意味で、この時期には国家が戦争を一大事業としておこなっていたと同時に、戦争が国家をつくっていたともいえよう。

しかし、軍隊の近代化を強調しすぎては、現実から遊離する恐れがある。その内部には大きな問題があった。宗教戦争やフロンドの乱に際して、有力貴族たちが国王の意向とはかかわりなく勝手に軍を動かしたことからもわかるように、軍事権の国王への集中は完全に実現したわけではなく、フランス軍は全体としてみれば、いぜんとして有力貴族の私兵の寄せ集め的な色彩をもっていたのである。貴族、とくに大貴族は少なくとも十七世紀前半までは、国王からの独立性を強く保持していて、その下には、人脈関係で結ばれた中小貴族たちがいた。また、連隊長職など重要な士官職が売官制の対象になっていた。さらに、兵士の問題があった。兵士は志願兵からなっていたが、これは国王政府が募集してそれを各部隊に配するのではなく、有力貴族が長を務める連隊が、(資金は国庫からでるものの)独自に集め、訓練する方式をとっていた。こうして、指揮系統は国王の統制のおよばないものになっていた。また、志願兵の多くは、定職に就いていない者、社会の底辺にいる者などで、給与と食事を

村を襲い略奪する兵士　18世紀の版画。

目的としていて、規律や忠誠心に乏しかった。したがって、給与や食糧の供給がとどこおれば、敵味方を問わず通過する村や町で掠奪をおこない、政府も頭をなやましていた。

ル・テリエ、ルーヴォワ父子の進めた軍隊行政は、こうした弊害を正すためのものでもあったのである。彼らは、先に述べたことのほかに、国王が直接任命する士官職をふやした。売官職は廃止できなかったから、国王に忠実な中小貴族やブルジョワをそうしたポストに取り立て、これを梃子《てこ》にして国王の影響力を浸透させようとした。また、各教区から兵士を強制的に徴集する国王民兵制を導入した。志願兵に応募する層は限られていたから、兵士の徴集には数に限りがあった。しかし、ルイ十四世時代の戦争はヨーロッパ諸国によるフランス包囲網のかたちをとったから、大きな兵員を必要とした。そこで、一六八八年にこの制度が導入されたのである。国王民兵制は、発足当初は臨時的なもので戦争が終われば解散するものとされていたが、一七二六年から常設化した。この制度は、兵員の増加には寄与したが、徴兵の主たる対象とされた農民からは恐れられきらわれ、代理人を立てたり逃亡したりというかたちで抵抗を受け、十分に機能しなかった。農民たちのあいだには祖国の観念は存在せず、軍役の義務が正当な負担とみなされていなかったからである。近世の軍隊は国民的基盤に立っていなかった、ということができよう。そのことは、ヨーロッパ諸国の軍隊に外国人傭兵が多数存在していたことからも裏づけられる。ルイ十五世時代（一七一五〜七四年）のフランスでは、平時で少なくとも八分の一がスイス、ハンガリー、ドイツ、アイルランド、スコットランドなど産業が乏しく貧しい地域出身の外国人で、戦時には、その割合は四分の一まで上昇した。この割合は十六世紀、十七世紀ではもっと高かったと推測される。なお、軍隊は国境地帯に駐留していることが多かったが、国内の民衆蜂起が大規模なものに発展したときには、その鎮圧のために重要な役割をはたしていた点も見落とすことができない。

### 統治組織と人脈関係

近世社会には、社会的に上位の者と下位の者とを結びつける保護―被保護関係《クリアンテル》が存在していた。とくに封主―封臣関係が意味を失った伝統的な帯剣貴族同士のあいだと、中央政府高官、官職保有者、金融業者などの帯剣貴族でないエリート同士のあいだに、この縦のつながりが、はっきりしたかたちで確認できる。この関係は、上位者が保護や金を与えたり、ポストを世話するなどの便宜をはかってやり、下位者は上位者の腹心として働くといった相互的なものである。こうした人脈関係は社会のあらゆる領域に存在したが、とくに官僚や軍隊の組織、政治の世界で多くみられた。十七世紀前半まで、地方総督を務めるような大貴族は、彼が影響力をもつ地域のあらゆる分野で保護―被保護関係の広大な網の目を形成し、それによって、軍隊、高等法院、都市、諸社団、領主を動かした。リシュリュー、マザラン、コルベールといった政府の有力者たちも、自らの人脈関係を利用していた。たとえばコルベールは、中央の財務関係の役職、地方長官、徴税請負業務に姻戚や被保護者を取り立てていた。人脈関係は、王権にとっては阻害的にもその逆にも機能する可能性があったが、ルイ十四世は、下位者の上位者にたいする忠誠を国王への忠誠に変質させることにある程度成功するにいたった。

この節でこれまでみてきたことからわかるように、王権は社会に多様性をかかえていて、しかもそれを統合するための物理的な権力の面でも限界をもっていた。こうした王権が支配をおこなうにあたって重視したことが二つあった。第一は、国王の権威を示し、それを浸透させること、第二は、社会のさまざまな領域に規制の網をかけ、介入していくことであった。以下でみていくことにしよう。

## 王権の理念

王権がしだいに力を伸ばし始めた中世末から、王権の支配に正統性を与えようとする思想もあらわれるようになり、それは絶対王政期になってさらに発展した。これらの思想によって、フランスの王権が、神聖ローマ帝国皇帝や教皇といったヨーロッパ的普遍性を主張する外部の聖俗権力の干渉を排除してその王国内で支配をおこなえるものであること、また国内では、社会の諸団体とは異なった上位の権限をもっていることが説かれた。そのとき、そうした王権の優位性の根拠として、二つのことが主張された。ひとつは、国王はフランス国内においては古代ローマ帝国の皇帝と同様の存在であり、それと同じ絶対的な権限をもつということ、もうひとつは、国王は地上における神の代理人であるということである。

王権を支える思想には、このような共通性がみられる一方、違いもあり、それは、社会において伝統的に存在してきた法や諸団体と王権との関係をどのように考えるかによっている。ルイ十二世やフランソワ一世に仕えた思想家セセルにみられるように、十六世紀の前半までは、王権は法や諸団体の上に立ちはするものの、それに制限されるというのが共通の認識であった。しかし、十六世紀後半以降、それをさらにもう一歩進めて、国王権力の優越性を主張するあらたな政治思想が形成される。国王はほかから制限されない最高の権力である主権をもつ、とされるのである。主権という概念は、ボダンの『国家論』(一五七六年)によって最初に提示された。国を二つにわりかねない宗教戦争の内乱のなかで生まれたボダンの思想は、もはや伝統的な国政観念の枠内にとどまることができなかったのである。こうした主権概念は、ともに十七世紀前半の法学者であるロワゾーの『権力論』(一六〇八年)や、ル・プレの『主権論』(三二年)にも引き継がれる。こうした主権についての省察にともなって、中世においてスコラ哲学が支配的であった時代には神秘的な存在とみなされていた国家を理性的な存在ととらえ、その行為を正当化する「国家理性」の理論も登場した。リシュリューが、伝統的な諸団体の抵抗を押しきって急激な中央集権化を進めたとき唱えたのは、この「国家理性」であった。

ところで、ボダンは主権論によって政治思想に転換をもたらしたが、彼の思想は、国王と伝統的な諸団体との相互拘束性という面を完全には払拭《ふっしょく》しておらず、両者の関係は緊張に満ちたものであった。しかし十七世紀、とくに後半になると、その緊張はなくなり、王権のみが一方的に称揚されることになる。ルイ十四世が王太子の政治的教育のために書いた『覚え書』には、その政治思想がよくあらわれているが、それによれば、神の恩寵を受けた国王は、臣下の服従を無条件に要求できるのであり、国内のあらゆる団体は、その存在を国王に依拠しているのである。

また、王権の支配に役立てられたものとして、「公共善」の概念も見落とすことができない。神の代理人である国王は公共の利益の見地から政策をおこなうことができるとする考え自体は、絶対王政以前からみられる。だが、王権は、一六二〇年代に臣民とのコミュニケーション回路を断って以降、その政策の正当性の証《あかし》として、王令でしばしばこのことばを使うようになった。諸社団は個別の利益に固執するため、王国全体について考慮することのできる国王のみが公共善を体現する、と主張したのである。

## 儀　礼

国王の権威を目に見えるかたちで示し、人々に浸透させる役割を担っていたものとして国王のかかわる儀礼があった。中世には、即位の際におこなわれ国王が神の恩寵を受けた存在であることを示す成聖式がもっとも重要であったが、近世になると、宗教色の強い成聖式の役割は小さくなり、かわって重視されたのが国王葬儀と入市式である。国王葬儀は十六世紀になって、国王が私人としての自然の身体と公人としての政治的身体をもつという考えを反映するものとなった。葬儀では、不死の政治的身体を表現する国王の似姿がつくられ、国王の亡骸とともに登場することによって、王権の不滅性が誇示されたのである。入市式は、国王が地方に行幸にでた場合や、成聖式後のパリ入城の際におこなわれ、国王による都市特権の確認と都市の側の国王にたいする誓いがおこなわれた。入市式は中世からおこなわれていたが、国王の支配領域が拡大した十五・十六世紀にもっとも頻繁に、また内容的にも豊かにとりおこなわれた。

しかし、十七世紀には儀礼も変質する。葬儀は簡素化され、入市式も減少した。伝統的な儀式によって、ことさらに王権の永続性を強調したり諸都市との結びつきを確認する必要のないほどにまで、王権の支配が確立したためである。かわって十七世紀前半に活用された儀礼は、親裁座である。親裁座とは、国王が高等法院に赴いた際に着く席、およびそこではたされる機能を意味する。一六一〇年におけるアンリ四世からルイ十三世への代替わりに際しては、まず親裁座において国王資格が公示されたため、そのあとに続いておこなわれた葬儀の意味を低下させた。また、高等法院にたいする王令の登録強制という点でも親裁座が活用された。こうした親裁座の活用は、伝統的諸団体にたいする国王の優位を示している。

さらに、十七世紀後半になると、国王は親裁座も含めて公開の場に生身の姿をあらわすことがまれになる。そして、宮廷という狭い空間で自己の権威づけのための儀礼——ミサ、起床・就寝の儀など——をとりおこなうようになる。その一方で、宮廷の外の世界にたいしては、教会でおこなわれる神への感謝の儀式であるテ・デウムによって国王の権威を民衆に伝達しようとする。戦勝祝いや王家の吉事の祝いに際して教会に、都市ではさまざまな社団が、農村では村人のすべてが集められた。テ・デウムは、十六世紀末からおこなわれていたが、国王がヴェルサイユに閉じこもった十七世紀後半から急速にその回数をふやしている。また、国王の騎馬像、メダル、版画なども理想の統治者としての国王のイメージを伝達するために使用された。このようにして、儀礼やシンボルを通じて国王の権威の伝達がはかられたが、注意しなければならないのは、このことと、民衆がそれをどのように受容したかは別の問題で、王権が意図したとおりのイメージが人々に伝わったわけではないという点である。

### 社会的規律化

権力を国民の名のもとに行使できる近代国家と違って、絶対王政国家は、社会諸集団とその下で日

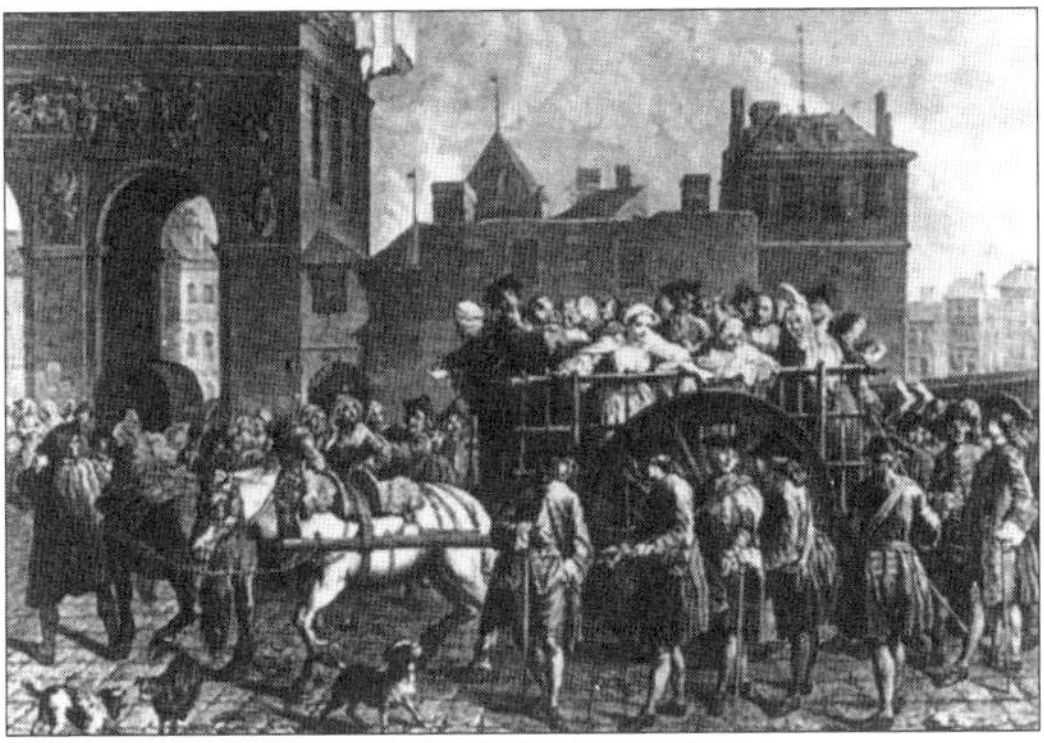
娼婦にたいする取締り

常生活を送る人々にとって、外部からの闖入者にすぎなかった。それゆえ王権は、まず社会のさまざまな領域に規制の網をかけ、社会で取り結ばれている諸関係に外から介入していくかたちで支配をおよぼそうとした。経済の面では、各ギルドが個別的に定めていた規則を画一的なものにして統制しようとした宣誓ギルドの制度などが典型的なもので、こうした経済規制はコルベール期に頂点に達した。信仰、思想などの文化面についても規制がおこなわれ、これがおこなわれるうえでは、一五六三年の王令以来の出版統制が大きな役割をはたした。国家や教会を批判するもの、誹謗文書、公序良俗に反するとみなされたものが取り締まられた。パリでは、印刷の場所、設備にまでも規制が加えられた。

王権のこうした志向は、「ポリス」という観念によく示されている。ポリスとは、十九世紀以降の用法では警察制度をさすが、十六世紀末から十八世紀末の時期には異なった意味で使用されていた。街の公安、風紀取締り、救貧、公衆衛生、都市環境の整備、食糧供給、経済活動の規制・監督など住民の生の維持全般にかかわることの管理をさした。規制にたいする王権の関心は、王権が確立した十七世紀なかば以降、一層強くなり、とくに都市の日常空間の管理と救貧の領域に向けられるようになった。

都市の秩序維持については、とりわけ首都パリが重要で、王権は、一六六六年から六七年にかけて、コルベールの主導下にポリス改革のための諮問会議を開き、六七年にパリ警視総監の職を創設した。この大きな管轄権限をもつポストの初代総監には、ラ・レニー(在職一六六七〜九七)が任命され、彼の部下のシャトレ裁判所警視ドラマールは、ポリス実務の手引き書でありポリス論でもある『諸事取締り要綱』(全四巻、一七〇五〜一九年)を著わした。

つぎに救貧であるが、まず貧民観の変化にふれておかなければならない。中世には、余計な富をもたずに生活することは、称揚されることはあっても否定されるべきことではなく、貧民はイエス・キリストを体現した神聖な存在とみなされてきた。しかし、商品経済の進展により労働や富にたいする観念に変化が生じたことによって、十六世紀ごろから名望家層は貧民を厄介視し、秩序にたいする脅威とみなし始めた。このため救貧は教会や篤志家の施しから、秩序維持の当事者たる世俗権力の手にしだいに移る。ただし、十六世紀にはまだ、貧民への対応は、彼らが押しよせた都市に委ねられていた。よく知られているのはリヨン市の事例で、市は一五三一年に「大施物会」によって貧民にパンを配給、同時に、配給を受ける貧民を監視下におき、他地域からの流入は排除した。この「大施物会」

は、一五三四年には、恒常的な施設になった。

国家が救貧に本格的に取り組むのは、十七世紀後半からである。一六五六年の王令により既存の救貧施設を国家の運営のもとに統合してパリ総救貧院が設立され、パリ地区の貧民が収容された。さらに王権は、一六六二年には地方のすべての都市にも、総救貧院を設置するよう命じた。国王政府の救貧政策の目的は秩序の攪乱要因を一般社会から隔離することにあった。したがって、収容されたのは貧民だけではなく、浮浪行為をおこなっている者たちも、ときには武装組織を使用しての強制によって、収容されたのである。さらに十八世紀、とりわけ後半になると貧民や浮浪者の数が増大するため、王権もより厳しく彼らを規制することになった。一七二〇年王令は、浮浪している者の植民地への移送などを定め、血の立法として恐れられた。一七六七年には、全国三三カ所に強制収容施設である「浮浪者収容所」が設置された。浮浪者や乞食の取締りには、騎馬警邏隊《マレショセ》があたった。この組織はまた、公道と農村部における殺人、強盗などの犯罪を取り締まり、最終審として裁く権限をもっていた。

こうした社会的規律化の政策は、社会集団や人脈関係がつくりあげてきた錯綜した権力関係、また民衆の秩序観に妨げられて、十分な効果をあげたとはいいがたい。一六九九年に主要都市にもパリにならって治安総代官職が創設されたが、多くの都市では王権の直接的な介入を好まない都市政府や国王裁判所など旧来の支配機構がそのポストを買い戻し、その結果、実効あるポリス政策はおこなわれなかった。また、伝統的な貧民観を維持する民衆は、騎馬警邏隊の取締りを妨害することがあった。

しかし、規律化の理念は、それがあらわれてきたこと自体が大きな意味をもっていたと考えることができる。民衆の日常的生活空間にたいする国家の統制は、十九世紀以降の近代国家でさらにはっきりとあらわれてくるものであり、そうしたところから、十七世紀なかばから十八世紀初めごろに国家の性質の大きな転換点をみる歴史家もいる。

## 3 十六・十七世紀の社会

### 人口動態

近代のそれとははっきりと異なった特徴を示すこの時期の人口動態については、教区簿冊を史料とする研究が進んだことにより、かなり明らかになっている。第一の特徴は、多産と多死である。ただし、一組の夫婦がもつ子供の数は、かつて断片的ないくつかのケースに基づいて想定されていた数字よりも低く平均四〜五人で、これは、しばしば夫婦のどちらかが若くして死ぬためである(とくに産褥熱による妻の死亡)。多産である一方、死亡率とくに乳幼児の死亡率も高く、十七世紀には満二十歳までの生存率は、五〇%程度とみなされている。ところで、近世には、平均の初婚年齢が男子はおよそ二十六〜二十七歳、女子は二十五〜二十六歳と比較的高かったことが知られている。この時代にはまだ避妊が広まっていなかったから、この平時の晩婚は、人口の自動調整システムのなかで大きな役割をはたしていたとみなされている。

平時には出生数が死亡数をわずかながら上回るが、そうした期間が続いたあとに突然、大量死をもたらす危機の時期が循環的におとずれる。これが第二の特徴である。大量死は平時の死者数の三〜四

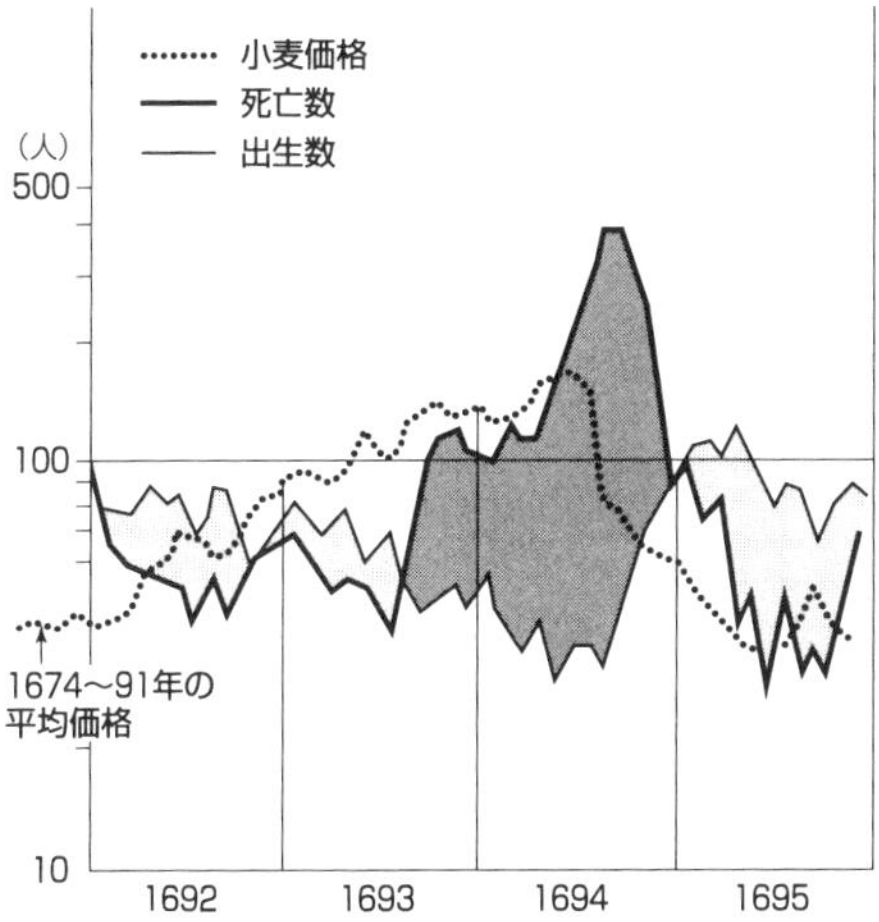

危機の時期における人口動態と小麦価格(アミアン)

(単位：万人)

| 年 | 推定下限人口 | | 推定上限人口 |
|---|---|---|---|
| 1550〜1579 | 1,800 | ⟷ | 2,100 |
| 1580〜1609 | 1,790 | ⟷ | 2,070 |
| 1610〜1639 | 1,940 | ⟷ | 2,240 |
| 1640〜1669 | 1,890 | ⟷ | 2,180 |
| 1670〜1699 | 2,080 | ⟷ | 2,270 |
| 1700〜1729 | 2,300 | ⟷ | 2,380 |
| 1730〜1759 | 2,520 | ⟷ | 2,550 |
| 1760 | | 2,570 | |
| 1770 | | 2,660 | |
| 1780 | | 2,755 | |
| 1790 | | 2,810 | |

近世フランスの総人口の推移(現在の国境による)

倍、ときには一〇倍程におよぶことさえあった。その原因は、疫病と飢饉であり、この二つはしばしば重なって生じた。また、戦乱も飢饉の条件をつくったり、移動する兵士が疫病をもたらすことで、大量死の間接的な原因となった。十六世紀についてはまだ十分に研究がなされていないが、十七世紀以降については、大量死をもたらす危機は一六三〇〜三一年、四八〜五二年、六一〜六二年、九三〜九四年に生じ、最後のものが、一七〇九〜一〇年の危機であった。

十九世紀以前には住民の一人一人を数える国勢調査のようなものはおこなわれなかったので、推計によるものであるが、中世後期からの人口はつぎのような変遷を示す。一三二〇年代、総人口は現在の国境で、すでに二〇〇〇万人近くに達していた。しかし、ペストと百年戦争によって人口は激減し、その三分の一から二分の一程が失われた。これが上昇に転ずるのは、一四五〇年代ころからであり、この増加局面は、一五六〇年から七〇年ころまで続き、十四世紀初めの水準を急速に回復する。その後は、人口動態が近代的なものに変化する十八世紀初めまで、およそ一八〇〇万人から二一〇〇万人のあいだで推移する(前頁表参照)。こうして、中世から十七世紀までは、長期的にみると人口は、ほぼ二〇〇〇万人を上限とした周期的な変動を繰り返しながら、自然的な均衡状態にあった。

### 経済構造

経済は、農業に圧倒的な比重があり、十七世紀末まで、全人口の少なくとも八五%は農村人口である。各都市の人口も少なく、別格のパリでさえ十八世紀の初めで約五〇万人にすぎず、それにつぐものとしては、五万人から一〇万人のあいだの都市が五つ数えられるにすぎない（二五〇頁の表参照）。
その農業は、技術的には中世からほとんど進歩がみられない。生産性は低く、畑に播《ま》く種子の量の四〜五倍の収穫量しかえられなかったが、その生産性の低さが悪循環を引き起こしていた。すなわち、生産性の低さを補うためには耕作可能な土地の大部分を、もっとも重要な作物である穀物生産（小麦、ライ麦、ソバ、燕麦）にあてる必要があったから、牧畜には十分な土地が用意できない。すると、堆肥が十分にえられず、土地がやせたままで、それを補うために定期的に一定の土地を休耕にして地味を回復させる二圃制、三圃制を採用せざるをえない。これがまた、耕地を少なくしていたのである。

工業には二つの特徴がみられる。第一は、小規模な手工業が支配的だったことであり、農業と同様に、この分野でも技術的な進歩が乏しかったことを示している。家畜や風力・水力エネルギーが補助的に利用されていたにしても、主たる動力は人間の手であった。また、仕事場は小規模で分散していた。これは、工業生産の大部分が限られた地域的な需要に応じたものであったことにも原因がある。第二の特徴は、繊維工業が支配的であったことである。亜麻織物、麻織物が西部で、毛織物がピカルディ、シャンパーニュ、ラングドックで、絹織物がリヨン、トゥールで盛んであった。そのほかの重要な工業部門としては、建築とそれに付随する奢侈《しゃし》品の生産があった。他方、鉱業、製鉄業は、まだ二次的な役割しかはたしていない。

こうした近世フランスの経済は、農業が支配的であることに起因する脆弱《ぜいじゃく》性を内包し、間欠的に経済危機を引き起こした。この危機は凶作に始まり経済全体への悪影響にいたる一定の型をもっていた。すなわち、凶作となり、それに続いて食糧危機が起こり都市でパン価格が二～四倍になると、貧しい者がパンを買えなくなるだけでなく、富裕な者たちも食料品以外の出費を削ることになる。この結果、工業部門の不況、失業も引き起こすというものである。こうした型の不況は、旧型の経済危機と呼ばれ、十八世紀初めまでしばしば起こった。

このように技術的な面では変化に乏しかったが、それは、近世の三〇〇年を通じて同じ状態にあったということではないし、近世の経済が中世と変わらなかったということでもない。第一に、長期的経済変動の諸局面が存在していた。フランスは、ほかのヨーロッパ諸国と同様に、中世末の十四・十五世紀に戦乱やペストによる人口の激減、農業・商業活動の減退をみる。その後十五世紀末から長期的好況を享受し、一五六〇年代から世紀末にかけて宗教戦争の影響によっていったん深刻な不況にみまわれるものの、十七世紀にはいってふたたび活力を回復し、好況局面を持続した。しかし、一六三〇年代にはいると、三十年戦争への参戦とたび重なる疫病、飢饉によって、ほかのヨーロッパ諸国と同じく「十七世紀の全般的危機」にみまわれ、経済は停滞する。

第二に、経済の生産関係の面で、中世とは違いがある。まず、農業についてみてみよう。前述の中世末の危機は、農民による領主制的賦課租の軽減要求なども加わって領主の収入を減少させ、いわゆる「領主制の危機」を引き起こした。この危機は十五世紀末にはすぎさるが、危機の克服の過程で、あらたな土地所有関係が生まれた。「領主制の危機」は、中小の領主層のあいだに没落して土地を手放さざるをえなくなる者を数多くだす一方、農民の地位の上昇を招いた。そうした農民のなかでも富裕な者や都市の商人は、没落した領主の土地を購入し、これを小作にだした。また、旧来の領主層のなかでも領主制地代を徴収するよりも有利な小作経営を導入する者があらわれた。こうして、身分的隷属をともなう領主―農民関係とは異なり、契約関係に基づく地主―小作関係が広がった。また、農民のあいだでは、階層分化が始まった。領主制の危機からの再建は農民全般の地位の向上をもたらしたが、そうしたなかで農民的商品経済が発展したこと、また十五世紀末からの長期的好況により農村人口が増加したことが、階層分化の原因である。

工業の面についてみれば、工業生産は中世には都市ギルドの規制のもとにおこなわれてきたが、十六世紀の好況のなかから、ギルドの束縛の外にある農村部において家内制手工業が展開した。都市ギルドも変化をみせている。農村工業によって外から秩序が揺り動かされているだけでなく、内部においても職人から親方への昇格の道が狭まり、親方のなかでも階層分化が生じているために、ギルド内部の一体性がゆらいだ。また、農村の家内生産者に原材料を貸しつけ工賃をはらうことによって経済的に支配する前貸問屋制が発展した。この問屋商人は親方のうち貧窮化した者たちにも支配の手を伸ばした。以上のような農村と都市の生産者の階層分化は、十六世紀の好況を背景に生じている。だがこれは、十七世紀の経済の縮小局面でもとまらず、それどころか危機による小農民や小親方層の窮乏化により、分化に拍車がかけられた。

こうした市場経済の発展がみられるものの、十六・十七世紀のフランス経済はまだ一体的な国民経済を形成しておらず、多様な地域経済の寄せ集めにすぎなかった。都市と都市、都市と国際市場を結ぶ遠隔地商業は中世から存在していたが、それらは地域経済と有機的に結びついていない。このため、たとえば穀物市場においても国内に統一的な価格は存在しなかった。そして、それらの地域経済は、十七世紀前半にナントやボルドーなど大西洋岸の都市商人がオランダ商船のための仲買人として活動していたように、しばしば外国の経済網と密接なつながりを有していたのである。

## 社会的結合関係と社会集団

近世のフランス社会は、どのように構成されていたのだろうか。これについて考える際には、まず、人々を結びつけていた紐帯についてみておかなければならない。この時代の人間は、心性的、身体的に不安定な状況におかれていた。凶作によってもたらされる飢えとペストをはじめとする疫病は、間欠的に襲ってきては大量の死者をだした。栄養不足や病で衰弱した体には、十分な衣類や暖房がない時代における冬の寒さも、ときに命を奪いかねないものであった。また、人々は日常生活のなかで、心のなかにおそれの感情を呼び起こすようなさまざまなものに囲まれていた。野盗や放浪者など周縁的世界の人間、狂犬病をもった獣。こうした実際に存在するものだけでなく、夜の闇や自然災害が、人の統御できない外界の神秘的な力と結びついたものとして、想像上のおそれを人々の心のなかにかき立てた。アナール派の創始者の一人リュシアン・フェーヴルは、十六世紀の人々の心性にかんして、「つねに、そしていたるところにおそれがあった」と指摘している。心性面での不安定さは、身体面での不安定さによってさらに増幅されてもいた。こうした不安を打ち消し、生き延びるために、人々は連帯の絆を形成する必要があった。

また、近世にはいると、中世社会で大きな役割をはたしていた貴族間の封建的主従関係（封主―封臣関係）は衰退し、領主―農民関係も、領主権力の弱体化にともなって、封建的主従関係と比較すれば遥かに根強く生きつづけてはいるものの、その結びつきは弱まっている。ところが、その一方で、近世の国家は、まだ単独で公的秩序を創出し領域内の住民一人一人を把握できるほど十分に成長していなかった。そのため、その間隙に中世とは違ったかたちで、自律的に秩序を維持するための社会的結合関係《ソシアビリテ》が人々のあいだで取り結ばれることになったのである。

こうした絆に結ばれて、社会においてはさまざまな集団が形成された。まず、村や町からかつての大諸侯領にほぼ相当する「地方」にいたる地縁集団と、農民共同体、都市の手工業者や商人のギルド、貿易会社などの職能集団があり、これらは王権によって社団として再編成されていた。また、家長のもとで生活をともにする世帯は、地縁集団や職能集団を成り立たせている基礎的細胞でもあり、とく

共同性の象徴である市壁に囲まれた都市(ボルドー，1630年)

に重要であった。その重要性は王権によっても認識されており、王権は家父長権を強化することを通じて家族を統治の基礎としようとした。一五五六年の王令は婚姻には両親の同意が必要とし、一六八四年の王令はパリの住民を対象として親の子供にたいする懲戒権を定めた。また、祖先を同じくする系族《リニャージュ》など、もっと広い意味での血縁組織も人々の生活のなかで大きな比重を占めていたし、さらに教区、信心会といった信仰のための組織、年齢集団である若者組などが存在していた。

また、すでに述べたように、社会的に上位の者と下位の者とを結びつける人脈関係も、目に見える団体的枠組みは形成しなかったが、存在していた。これらの紐帯は、地縁的共同体である町がそのうちにさまざまな職能団体をかかえていたり、職能団体が別の面では信仰や互助の組織としても機能していたり、人脈関係が血縁組織を取り入れて成立していたりというように、たがいに入り組んで重層的な構造を形成していた。

　ところで、ここで「身分」についても述べておく必要があるだろう。中世には、社会は職能を異にする三つの身分から構成されているという観念があった。祈りを捧げる聖職身分、戦闘をおこなう貴族身分、そうした重要な社会的機能をはたす上位二身分を労働することで支える平民、の三身分である。この観念は必ずしも現実を忠実に反映しておらず、支配的な地位を占めていた貴族や高位の聖職者がつくりあげた支配のイデオロギーという一面をもっていた。だが、それにもかかわらず、国政のうえで大きな役割をはたしていた三部会が三つの身分の代表からなっていたように、中世社会では身分制が大きな役割をはたしていたことも事実である。しかし、近世社会については、身分を社会の基本的な構成単位と考えることはむずかしい。それぞれの身分ごとの一体性が希薄になっているからである。聖職者の場合、司教などの高位聖職者と教区の司祭とでは収入や生活様式に大きな違いがあり、出自をみても、高位聖職者は貴族の次・三男から、下位聖職者は中小ブルジョワや農民からが多いというように多様である。貴族については、近世になると、富裕なブルジョワ層の貴族への社会的上昇という現象がかなりの規模で生じ、中世において貴族たちを結びつけていた戦士階級としての一体性を保つことができなくなった。また、旧来の帯剣貴族のあいだでも宮廷貴族と地方貴族という違いなどが生じていた。そして、すでに中世からそのうちに多様な層を含んでいた平民のあいだでは、社会的分業の進展により、多様化が一層進んでいた。

こうした貴族や聖職者は、もはや社会の基本的構成単位ではなく、平民がつくるさまざまな職能集団と同じようなひとつの職能集団として、王権により特権を与えられ、社団に組織されたのである。ただし、歴史家のなかには、近世社会を「身分制社会」と呼ぶ者もいる。これは、社会諸集団のあいだに強い序列意識があり、その序列は集団のもつ富によってではなく名誉や品位によって決定され、その序列の頂点に存在したのは貴族にほかならないという点、また、特権という近代社会の原理と本質的に異なるものが社会の編成の軸になっている点などをとらえて、広い意味で「身分制」ということばを使用しているのである。

こうして、さまざまな社会集団が階層的な秩序を形成して社会の基礎細胞を形成していたのであるが、同時に、この時期の社会には、そうした細分化された集団の枠をこえて人々をわかつ溝が存在していたことも見落とすことができない。一方には、小土地所有農民および都市の民衆が、他方には、貴族と上層ブルジョワからなる名望家層がいた。前者は、人口の大きな部分を占め、自らの手を使って労働するが貧しく、これにたいして、後者は、農民の生産物を直接間接に収奪するかたちで大きな収入をえていた(この点については一九二頁の図を参照)。両者の対立はふだんは社団的構造の陰に隠れていて表面にはあらわれないし、後者の内部には貴族間、貴族とブルジョワ、また各社団間の争いがあり、ひとつの均質的な階級を形成しているわけではない。しかし、経済的格差に基づく両者の溝は大きなものであり、経済危機の時期には小農民や都市民衆はたちまち明日の糧を確保することもままならなくなったから、その対立があらわになった。この対立の構造は、アンシアン・レジームの末期に向かって共同体的秩序が弛緩するにつれて、しだいに確固としたものとなり、名誉や品位にかわって富と才能を基準とするシステムを社会に形成することになる。貴族と上層ブルジョワは、つぎにみる文化的差異によっても、小農民や民衆と自らを区別するようになった。

## 民衆文化と社会

近世のフランス社会を理解するうえでは、人々がどのような文化をもっていたかを考えることも欠かせない。その際、知的階層に属する一部の人々の文化だけでなく、民衆の文化にも注意をはらう必要がある。近世のフランスでは、ルネサンスや古典主義の優れた文学や美術が生み出され、また十七世紀のデカルト、パスカルや、十八世紀の啓蒙思想家などが、ヨーロッパ近代思想史上に重要な位置を占めている。しかし、そうした高度な精神活動の結果生み出されたものだけが文化で、民衆は文化とは無縁であった、というわけではない。民衆も固有の文化をもっていたし、それは彼らの日常生活を律し、さらには、社会を成り立たせるうえで大きな役割をはたしていた。

文字として表現されたものを後世に残さなかった民衆文化の内容を把握するのにはむずかしさがあるが、いくつかの特徴をみいだすことができよう。まず、そこでは共同体的規範が大きな意味をもっていた。生き残ること自体が困難であったこの時代には、生活の基盤であった社会集団の存続がもっとも重要であったからである。ところで、近世という時代は、共同体が徐々にではあるが一体性を失い始める時期であった。それにたいして、その規範を維持、確認しようとする反応が生じることになった。共同体の規範を破った者にたいする制裁儀礼がそれである。共同体やその基礎である家庭の秩序をあやうくするものとみなされた年の離れた再婚者や恐妻家庭などにたいして、どんちゃん騒ぎが繰り広げられ、恥辱が与えられた。この意味では社会集団を成り立たせていた連帯の絆は、強制の絆でもあった。この慣習は地域によってさまざまに呼ばれるが、学問的用語としてはシャリヴァリという呼称が定着している。

共同体的規範は、成員間の問題だけにかかわるわけではなく、外部世界との関係も規定した。社会集団が伝統的に享受している慣習的権利がおかされたときには、壊された秩序の回復をはかるために直接行動に訴えるのが正当なことである、とする観念を人々はもっていた。食糧危機の際には、当局が適切な措置をとらず食糧の公正な分配の権利がおかされたとして、そのあやまちを正すべくしばしば抗議行動がおこなわれた。絶対王政期を通じてフランス全土で「風土病のように」と表現されるほど頻発した民衆蜂起もこうした観念に根ざしている。蜂起は近世全体を通じていたるところで生じたが、時期と地域におおまかな特徴がみいだせる。パリ盆地を中核とする王国中心部と、三部会をもち独自の文化的伝統を維持している王国辺境部では、蜂起はあまり起こっていない。もっとも蜂起が頻発したのは、その二つの中間にあり、旧来の文化的・社会的構造と王権の侵食が激しい軋轢《あつれき》を起こし

夜の集い　家族，召使い，近隣の者たちが集まっている。

ている地域だった。時期的には、宗教戦争期と三十年戦争の遂行のために大増税がおこなわれた一六二〇年代からフロンドの乱にいたる時期に、頻度が高く、また規模もひとつの地方を覆うかそれ以上の運動に発展したものが多くでた。

ところで、シャリヴァリのなかでもみられるが、抑制されていない荒々しい振舞いやことば使いも民衆文化の特徴のひとつである。秩序維持が公権力のもとに一元化されていない社会においては、濃密で直接的な人間関係、ことに争いごとを人々が調整する手段として、それらが機能したからである。

民衆文化の第三の特徴は、文字ではなく口頭によるコミュニケーションが大きな役割をはたしていたことである。たとえば農村部では、夜とくに長い冬の夜に、近隣の人々、若者組といった単位で、あるいは家族で、人々が一時を一カ所に集まって時を過ごす「夜の集い」と呼ばれる慣習があった。ここでは、ゲームなどの娯楽や糸紡ぎなど屋内での仕事のほか、昔話や宗教的説話が語り継がれて、人々の共通の知識を形成していた。十六・十七世紀においてはまだ、多くの社会層で識字率が低かったが、口頭によるコミュニケーションの占める比重の大きさは、識字率の低さという消極的な理由によるものではない。口承文化の背景には、人々の音にたいする感性の豊かさがあった。書かれたものと同等あるいはそれ以上に、口にだしていわれたことばに信頼がおかれていたし、鐘の音も生活に密着していて、時を告げるものから野盗の接近の際などの非常呼集を意味するものなど、さまざまなものがあり、使い分けられていた。識字率の低さは、そうした文化のあり方の結果といってもよいだろう。

最後に、信仰におけるキリスト教と民俗的信仰の混交も民衆文化を特徴づけていた。ケルト人やゲルマン人の信仰に由来する呪術的民俗信仰は、とくに農村部に根強く残っていた。教会も布教のためにそうしたものとの妥協をはからざるをえなかったし、司祭など下位聖職者自体が、宗教改革前には民衆とさして変わらぬ信仰形態をもっていた。

こうした民衆の文化がもっともよくあらわれているのが、祭りである。ヨーロッパでも近代以前においては、人々は未来に向かう直線的時間意識をもたず、毎年繰り返される時の循環のなかに生きていたが、この循環の節目を形成していたのが、祭りであった。祭りは一見したところ、キリスト教の教会暦に基づいておこなわれているようだが、じつは季節の移り変わりにそった農事暦およびそれと結びついていたキリスト教以前の民俗的祭りをもとに形成されている。それゆえ、多くの祭りには、自然崇拝と豊穣――収穫および家畜と女性の多産――の祈願の要素がその基層にあった。そして、祭りのなかであらわれる非日常空間は、連帯の絆の存在にもかかわらず徐々に積み重ならざるをえない集合的なおそれによる緊張を解消し、共同体が活動を続けていくための機能をもっていた。

## エリート文化

民衆文化は、中世末までは貴族や聖職者、ブルジョワといった名望家層にも無縁のものではなかった。彼らと民衆とでは、地位も生活様式も異なっていたが、同時に彼らは、民衆の文化にも一定程度かかわっていて、民衆の祭りに参加し、また民衆と同じようなことば使い、振舞いをしていたからである。しかし、彼らは、十六世紀ころから、よりはっきりしてくるのは十七世紀にはいって、民衆文化からしだいに距離をおき、新しい文化――民衆文化との対比で、エリート文化と呼ばれる――を形成することになった。それにはいくつかの要因がある。第一は、名望家たちのあいだに民衆文化と距離をおく理由が生じたことである。近世にはいって軍事的役割や領主としての権力を縮小された貴族は、あらたなかたちでほかの社会層との差別化をはかる必要を感じていた。また、貴族身分への上昇を志向する富裕なブルジョワ階層も、民衆から離れ、貴族との同一性を求めた。さらに聖職者は、カトリック改革の結果、戒律を遵守《じゅんしゅ》するなど教会の教義により忠実になり、民間信仰によって特徴づけられた民衆文化から遠ざかった。

民衆文化の源は農村にあったが、エリート文化が形成される舞台となったのは、宮廷と大都市であった。中世の宮廷は、王権が弱体であったために求心力は小さかった。また、生活も質素で、基本的には男の世界であった。貴族の女性たちは催しものの際に宮廷をおとずれはするが、そこに住むことはなかった。しかし、十六世紀には文化的に進んでいたイタリア風の宮廷モデルが導入された。王妃の周辺を中心に女性がはいることになり、宮廷の習俗は「文明化」され、礼儀作法も重視されるようになった。そして、とくに十七世紀後半以降は、王権の確立とともに有力貴族が頻繁に宮廷に伺候したり、居住するようになり、社会の中心として役割を増した。

都市もまた、あらたな特徴をもつようになっていた。都市人口はいぜんとして少数にとどまっていたが、さまざまな面で、都市の農村にたいする優位が形成された。まず、都市が王権の地方支配の拠点となり、行政組織がおかれた。また、富裕な市民による土地集積など都市の農村にたいする経済的支配が強まった。さらに文化との関わりでもっとも重要なのは、知的な面において都市と農村の格差が広がったことである。たとえば、「小さな学校」と呼ばれる初等教育機関が宗教改革期以降、カトリック、プロテスタント両教会により設立され、読み書きと簡単な計算が、宗教教育と結びつけて教えられたが、資金と人材に限りがあったので、都市を中心に設立されるにとどまった。また、中世とは姿を変えて俗人の中等教育機関としての性格をもったコレージュが、これも宗教改革期以降、修道会によって大都市を中心に設立された。

都市は、その社会編成の点でも変化をみせていた。民衆との経済的社会的格差を広げつつあった都市の富裕層に加えて、都市機能増大の結果として増加した国王役人、法律家、文筆家といった人々が都市の上流社会を形成する。そして十七世紀になると、田舎暮しを好んでいた貴族たちも、宮廷や都市に好んで居住するようになった。こうした都市の名望家層は、近世にはいってもまだ農村的慣習をさまざまなかたちで保持していた都市民衆とは異なる文化的環境を形成しつつあった。また、居住街区の分離も進行した。ただし、これは十九世紀のように完全なものではなく、富裕な人々が建物の下のほうの階に、貧しい人々が屋根裏部屋を含めた上層に居住するという垂直的な階層性も並存していた。

あらたな性質をもつようになった宮廷と都市では社交生活が展開され、たとえば、一六一〇年ごろからは貴婦人が主催するサロンに身分にかかわりなく才能のある男女が集い、知的な会話やゲームを楽しむことがさかんにおこなわれるようになった。サロンは、十七世紀後半には、その数を増し、パリから地方都市へも波及した(パリに約四〇、リヨンには約二〇のサロンが数えられた)。

つぎにエリート文化の特徴について述べるが、ここでは、それが生み出した著名な人物や作品ではなく、民衆文化の場合と同様に、価値観、行動形態を含めた広い意味でのエリート文化を問題にしよう。まず、口頭によるコミュニケーションによって特徴づけられる民衆文化にたいして、文字と印刷物が大きな役割をはたした。都市は印刷物を生み出し、消費するようになっていた。活版印刷の技術は一四七〇年代の初めにフランスにはいってきたが、その後急速に広がり、一五〇〇年ころには約四〇の都市に印刷所が設けられていた。その中心はパリとリヨンであったが、十六世紀中にパリでは二万五〇〇〇点、リヨンでは一万五〇〇〇点の書物が印刷された。印刷物、学校、文字に接する機会の多い職業にたずさわる人々の存在は、都市の識字率を上昇させた。歴史家はこの時代の識字率を自署が可能であったかどうかを基準としてはかっているが、十七世紀なかばのノルマンディ地方において結婚契約に署名できたのは、男性の三九％、女性の一七％にとどまっているのにたいし、この地方の中心都市ルーアンでは男性の五七％、女性の三八％がこの能力をもっていた。印刷物は、宮廷やパリ、あるいは知的階層の思考を表現し、口承によって独自の文化を継承してきた共同体に外の世界の情報を伝達した。また、印刷物の圧倒的多数は宮廷やパリの言語であるフランス語で書かれ、その普及に大きな役割をはたした。

エリート文化の第二の特徴は、規律が重視されたことである。宮廷では、礼儀作法が重んじられるようになり、都市の上流階層もこれを模倣した。すでに十六世紀に、「礼儀正しさ」を意味するシヴィリテ(civilité)ということばが生まれていたのは、この時期にそうしたものに価値がおかれるようになってきたことを意味している。十七世紀後半には、礼儀作法をこころえて、衝動のままに行動せず自己抑制することのできる教養人がオネットムと呼ばれ、理想的な人間像とされた。外交官であったクルタンの『新礼儀作法論』(一六七二年)をはじめとする作法書も数多くでて、版を重ねた。このことは、名望家層が、民衆文化を特徴づけていた振舞いやことば使いを、「野蛮な」ものとして斥けることになったということでもあった。たとえば、シャリヴァリは十九世紀まで残る慣習だが、社会の上層では比較的早くからこれにたいする批判的な見方が生じ、法廷で裁かれることもでてきた。また、名望家たちはそれまで参加していた謝肉祭をはじめとする祭りからも距離をおき、危険視さえするようになる。

この自己抑制は、象徴的なことがらにすぎず、規律化はそれ以外にも広い領域で生じた。そして、その推進には、王権と教会が大きな役割をはたしていた。まず、国王を頂点とする一元的な公的秩序をつくりあげようとする王権は、社会諸集団を国家の規範に服させることにつとめていた。戦士階級として荒々しく独立的な気風を継承していた貴族を手なずけるのには、礼儀作法の尊重は王権にとっても好都合であり、宮廷儀礼の形成にも役立った。また、貴族の戦闘力を誇示する場であり、流血をともなう馬上槍試合も禁止し、騎馬パレードに変化させた。決闘についてもたびたび禁令をだし、十七世紀の中ごろからそれを減少させることに成功した。一方、民衆にたいしては、共同体的規範を統治に利用しつつも、しだいにそれを国家の規範におきかえようとし、さらには日常生活まで管理しようとした。蜂起についても、王権はより厳しい態度で臨むようになり、罰則を重くし体系化した。

また、王権はエリート文化に保護を与えると同時に統制し、プロパガンダに利用した。その代表的事例は、特権を与えられた学術団体であるアカデミーであり、リシュリュー期からルイ十四世親政初期までに、アカデミー・フランセーズから始まり、絵画彫刻、碑文・文芸、科学、建築の各アカデミーが創設された。アカデミー・フランセーズでは、フランス語辞典の編纂事業をおこない、フランス語の「純化」をはかったが、ここで正しいフランス語とされたのは、宮廷でつくりあげられたことばにほかならなかった。

つぎに教会であるが、宗教改革と対抗宗教改革は、形式的なものに傾きがちだった信仰を内面化させることにつとめ、これによって精神と風俗の規律化を進めることになった。フランスでは、プロテスタントの活動は大きく制限されていたから、主としてカトリック教会による対抗宗教改革によってこれがおこなわれた。カトリックの対抗改革はトリエント公会議(一五四五〜六三年)によりヨーロッパ的規模で開始されたが、フランスでは教皇権至上主義《ユルトラ・モンタニスム》の動きにたいする警戒の念から取組みが遅れ、本格的に実施されたのは、十七世紀にはいってからだった。カトリック改革は、フランソワ・ド・サル、ヴァンサン・ド・ポールなど優れた宗教活動家の出現、新興の修道会による慈善活動の展開などの有益な成果をあげたが、同時に、正統的なキリスト教信仰に反するとみなされたものにたいしては、これを厳しく抑圧した。瀆神、性的放縦を含めた民俗信仰的な要素は非難、処罰され、安息日や祭日の正しい過ごし方が説かれた。民衆の祭りも廃止に追い込まれたり、監視のもとで道徳的で秩序だったものとされるようになった。

## 文化の変容と魔女狩り

宮廷と大都市を発信源とするこの新しい文化は、しだいに地方の小都市へ、さらには農村へと、その地の名望家層に受容されることで浸透した。彼らは、富裕になり共同体のほかの成員より優位に立つが、それは従来の秩序から遊離することを意味し、その立場は不安定なものであった。そこで、外の世界の価値観を共同体内に導き入れ、そのことによって不安定な自己の立場を強化し、共同体の再編をはかるのである。そして、その結果として生じた文化的軋轢《あつれき》は、大きな社会変動を引き起こすことになった。

そのひとつの表れを魔女狩りにみいだすことができる。かつては遅れた迷信深い精神によって引き起こされたと考えられていた魔女狩りは、近年では民衆文化との関わりに力点をおいて解釈されるようになっている。魔女狩りは十四世紀からおこなわれていたが、その件数は多くない。ふえ始めるのは十六世紀にはいってからで、十六世紀末から十七世紀中ごろに最盛期をむかえる。魔女とみなされていた人々は中世から存在したが、彼らにたいする大規模な迫害はおこなわれなかった。呪術的・民俗的要素を信仰のなかに色濃く残していた中世の人々にとって、魔女とは、超自然的(神秘的)な力を借りて災いをもたらしかねない存在であると同時に、そうした力に対抗するために普通の人間が頼りにもする両義的存在であった。

ところが、近世にはいって、そうした中世的、民衆的な魔女観とは違う教会の魔女観が力をもつようになった。宗教改革、対抗宗教改革によって、新旧両派がキリスト教の教義を貴族や都市のエリート層だけでなく、民衆のレヴェルにまで徹底させようとし、それによって、民俗的な信仰との対決姿勢を強めていたからである。教会によれば、魔女のもつ超自然的な力は悪魔から与えられたものであり、魔女は全面的に否定すべき存在であった。こうした魔女についての新しいイメージは、異端審問官、神学者、法学者などの著作により広がった。フランス人の手になるものとしては、ボダン『魔術師の悪魔崇拝』(一五八〇年)、ボゲ『魔術についてのいまわしき論』(一六〇二年)などがある。

ところで、この時期に農村では貧富の差が拡大しつつあり、共同体のなかに社会的緊張が生じていた。このとき、村の小名望家層は新しい魔女観の浸透を利用して、スケープゴートを仕立てあげることで、共同体に生じた緊張と不安を解消し、同時に共同体における自らの支配を確立しようとした。魔女狩りは、このように、宗教的要因と社会的要因が重なって生じたものと考えられる。

こうした性質をもっていた魔女狩りはどの地域でも同じような規模でおこなわれたわけではなかった。猖獗《しょうけつ》をきわめたのは、キリスト教の伝道が、根強く残っていた民俗信仰に攻勢をかけた農村地帯である。すなわち、一五八〇年から一六三〇年まではアルトワ、フランドル、エノー、フランシュ・コンテ、ロレーヌといった北東部、東部国境地帯(この時点ではまだフランス領でなく十七世紀なかば以降王国に編入される地域)を中心としておこなわれ、つぎに一六四〇〜八〇年には、以上の地域に加え、これに隣接したアルザス、ブルゴーニュ、アルデンヌ、また北東部以外の王国周縁部、すなわちノルマンディ、ギュイエンヌ、ベアルン、ビゴールといった地域でさかんにおこなわれたのである。

このように文化的変容は大きな影響をもたらしたが、そのことは、民衆文化が解体したことを意味しない。その第一の理由は、王権と教会により推進された規律化の動きは、そのめざされたところと実際を区別して考える必要があるからである。民衆の日常生活の大きな部分はいぜんとして王権の手の届かないところにあったし、民衆の信仰から呪術的な要素が消えることはけっしてなかった。また、民衆は二重の行動基準をもつようになり、表面的には——たとえば裁判所や教会では——服従の姿勢を示しながら、他方で伝統的な自分たちのやり方に従って行動し、ものごとを処理するといったことがしばしば生じた。

第二の理由は、エリート文化と民衆文化はどちらも固定的なものでなく、しかも相互通行があるからである。たとえば、民衆のあいだに語り継がれた民話が、ペローのような人物の手によって『すぎさりし時代の物語』(『ペロー童話集』、一六九七年)として教訓的な装飾をほどこされて文字化され、まず最初にエリートの階層に属するおとなや子供に読まれ、それが改めて民衆のもとに戻ってくるというように。また、「青表紙本」の事例もある。これは、十七世紀の初めからトロワで民衆向けに売り出された粗末な小冊子で、まだ書物が高価であった時代にあってその低価格から好評を博して全国に販元が広がり、十七・十八世紀を中心に十九世紀後半に新聞に取ってかわられるまで出版されたものである。行商人を通じて本屋のない農村部にまで浸透し、夜の集いなどで読まれた。その内容は信仰書、暦、異教的な怪奇譚などである。青表紙本は、民衆の世界観の少なくとも一部を表現し同時に形成しているが、それは純粋に民衆世界の産物ではなく、都市の書籍商や無名の文筆家を媒介としてつくられてもいたのである。

## 4 資本主義的世界体制とフランス

### 初期の対外進出

近世初頭に、主権国家とそれに基礎をおく国際関係が生じたが、こうした体制の形成は、十五世紀末からのヨーロッパの非ヨーロッパ地域への進出を端緒に形成される世界の経済的一体化と深くかかわっている。ヨーロッパの各国が、そうして形成された資本主義的世界体制において有利な地位を占めようと商業戦争をおこない、また、これに勝ちぬくための富国強兵策を展開したからである。

フランスの場合、王権による海外進出の試みは、フランソワ一世のときに始まった。国王は、一五二四年フィレンツェ出身の探検家ヴェラツァーノを派遣して、現在のニューファンドランドからフロリダ半島にいたる北米東海岸を調査させた。ついで、探検家ジャック・カルチエが王権の支援を受け、一五三四年から四二年にかけて三度にわたるカナダ航海をおこない、セント・ローレンス川流域の探検と植民を試みた。このようにフランスがまず北米に進出したのは、中南米にはすでにポルトガルとスペインが勢力を張っていたこと、また、すでにノルマンディやブルターニュの漁業者らが鱈漁のためにニューファンドランド島やセント・ローレンス湾周辺まで到達していて、この地域についての情報がえられていたことによる。この間、一五三三年にはフランソワ一世はポルトガルとスペインの世界分割協定に異議を唱え、海外進出への意欲を示していた。だが、世紀なかばから、フランスの海外への関心は急速にうすれた。

結局十六世紀には、フランスはしっかりした植民地を建設することができなかったが、その理由はなんだったろうか。フランスはヨーロッパのなかでもアメリカ大陸に目を向けるのに適した地理的位置にあったし、いくつもの良港をもってもいた。しかし、ハプスブルク家とのヨーロッパ内部における覇権争いに関心が向けられ、イタリア戦争に力が注がれることになった。また内政でも、プロテスタント対策などの課題があった。そして世紀後半には、宗教戦争によって、海外に目を向ける余裕が奪われていたのである。

半世紀ほど植民地が忘れられていたあと、十七世紀にはいってカナダ植民が再開された。シャンプランが一六〇八年にケベックを建設、ヌーヴェル・フランスの基礎を築き、初代総督となった。しかし、フランスが本格的に海外に目を向け始めるのは、その重要性を理解していたリシュリューの時期からである。世界帝国を志向していたスペインにかわって、オランダ、イギリスといった主権国家が中心となった国際商業戦争が開始されようとしていたなかで、やや立ち遅れたフランスもそこに加わろうとしたのである。リシュリューは一六二六年に海運・商業長官の職を創設、自らその職に就き、港の建設・修繕、海外線の防御施設や軍船の建造をおこなった。ようやく、植民地政策が国家の総合的な政策のなかに位置づけられようとしていた。植民地建設の面でも、カナダより遥かに重要な意味をもつことになるカリブ海域に進出したのがこの時期であった。サン・クリストフ(セント・キッツ)島を一六二七年よりイギリスと分割領有、ついで、三五年にグアドループ、マルチニック両島を領有した。また、一六四〇年までには、サン・ドマングの西半分についても実質的にフランス人が支配するにいたった。そのほかにも、一六四〇年代から南アメリカのギアナにも植民を開始した。

こうした植民地建設にあたっては、一定の地理的領域についての貿易独占権およびそれにともなう司法財政上の特権が与えられていた特権貿易会社のはたした役割が大きい。リシュリューの肝煎りで設立されたヌーヴェル・フランス百人会社(一六二七〜六三年)、サン・クリストフ会社(二六〜三五年)などのほかに、海港諸都市の商人たちによっても会社が設立され、特権を与えられていた。特権の付与は、植民地建設を国家の統制下におくことを可能にすると同時に、資本を集めやすくし、最初の開拓者や植民者に苦労にみあった利益を与えることにより、それを活発化させる狙いをもっていた。なお、リシュリューはこれらを統合してひとつの大特権会社をつくろうとしたが、これは実現しなかった。アムステルダム、ロンドンに匹敵するような国外に開かれた経済的中心が存在せず、国内の海港諸都市の利害が対立したからである。

## コルベールとフランス型重商主義

十七世紀のなかばになると、国際商業の分野では、中継貿易を通じて経済的覇権を築いていたオランダと、国内毛織物産業を基盤としてオランダの商業的独占を打ち破ろうとするイギリスが激しく対立していて、フランスもこの両国を追って、経済競争に加わろうとしていた。当時の主流的な経済観念は重商主義で、信用制度がまだ十分な展開をみせておらず、経済活動が貴金属に多く依存している現実を反映して、国家の強さと豊かさは、その国の保有する貴金属の量によって決定されると考えられた。このため、ヨーロッパ諸国はいずれも、国内の産業を育成し、輸出をふやし輸入をおさえることによって、他国からできるだけ多くの貴金属を獲得することをめざす政策をとった。したがって、重商主義は、国家の介入をそのシステムのなかに組み込んでいるが、フランスでは、財務総監コルベールのもと、国家が他国よりも強力に介入することによって、重商主義が極端なかたちまで推し進められた。

国内産業については、財政的優遇、資金援助、市場の独占権などの特権を与えたマニュファクチュアが設立、育成された。オランダ、スペインの技術を吸収しようとオランダ人ヴァン・ロベに設立させた「ヴァン・ロベ王立毛織物会社」など輸出向けの高級織物の製造が中心だったが、そのほかにも

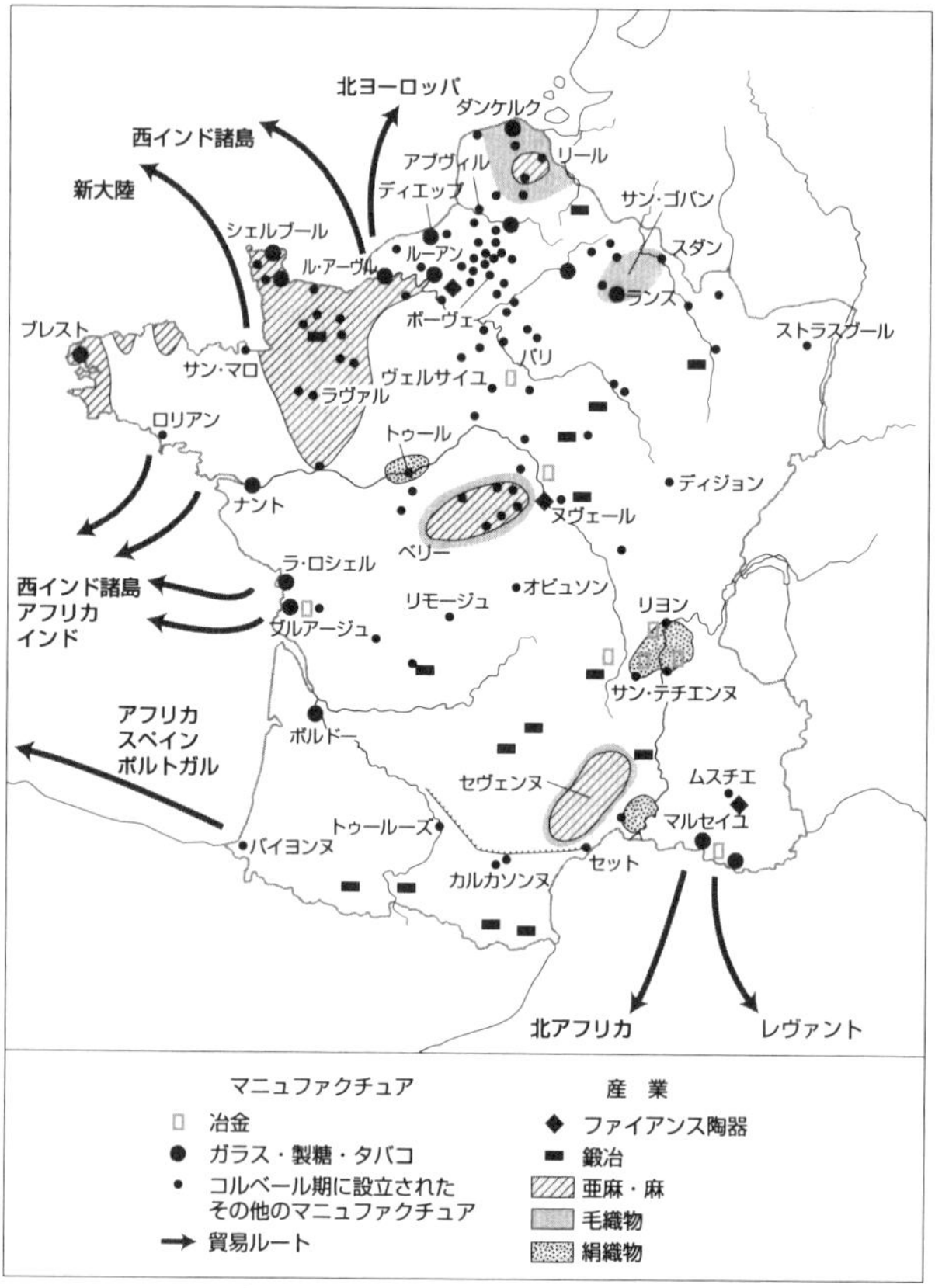
北ヨーロッパ
西インド諸島
新大陸
ダンケルク
アブヴィル
リール
ディエップ
サン・ゴバン
シェルブール
ルーアン
スダン
ル・アーヴル
ランス
ボーヴェ
ブレスト
ストラスブール
サン・マロ
パリ
ヴェルサイユ
ラヴァル
ロリアン
トゥール
ディジョン
ナント
ヌヴェール
ベリー
ラ・ロシェル
西インド諸島
アフリカ
インド
オビュソン
リモージュ
リヨン
ブルアージュ
サン・テチエンヌ
アフリカ
スペイン
ポルトガル
ボルドー
セヴェンヌ
ムスチエ
トゥールーズ
マルセイユ
バイヨンヌ
セット
カルカソンヌ
北アフリカ
レヴァント
マニュファクチュア
冶金
ガラス・製糖・タバコ
コルベール期に設立された
その他のマニュファクチュア
貿易ルート
産　業
ファイアンス陶器
鍛冶
亜麻・麻
毛織物
絹織物
コルベールにより設立されたマニュファクチュア

輸入に頼ることの多かった奢侈《しゃし》品の製造や、対外戦争のための軍備と関連する鉱山・精錬業、火砲製造のマニュファクチュアもあいついで建設された。また、特権マニュファクチュア以外の生産者については、すでに十六世紀以来手工業者を宣誓手工業に編成して統制しようと試みたものの十分な成果をあげていなかったが、一六六九年の産業一般規制、七三年の宣誓手工業にかんする王令が発布され、改めて規制の強化がはかられた。

他方、貿易については、重商主義の考え方からすればなによりもオランダ、イギリス勢力の排除につとめなければならなかった。フランスの植民地貿易から外国の商品・商人・船舶を排除して本国による独占を企画した外国貿易についての法体系（「排他制」）を整備すると同時に、一六六四年、六七年と二度にわたりイギリス、オランダから輸入される毛織物にたいする関税の引上げをおこない、国内市場を保護した。その一方で、自国の貿易振興のためには、特権貿易会社を設立したが、これらの会社は、オランダやイギリスと異なり官製的性格が強かった。一六六四年設立の東インド会社の場合、一五〇〇万リーヴルの資本金のうち、国王や王族が四五％、宮廷貴族や国王役人が一六・五％、コルベールの強い圧力によって出資したフィナンシエが八・五％で、貿易商人の比率は一六％にすぎなかった。同じ年に設立された西インド会社も、ほぼ同様であった。

十七世紀のフランス経済は、前節でみたようにイギリスのような有力な国内産業をもたず、農業中心の生産性の低いものであったし、まだ国民的な一体性ももっていなかった。しかも、「十七世紀の全般的危機」は経済活動を収縮させていた。そうした状況下で国際競争にたえうるよう国内経済の水準を引き上げるために、コルベールはこうした方策をとったのである。彼の考え方にはことさらに新しいものはなく、すでにモンクレチアン、ラフマ、リシュリューらにもみられるものであった。だが、コルベールはそうした先駆者たちの仕事をあらゆる領域で徹底しておこなったということができよう。

　コルベルティスムと呼ばれるこうした施策は、繊維製品輸出の拡大と、それまでオランダ商人の支配下におかれていた対外貿易からこれを排除することには成功したが、当初の狙いどおりの十分な成果をあげることはできなかった。国内産業の規制も、農村においてはもちろん、都市においても実効性のあるものではなかった。コルベールの政策については、すでに彼が政策を担当していた時期からルーアンやサン・マロの貿易商による統制にたいする批判があったが、十七世紀の末、十八世紀になると、経済的自由主義や重農主義の観点からの厳しい批判の声が起こった。そして、そうした統制はしだいに形骸化した。

　たとえば、十八世紀の植民地貿易はいぜんとして排他制の原則のもとにおかれていたものの、特権貿易会社による独占は、一部の時期を除いては、まったく存在しないか、あるいは名目的なものになった。摂政時代の一七一九年に、ローが設立した西方会社にセネガル会社、東インド会社、中国会社が統合されてインド会社が設立され、フランス植民地貿易のほぼすべての領域の支配権をもったが、二四年には西インド貿易にかんする独占権が、三一年にはルイジアナとの貿易が廃止された。また、奴隷貿易にかんしても一七二六年以降、一般商人がこれに従事することが条件つきで認められるようになり、六七年にはこれについてのインド会社の独占権が廃止された。東インド貿易は、ほかの領域と比べてインド会社の支配権が強かったが、これも、一七六九年インド会社の貿易独占権が停止されたのにともない、廃止された。

コルベルティスムが長期的にみてフランス経済にとってどのような意味をもっていたかについては、それをフランス経済の「離陸」を準備したものとする肯定的な評価と、自生的なブルジョワ的発展を阻害したとして否定的なものと、歴史家のあいだでも見解が分れる。

### 植民地帝国

植民地建設も、十七世紀なかばから本格化した。カリブ海では、すでに実質的にフランス人が支配するにいたっていたサン・ドマングの西半分の領域を、一六九七年、ライスワイクの和約によりスペインから正式に獲得した。また、アフリカ西海岸セネガルにサン・ルイ、サン・ジョゼフ、ゴレの三商館を築き、奴隷貿易の拠点とし、アフリカ北部ではベルベル人との戦いを制して「フランス砦」と呼ばれる商業基地を確保した。さらにオランダ、イギリスから大きく遅れたものの、東インド会社を通じてインド洋にも進出、同会社の根拠地となるポンディシェリ、シャンデルナゴルを一六七三年に獲得した。また、北米でも一六九九年からルイジアナ植民が開始された。こうして、フランスの第一次植民地帝国が形成された。

これらの植民地のなかでもっとも重要だったのは、フランス領西インドであった。この地域では、タバコ、綿花、食糧作物を生産していたが、一六五〇年代から砂糖生産に転換した。一六七〇年にはサン・クリストフ、グアドループ、マルチニックで、砂糖プランテーションが約三〇〇カ所にのぼった。一七〇〇年までには、他領も含めてカリブ地域全域が砂糖生産地帯に変わり、同時に、砂糖消費がヨーロッパで急速に伸びたことにともない、この地域を大西洋経済ネットワークの中心に押し上げた。とりわけ重要だったのは、サン・ドマングで、ほかの島々よりも遅く開発が始められたが、たちまち生産の中心地となり、ここでの砂糖生産は、一七一四年の七〇〇〇トンから五〇年には四万トンへと伸びを示し、さらに八九年には八万トンに達した。こうして十八世紀において、砂糖を中心としたフランス領西インドとの貿易高は、フランスの全貿易高の約三分の一を占めるにいたった。

ところで、この砂糖生産は奴隷を数多く使うプランテーション方式をとったから、十七世紀後半から、奴隷貿易が盛んになった。十八世紀中にフランス領西インドへ連行された黒人の数については、およそ一〇〇万人、うちサン・ドマングは八〇万人強と見積もられている(ただし、過酷な労働が高死亡率を招いたので、次頁の表の黒人人口の現勢は、その数を大きく下回っている)。十八世紀フランスにおける最大の奴隷貿易港はナントで全体の四〇%以上を占め、これにボルドー、ラ・ロシェル、ル・アーヴルが続いた。これらの港では、奴隷商人たちが布、火酒、鉄砲を積んで西アフリカに向かい、こ

| | | 白人 | 有色自由人 | 黒人奴隷 | 合計 |
|---|---|---|---|---|---|
| カリブ海地域 | サン・ドマング | 27,717 | 21,808 | 405,564 | 455,089 |
| | グアドループ | 13,466 | 3,044 | 85,461 | 101,971 |
| | マルチニック | 10,603 | 4,851 | 73,416 | 88,870 |
| | サント・リュシー | 2,159 | 1,588 | 17,221 | 20,968 |
| | トバゴ | 425 | 231 | 13,295 | 13,951 |
| 南米 | ギアナ | 1,307 | 494 | 10,748 | 12,549 |
| インド洋諸島 | ブルボン島 | 8,182 | 1,029 | 47,195 | 56,406 |
| | フランス島 | 4,457 | 2,456 | 37,915 | 44,828 |
| インド | インド | 4,000 | | | 4,000 |
| 北米 | サン・ピエール・エ・ミクロン | 1,500 | | | 1,500 |
| その他も含めた合計 | | 73,816 | 35,501 | 690,815 | 800,125 |

フランス領の主要植民地の人口構成(1788年)

うした品と黒人を交換する。ついで黒人を積んで大西洋を渡り、カリブ海域で奴隷として売りさばき、その収益で砂糖、綿花、タバコを買い入れ母港に帰還する。この三角交易はこれらの貿易都市に巨利をもたらした。

連行された黒人奴隷の運命は過酷なものであった。一六八五年、黒人奴隷の生活にかんする規則が「黒人法典」によって定められた。これは黒人の人格や労働にかんして一定の保証を与えたが、同時に黒人を奴隷主に隷属させ、反抗や逃亡を取り締まる目的をもっていた。奴隷による抵抗の形態としてもっとも多かったのは、逃亡であるが、一七一七年のマルチニック、二二〜二三年、六六〜六七年のサン・ドマングのような反乱も生じ、これらは厳しく鎮圧された。

しかし、フランス植民地の繁栄は、アウクスブルク同盟戦争に始まる第二次百年戦争ともいわれるイギリスとの戦いを生じさせた。一七一三年のユトレヒト講和条約では、

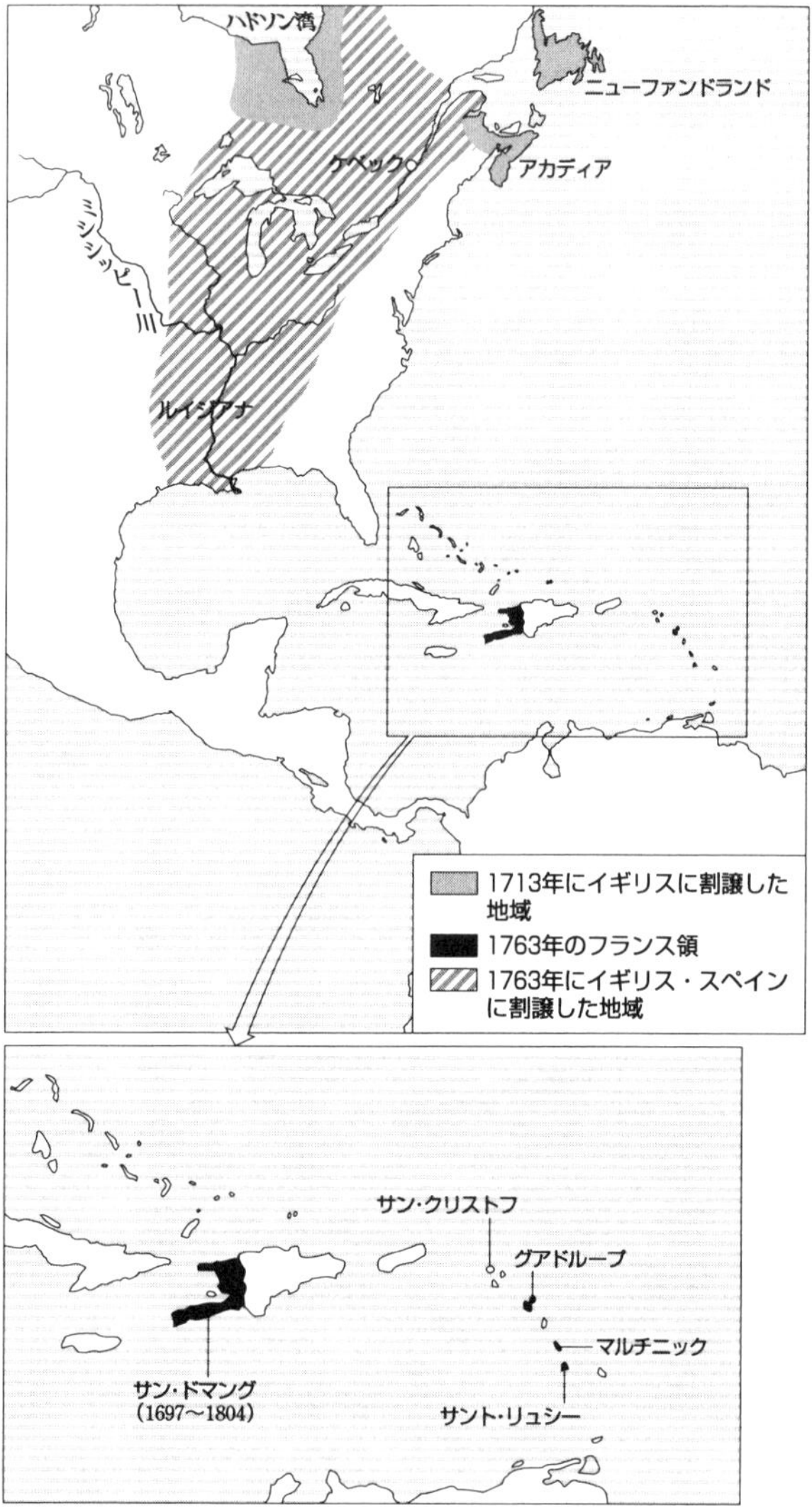


北米・西インド諸島のフランス植民地

アカディア、ニューファンドランド、ハドソン湾をイギリスに割譲、また西インド諸島のサン・クリストフ島もイギリスに割譲した。これは、まだ大きな打撃とはならなかったものの、七年戦争の期間には各地の植民地がイギリスの攻撃を受け、一七六三年のパリ条約の結果、植民地帝国は崩壊した。すなわち、カナダとルイジアナを失い、アフリカ西岸の植民地もゴレを除いて譲渡された。インドでも大幅な後退をよぎなくされた。こうしてフランスはイギリスの経済的覇権の確立の前に後退をよぎなくされた。しかし、十八世紀後半に著しく重要度を高めた西インドについては、ほとんど無傷のまま残されたことなどから、経済の領域でのフランスの対英劣位が決定的となるのはこの時点ではなく、ナポレオン戦争の敗北の時点だとする考え方もある。

## 5　十八世紀の社会と国家

### 摂政時代

一七一五年、ルイ十四世は七十六歳で世を去った。彼は、晩年に子や孫につぎつぎに先立たれていたため、まだ五歳の曾孫がルイ十五世として即位した。この後、一七二三年までの国王の未成年時代は、筆頭親王家であるオルレアン家のフィリップが摂政として政治の実権を握った。摂政時代は多く

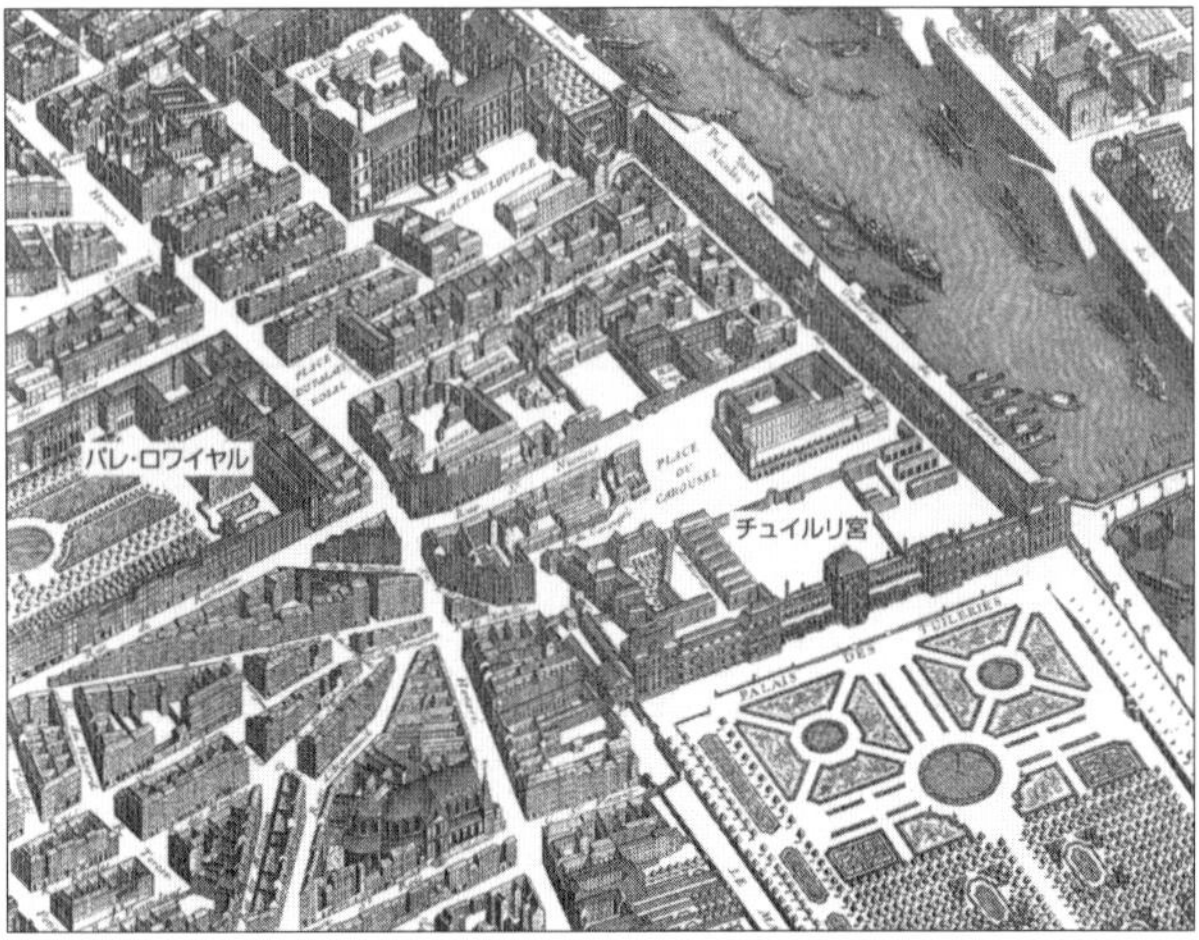

ルイ15世が住んだチュイルリ宮とオルレアン公の住居パレ・ロワイヤル（チュルゴの地図，1734〜39年）

の点で、ルイ十四世時代への反動によって特徴づけられる。オルレアン公は貴族政治の復活をはかり、国王と国王に忠実な少数の重臣（財務総監、国務卿など）によってすべてが取り仕切られていた体制にかえて、名門貴族が多数を占める七つの評議会とその上におかれた「摂政会議」が政治・行政の権限を掌握する多元会議制《ポリシノディ》と呼ばれる体制をしいた。世相も変化した。オルレアン公は、ヴェルサイユ宮を好まなかったため、摂政時代の宮廷はパリに戻ることになり、そのパリでは、ルイ十四世の厳格な統制から解放された貴族たちが、遊興にふける姿がみられた。また、すぐに破綻する投機熱が人々をとらえていた。ルイ十四世末期の財政危機を克服するために、スコットランドの財政家ローが財務総監に起用されたが、彼は、主として金融面の改革により、フランスの財政を再建しようと、発券銀行の設立とインド会社による株式募集を組み合わせたいわゆる「ローのシステム」をとっていたからである。

こうした摂政時代の変化は、直接的にはルイ十四世の死によりそれまでの体制が解体したことに由来する。しかし、その背景には、伝統社会から近代社会への移行を開始したフランス社会の大きな転換が存在していた。したがって、摂政時代が終わったあとも、十七世紀的な体制は復活しなかった。ヴェルサイユに戻った宮廷も昔日の威勢を回復することなく、そこでいぜんとしておこなわれていた儀礼は、すでに形骸化したものにすぎなかった。

## 経済発展と人口増加

十七世紀の「全般的危機」のなかで長期にわたって経済的停滞が続いていたフランス経済は、一七三〇年ごろをさかいにして好況に転じた。まず、外国貿易が飛躍的に増大した。一七一五年から八九年のあいだに貿易総額は約五倍になり、ヨーロッパ諸国との貿易は約四倍、植民地との貿易は約一〇倍に達した。発展する繊維産業の原材料の輸入、製品の輸出がひとつの大きな部門を形成した。もうひとつの重要な部門は食糧で、西インド植民地から砂糖とコーヒーを中心とした物産が輸入され、この一部は国内で消費される(これによって、食生活には大きな変化が生じた)が、大部分はヨーロッパ諸国に再輸出された。西インド産物品のフランス貿易に占める割合は、とりわけ十八世紀後半に急速な

18世紀における貿易港のにぎわい（マルセイユ）

伸びを示す。それにともない船舶の輸送量も増加して、ナントの商人たちは、一七二七年に一○七隻を所有していて、うち九六隻は二○○トン以下であったが、九○年には、所有する二○三隻のうち、六○隻は四○○トン以上の規模であった。

工業の部門では、農村工業が大きく発展した。北フランスや南部のラングドックを中心に、問屋商人を媒介として麻織物や毛織物が国際市場に向けて生産された。産業革命に先立つこの時期に存在したこうした農村工業の発展は、原基的《プロト》工業化と呼ばれる。農業生産も増大した。富農による経営規模の拡大、牧草や根菜類栽培の導入によって休耕地を廃止する新しい効率的な農業方式の導入が成果をあげたためである。しかし、十八世紀の農業の変化を過大評価することはできない。後進的な農業地域や小農のあいだでは伝統的な農法がいぜんとしておこなわれていたし、農業生産の伸び率は工業部門にはおよぼない。

十八世紀の初めから、人口動態は、規則的な増加へと決定的な変化を示す。十六世紀なかばから十

| | 1500年 | 1550年 | 1600年 | 1650年 | 1700年 | 1750年 | 1790年 |
|---|---|---|---|---|---|---|---|
| パリ | | 250,000 | 250,000 | 450,000 | 510,000 | 570,000 | 660,000 |
| ヴェルサイユ | | | | | 28,500 | | 51,000 |
| ルーアン | 40,000 | 75,000 | 60,000 | 82,000 | 64,000 | 67,500 | 73,000 |
| リヨン | 37,500 | 58,000 | 32,500 | 67,500 | 97,000 | 120,000 | 146,000 |
| トゥールーズ | | 50,000 | | | 43,000 | 48,000 | 53,000 |
| オルレアン | | 47,000 | 37,500 | 52,500 | 50,000 | | 48,500 |
| トロワ | 23,500 | | 25,000 | | 19,500 | 22,500 | 28,000 |
| ボルドー | 20,000 | 33,000 | 35,000 | 40,000 | 45,000 | 60,000 | 111,000 |
| マルセイユ | | 30,000 | 45,000 | 65,000 | 75,000 | 88,000 | 110,000 |
| リール | (17,500) | (40,000) | (32,000) | (45,000) | 57,500 | 61,000 | 62,500 |
| アミアン | | 28,000 | | | 35,000 | | 44,000 |
| ストラスブール | | (22,000) | (23,000) | (19,000) | 26,500 | | 50,000 |
| トゥール | 16,000 | | | | 32,000 | 22,000 | 22,000 |
| ナント | (14,000) | 17,000 | 25,000 | 35,000 | 42,500 | | 80,000 |
| レンヌ | (13,000) | 13,000 | 17,500 | 36,000 | 45,000 | | 35,000 |
| アンジェ | 12,500 | 17,500 | 25,000 | 30,000 | 27,000 | 25,500 | 32,000 |
| ランス | 12,500 | | 22,500 | 35,000 | 31,000 | | 32,000 |
| ラ・ロシェル | | | 20,000 | 17,500 | 21,500 | 19,000 | 21,500 |
| メッス | | | 19,000 | | 22,000 | 32,000 | 36,500 |
| モントーバン | | | 17,000 | 17,000 | 17,000 | | 28,500 |
| ブロワ | | | 16,500 | 18,000 | 14,500 | | 13,500 |
| ブールジュ | | 16,000 | 14,000 | | 17,000 | | 18,500 |
| ポワチエ | | 15,000 | 18,000 | 23,500 | 20,000 | 18,000 | 21,500 |
| エクス・アン・プロヴァンス | | 15,000 | | | 28,500 | 26,500 | 28,500 |
| ペルピニャン | | (13,000) | (12,500) | (11,500) | 17,000 | | 13,000 |
| シャルトル | | 12,500 | 12,500 | 14,000 | 14,000 | 13,000 | 13,000 |
| ディジョン | | 12,500 | 14,000 | 18,500 | 21,500 | 19,000 | 22,000 |
| モンペリエ | | 12,500 | 15,500 | | 22,500 | | 32,000 |
| ブザンソン | (8,000) | | (11,000) | (11,000) | 15,000 | | 32,000 |
| オーセール | 7,500 | | 10,500 | | 10,000 | | 10,500 |
| ニーム | 6,000 | | 13,000 | 14,000 | 17,000 | 28,500 | 50,000 |
| サン・トメール | | | (12,000) | (13,000) | 14,000 | | 20,000 |
| サン・マロ | (3,000) | 5,500 | 10,500 | 16,000 | 23,500 | 19,000 | 18,000 |
| グルノーブル | | 6,000 | 10,000 | 14,000 | 20,500 | | 24,000 |
| トゥーロン | | | 10,000 | 19,000 | 35,000 | 17,000 | 26,000 |

主要都市における人口の変遷(単位：人)
(　)内はフランス王国統合以前の人口。

八世紀初頭までは、総人口はおよそ一八〇〇万から二一〇〇万人のあいだで推移していたが、この世紀にはその上限を突破し、十八世紀なかばには二五〇〇万人、十八世紀末には二八〇〇万人に達した。出生率も結婚年齢もこれまでと変わらず高いままなので、この原因は、死亡率がわずかではあるが低下したことによると考えられる。そして死亡率低下の理由としては、農業生産が向上したこと、道路網の整備などにより穀物流通の円滑化がはかられたこと、また気候がおだやかであったことがあげられよう。

しかし、この経済発展と人口増加は、地域的にも社会層の面でも不均等なものであったことに留意する必要がある。繁栄した地域は、ナント、ボルドー、マルセイユ、ルーアンとル・アーヴルを結ぶ線といった貿易都市とその周辺、セーヌ、ロワール、ジロンド、ローヌといった主要河川の流域、ノルマンディ、ピカルディ、シャンパーニュの一部、ラングドックといった農村工業の発展がみられる地方である。ナントの人口は一七〇〇年に四万人であったが、九〇年には八万人にまで増加している。これにたいして、ブルターニュ地方においてナントとならぶ中心都市であったレンヌは停滞し、人口は減少さえしている。南フランスの中心都市のひとつであったトゥールーズも、競争相手であったボルドーが十八世紀中に人口を二倍以上にしているのにたいし、その人口の伸びは小さい(前頁の表参照)。社会層としては、金融業者、前貸問屋商人、大西洋岸の貿易都市の貿易商と船主、大地主、大借地農が大きな富をたくわえた。それにたいして、都市民衆や小農民の収入の上昇幅は経済発展のそれを下回り、彼らはアンシアン・レジーム末期に不況がおとずれると、困難な生活を強いられることになろう。

## 社会的結合関係の変容

経済発展や人口の増加は、十六世紀以来徐々に進行していた共同体的関係の弛緩を大きく進め、社会的結合関係の変容や社会的流動性の増大を引き起こした。社会的結合関係《ソシアビリテ》の変化は、自発的な意思に基づいて形成される結合関係の出現にみいだすことができる。たとえば、かつて社交や娯楽は、夜の集いや祭りにみられるように家族・農村共同体・職能団体という共同体的組織と結びついていたが、十八世紀になると、都市においても農村においても娯楽のための任意的な団体や結びつきが形成され始めた。都市では、クラブ、フリーメーソン、カフェなどがそうしたものだった。クラブ、フリーメーソンは、ともに市民社会の先進国イギリスからはいってきたもので、貴族、上層ブルジョワ、知識人が集まって、娯楽、飲酒、世間話から知的な議論にもおよぶ会話を楽しむ集まりであった。フリーメーソンは、世紀の末には、パリ、地方都市あわせて約六〇〇の支部をもつ広がりをみせた。十七世紀末に出現するとたちまち普及したカフェは、社交と情報交換の場でもあり、客たちはここで新聞を読み、ニュースにふれ、議論を交わした。パリでは七〇〇〜八〇〇のカフェが軒を連ねた。こうした影響を受けて、農村でも人々の自発的な社交の集まりが生まれ始め、それははじめはブルジョワ層に、やがて民衆に広がった。南フランスでは、こうした民衆の娯楽団体は「シャンブレ」と呼ばれた。

家族のあり方も変化を始めた。王権は、家族を支配の重要な基盤のひとつとし、国王の臣民にたいする支配を父と子のアナロジーを使って正当化していた。このため、犯罪、放蕩、不服従などを理由として家長からの要請により、王権が王令の一種である封印状を発行して、家族内の秩序を乱した者を裁判ぬきで投獄、監禁することもおこなわれていたのであるが、この家族封印状の発行が十八世紀に増加を示すのである。これは、共同体的秩序が解体するにつれて家長の権威を支えていた物質的基盤が弱体化し、従来の家族秩序が動揺していることを意味した。その一方でブルジョワ層を中心に、家族が、夫婦を中心とした親密な感情の交流の場として同族的な血縁関係や共同体的関係から独立した、ひとつの閉じられた世界を形成するようになってくる。

ただし、こうした結合関係の変化は、ただちに近代的な「個人」が出現したことを意味しない。とくに民衆のレヴェルではそうであり、資本主義の過酷な競争の世界に巻き込まれつつある民衆にとっては、統合機能を失った共同体的組織にかわる連帯の絆を形成することが必要であった。新しい結合関係は、そうしたものとして機能したと考えられる。こうした新しい結合関係はまだ芽生え始めたばかりであり、十九世紀に本格的に展開されることになろう。

社会的流動性も増大する。伝統的な社会では、人は生まれながらに所属している社会集団のもとで生涯を過ごすのが普通であった。ところが、この世紀には社会的流動化が進み、たとえば職人層では、所属する仕事場、職能組合、都市の枠組みをこえた移動の増加が認められる。また、とくに大都市は、この世紀の商業の飛躍的発展によって、よそ者を多く受け入れていた。十八世紀のリヨンでは、召使いのうち九五％が市外から流入した者であった。このため、従来は地縁的、血縁的に狭い範囲に限定されていた婚姻モデルも、都市では徐々に衰退に向かった。

社会的流動化は、空間的な枠組みについてだけでなく、階層的に組織された社会の上下関係にもおよんだ。近世を通じて、人が社会的に上昇することがなかったわけではなく、それどころか、ブルジョワの貴族への上昇などは、数的にも社会的意味もかなり大きなものだった。だが、それも数世代かけてのゆるやかなものであった。しかし、十八世紀の流動化は、多くの人々に急速な社会的上昇への大きな期待をいだかせることになった。その一方で、国家機構、また国家に強く規制された社会の諸制度は、こうした変化に対応することができておらず、上昇のための回路は、広くなっているわけではなかった。こうして、既存の体制にたいする不満が社会の一部で強まってくる。

共同体的関係の衰退は、連帯の絆が弱まることをも意味していた。このため、それまでならば相互扶助や慈善の存在によって、それぞれの所属する社会集団につなぎとめられていた人々も、その外にこぼれ落ち、社会の周縁で生きることをよぎなくされるようになった。民衆には経済発展の分け前が少なかったことも、こうした事態に拍車をかけた。人口に占める貧民・放浪者の割合は、中世・近世を通じてかなり高いが、十八世紀にはとくに大きくなった。十八世紀に貧民や浮浪者にたいする取締りが厳しくなるのは、こうした存在にたいする眼差しと政策の変化であると同時に、数の増大にも原因がある。また、貧困のため子を手放さなければならなくなる親もふえ、パリや地方の捨子養育院に受け入れられた子供の数は、十八世紀の初めと十八世紀末を比較するとほぼ三倍に達した。

### 都市文化の発展

すでに十六・十七世紀から、都市では農村とは異なる文化が生み出されていたが、これは、王権と教会の刻印を強く受けている。これにたいし、王権も教会も影響力が低下しているこの時期の都市文化は、十八世紀の経済発展と社会の変化を反映している。まず、文字文化の発展が著しい。十九世紀の後半におこなわれたマッジオロの調査によれば、識字率は、一六八六〜九〇年の時点では、男性が二八・七%、女性が一四%であったが、一七八六〜九〇年になると、男性四七・五%、女性二六・九%と大きく上昇している。書物を所有する人々の割合も高まり、都市の手工業者や小商人といった層にまで広がり始めた。さらに都市においては、高価な本を買わなくても読むことができる読書室や貸本屋が十八世紀中ごろからあらわれ始め、民衆層も出版物に接する機会が増大した。出版物の増加も著しい。そして、出版統制をきらってフランス国境付近の外国で出版されひそかに国内に持ち込まれた非合法の出版物がこのうちかなりの割合を占めていたと推定されている。オランダをはじめ国外で刊行されるフランス語新聞も、世紀後半にはフランス国内に定期購読者を獲得していて、官報『ガゼット・ド・フランス』では報道されない政治的事件についての情報を提供した。

情報伝達のネットワークが発展したことも、大きな特徴である。クラブ、フリーメーソン、カフェなどのほかに、以前からあるサロンや地方アカデミーもあらたな展開をみせた。サロンは、十七世紀のそれが娯楽や文芸をその内容としていたのにたいし、この世紀には政治問題をも取り上げるようになった。また、十七世紀までは八つだった地方アカデミーは、一七二〇年から六〇年のあいだだけで、約二〇の都市にあらたに誕生した。これらのアカデミーは地方の文化活動の中心となっただけでなく、身分の枠をこえた地方のエリートたちの社交の場として重要であった（その構成は各都市により異なるが、全体としてみれば、四三％が官職保有者や医者、弁護士などのブルジョワ上層、三七％が貴族、二〇％が聖職者）。

出版物の増加、情報伝達のネットワークは、啓蒙思想の普及にも寄与した。一七五一年からは、この時代の新しい知の集大成ともいうべき『百科全書』の刊行が始まっていた。ところで啓蒙思想は、モンテスキュー、ヴォルテール、ルソー、ディドロといった著名な思想家と彼らが展開する高尚な議論によってだけ成り立っていたわけではなく、その裾野には多くの無名の文筆家たちと、彼らの手になる風刺や露骨な性的表現を含む読み物が存在していた。とくに世紀のなかば以降になると、それらの誹謗文書は、宮廷や教会といった権威の失墜に役割をはたしたと推測される。

こうした文化は、主として都市を舞台にして展開されたが、その都市では、景観にも変化があらわれ始めた。中世以来の市壁によって囲まれた都市が、外界に開かれた都市へと移行している。この変化はすでに十七世紀なかばからあらわれていて、パリでは、一六六〇年ころから市壁が取り壊され始め、その跡にはサン・ドニ門、サン・マルタン門などの凱旋門にかざられた大通り（現在のグラン・ブルヴァール）がつくられた。地方の中心都市でも経済発展の妨げになっていた市壁が撤去され、濠がうめられ、その跡に大通りや遊歩道、王立の広場がつくられていた。この開かれた都市への傾向が十八世紀になってさらに強まったのである。

十八世紀にはまた、都市環境を「改善」しようとする意識がエリート層にあらわれてくる。都市の開放化にともない、都市内の道路の拡張や直線化も着手され始めるが、これには、この世紀のなかばごろから行政官、経済学者、技師、建築家のあいだに広まった衛生学的な配慮もあった。狭隘《きょうあい》で不潔な都市の空気は人体に悪影響を与えるから、これによって空気の循環をよくしようと考えられたのである。遊歩道や庭園をつくることが、比較的小規模の都市にまで流行となったが、これにも同じ目的があった。また、墓地、病院、牢獄、動物の屠殺場、獣脂溶解所など都市環境を汚染するとみなされたものは、都市の外への移転が進められ、反対に、公共泉水、橋、劇場、市場、兵舎などの施設の整備が進んだ。

照明についてもふれておく必要がある。それまでは、都市といえども夜になれば闇につつまれ、それは当時の人々にとっては、人の制御しえない神秘的な力を潜ませた自然が外界から侵入して、都市を昼とはまったく異なった危険な空間に変えることを意味していた。しかし、灯油を燃料とし反射鏡を用いた街灯が設置されることにより、都市は明るくなり始めた。明るくなった都市は、人間の理性の自然にたいする優位を示し、啓蒙（＝明かり）の世紀を象徴しているといってもよいだろう。死亡率の低下や都市環境の整備による自然からの自立は、自然のサイクルにそって生きてきた人々の生活を変え始め、進歩の精神を生んだ。

信仰の面でも、変化がみられる。王権は宗教的統一にたいする関心を低下させている。十八世紀のなかばにいたっても時として竜騎兵による迫害がおこなわれたりしているが、全体的な傾向としては、プロテスタントにたいする迫害はおこなわれなくなる。他方、教会や修道会も、カトリック改革が展開された十七世紀にみられたような熱意をもっては、神学研究にも布教活動にも取り組まない。そして、少なくとも都市のブルジョワ層では、蔵書において信仰にかんする書物の割合が低下するなど、キリスト教離れの傾向がうかがえる。

### 十八世紀の政治と「世論」の形成

一七二三年、ルイ十五世が成年に達して摂政時代は終わり、こののち、ルイ十五世の長い治世が続くことになるが、その前半は、政治にある程度の安定性がみられた。この政治的安定は、ルイのかつての教育係であり、事実上の宰相であったフルリーの国王にたいする個人的な影響力によるところが大きい。しかし、一七四三年に老フルリーが死去すると、国王の寵姫ポンパドゥールが政治に関与することになり、宮廷は権力をめぐる派閥抗争の場になった。

しかも、世紀のなかばから、フランスの政治は、二つの点で、重大な転機をむかえていた。第一は、「世論」の登場によって、政治の構造が変化しつつあったことである。リシュリュー期以降権限をしだいに奪われ、とくにルイ十四世のもとで沈黙していた中間団体は、その死後、活力を取り戻したようにみえる。とくに、高等法院は、しばしば王権と対立するようになった。ジャンセニスム的傾向をもつ一部の聖職者と高等法院法官たちのなかには、「ウニゲニトゥス」以来、王権にたいする不満がつのっていたが、一七四六年にジャンセニスムに反対するボーモンがパリ大司教となると、彼の指示で「ウニゲニトゥス」を受け入れない者に終油の秘蹟を拒否する事件があいついだ。これにたいして、高等法院が介入し、政府の宗教政策を批判したために、この事件は政治問題となった。また、つぎで述べる王政改革も、既得権益擁護の先頭に立つ高等法院と王権を対立させることになった。

王権と高等法院の対立には長い歴史があるが、この時期の紛争はこれまでと違った様相をおびた。というのは、近世を通じて、公共性は王権の占有物となってきていたのだが、この時期になって、国家から自律した新しい公共圏が、社会的結合関係の変化、印刷物の増加、情報伝達のネットワークの形成によって、社会に形成されていた。そして、この公共圏では、政治的事件についても議論が交わされたために、閉ざされた空間で限られた者たちの手でおこなわれていた政治が、公共の場に引き出された。しかも、弱体化した王権、自らの行動を正当化する必要のある高等法院がともに、この「世論」に訴えかけざるをえなかったために、「世論」は新しい政治的権威の地位を獲得することになった。

なお、「世論」については、その担い手として社会的エリートを、情報の媒体として文字を重視する論者が多いが、エリートだけでなく広場、街路、市場、カフェ、公園などで民衆がつくる世論をも考慮にいれ、媒体としても文字と口頭伝達の相互作用に注意をはらうべきとする見解もある。

## 王政改革と挫折

政治が転機をむかえていた第二の理由は、この世紀の後半から王権が統治構造の転換をはかろうとするからである。十八世紀にはいって顕著になってきた社会的結合関係の変化や社会的流動性の増大によって、社会集団はその成員を十分に把握することが困難になったが、そのことは、これを社団として再編成し、統治の基礎としている絶対王政の統治の基盤がほりくずされ、動揺することを意味していた。このため国王政府は、統治構造の転換のために改革を試みることになった。また、いったん好転していた財政が、世紀のなかばからオーストリア継承戦争、七年戦争、アメリカ独立戦争参戦によってふたたび悪化するのであり、改革における特権の縮小・廃止の議論は、直接的にはこの国庫の危機とかかわっていた。改革は、さまざまな領域にわたっているが、社団的編成およびそれと結びついていた特権と規制の体系を緩和ないし一部廃止する自由主義的性格を共通にもっている。また、それまで犠牲にされてきた農業の発展を重視する重農主義思想の影響がみられる。

国王政府内部の開明官僚たちは、特権身分への課税を狙いとする一七四九年の二十分の一税の新設など、世紀のなかばから改革のための試みをおこなうが、成果をあげることができなかった。改革が、それによって既得権を脅かされる特権層の抵抗によって、骨抜きにされたり、廃止をよぎなくされたからである。とりわけ高等法院は、王令の登録拒否や建白というかたちであらたな法律の施行に歯止めをかけることができたから、改革の大きな障害となった。大法官モプーは一七七一年から、司法官職の売官制廃止やパリ高等法院管区の分割などによってこうした高等法院の再編成に取り組んだが、一七七四年に彼に一定の支持を与えていたルイ十五世が死去すると、失脚した。

しかし、つぎのルイ十六世治下では改革の必要性は、一層差し迫ったものになった。そうして登場したのが、前のリムーザン地方長官で、任地で着手した改革の手腕をかわれて財務総監に就任したチュルゴであった。チュルゴは、一七七六年、宣誓ギルドの廃止や農民に重い負担となっていた国王賦役の廃止を含む六つの改革王令を発布、思いきった改革に乗り出したが、特権層の強い反発を招いた。また、彼は民衆の支持をえることもできなかった。というのも、これに先立つ一七七四年に、彼は穀物取引の自由化をおこなっていたが、これは民衆のモラル・エコノミーの観念と対立する。しかも、同年の天候不良のため翌一七七五年春から穀物価格が上昇し、これが取引自由化のせいとみなされる。

そして、この一七七五年四月から五月にかけてパリとその周辺の各地で「小麦粉戦争」と呼ばれる食糧蜂起が起こったとき、彼はこれを鎮圧していたからである。こうしてチュルゴもまた解任され、彼の改革は撤回された。

ところで、近世国家は、社団を媒介として領域内の住民を把握していたが、それが大きくほころび始めた今、あらたな国家の編成原理を採用する必要があった。それは、この時代には、近代的代表制を通じて住民の一人一人を国家に結びつけるというものでしかありえなかった。ただ、絶対王政の枠内にある王政改革ではそうした転換は完全なかたちではあらわれず、さしあたり、地方行政の改革案というかたちをとる。地方行政の改革については、財務総監ラヴェルディによる都市行政改革(一七六四〜七一年)が萌芽的なものとしてあり、チュルゴも構想をもっていたが、とくに重要なのは七八年と八七年の二度にわたる「地方議会」の創設であった。幅広い地方名望家層により構成される地方代表機関を設立し、これに地方長官に集中していた権限を移そうとするものである。社団に編成される社会集団をこえたつながりをもつ名望家層が形成されつつあることはすでに述べたが、改革は王政の基盤を社団からそうした名望家層に移そうとするものであったといえよう。

一七八七年の地方議会の創設については、プランの段階では、身分の別なく全土地所有者に課せられる地租の新設が組み込まれていて、その納税者が自らの代表を選ぶ権利をもつものとされていた。しかし、財務総監カロンヌが「名士会議」を召集してこれを提案すると、名士会議は伝統的な身分制に固執してこれを拒否し、地方議会は、罷免されたカロンヌのあとを受けた財務会議議長ブリエンヌのもとで妥協的なかたちで実施された。

これらの改革は明確な青写真に基づいて体系的におこなわれたわけではなく、また政府内部が改革にかんして一枚岩というわけでもなかった。そして、かりにそれがあれば成功したかもしれない国王の一貫した支持もなかった。ルイ十五世は知性と感受性にはめぐまれていたものの、怠惰で、政治には気が向いたときしかかかわらないという風であったし、孫のルイ十六世（在位一七七四〜九二）は、善良ではあったが優柔不断な性格で、保守派と改革派のあいだで揺れ動いた。このため、改革は挫折の繰り返しで、かえって秩序の動揺を招き、それがフランス革命の導火線となるのである。

## 近世フランスの一体性と多様性

近世初頭のフランスは、政治・経済・社会いずれの面においても、緊密なまとまりを形成してはいなかったが、近世を通じて、フランスとしての一体性は大きく進展した。第一に、王国全体に国王の主権的支配が確立することによって、近・現代につながるフランス国家の枠組みが形成された。その国家の領域を画する国境についても、中世には、漠然とした広がりをもった緩衝地帯として意識されていたものが、絶対王政の一円的領域支配やたび重なる対外戦争による防衛上の要請から、線として描けるような近代的国境概念が徐々にではあるが、形成されつつある。第二に、そうした国家の枠組みを支えるフランス人としての共属意識の形成の点でも、近世は大きな意味をもった。その際、こうした意識の形成は、自然に生まれたものではなく、王権の伸張と結びついた人為的な性格を強くもっていたことに注意する必要がある。フランス人意識の形成で大きな役割をはたすフランス語使用人口の増加は、王権がその発祥の地で使われていたフランス語を優遇したことによるし、国家教会体制《ガリカニスム》は、聖職者たちの目を、ローマ教皇を頂点とするヨーロッパ的規模の教会組織からフランスへと向けさせた。十八世紀の啓蒙思想家のあいだでは「市民的祖国愛」がみられるが、それ以前は、祖国愛とは国王への忠誠を軸とした「王朝的祖国愛」にほかならなかった。

しかし、一体性の形成を強調しすぎてはならない。国民経済はまだ成立していないし、社団の垣根は、均質的なフランス人の形成を妨げていた。そしてさらに重要なのは、エリート文化のコミュニケーション網と疎遠な民衆、とりわけ農民のあいだには、そうした意識がほとんど浸透しなかったことである。ことばの問題はそのことを象徴的に示している。フランス語は広く普及したとはいうものの、日常的にフランス語を使用するかどうかという観点からみれば、十八世紀の末にいたってもなお、そうした人々は、総人口の約半分にすぎない。フランス語は十六世紀から宮廷や外交や行政の場で、十七・十八世紀には文芸作品や学術の言語として、また商取引に使用されたが、かなりの人々にとって、日常生活のための言語ではなかったのである。民衆はいぜんとして、それぞれの地域のことばを使って生活していた。このことは、独自の文化を備えた自律的な民衆世界が存在していたことを示しているが、これは近代国家の形成に大きな障害となるものであり、その克服はフランス革命の大きな課題となるであろう。

YAMAKAWA SELECTION

フランス史《し》　上

2021年３月20日　第１版１刷　印刷
2021年３月30日　第１版１刷　発行

編者　福井憲彦

発行者　野澤武史

発行所　株式会社山川出版社
〒101-0047 東京都千代田区内神田1-13-13
電話03(3293)8131(営業)8134(編集)
https://www.yamakawa.co.jp/
振替 00120-9-43993

印刷所　株式会社太平印刷社

製本所　株式会社ブロケード

装幀　菊地信義＋水戸部功

 ISBN978-4-634-42389-3

『新版　世界各国史第十二　フランス史』
二〇〇一年八月　山川出版社刊

## 執筆者紹介(執筆順)

### 福井 憲彦　ふくい のりひこ

1946年生まれ。東京大学大学院人文科学研究科修士課程修了

学習院大学名誉教授

主要著書：『時間と習俗の社会史』(ちくま学芸文庫 1996)，『世界歴史大系　フランス史 1-3』(共編，山川出版社 1995-96)，『世紀末とベル・エポックの文化』(山川出版社 1999)，『世界歴史の旅パリ』(共著，山川出版社 2004)，『ヨーロッパ近代の社会史』(岩波書店 2005)，『近代ヨーロッパ史』(ちくま学芸文庫 2010)，『近代ヨーロッパの覇権』(講談社学術文庫 2017)，『歴史学入門 新版』(岩波書店 2019)

### 本村 凌二　もとむら りょうじ

1947年生まれ。東京大学大学院人文科学研究科博士課程修了，博士(文学)

東京大学名誉教授

主要著書：『薄闇のローマ世界』(東京大学出版会 1993)，『多神教と一神教』(岩波新書 2005)，『古代ポンペイの日常生活』(講談社学術文庫 2010)，『帝国を魅せる剣闘士』(山川出版社 2011)，『愛欲のローマ史』(講談社学術文庫 2014)，『地中海世界とローマ帝国』(講談社学術文庫 2017)，『教養としての「世界史」の読み方』(PHP 研究所 2017)，『独裁の世界史』(NHK 出版新書 2020)

### 佐藤 彰一　さとう しょういち

1945年生まれ。早稲田大学大学院文学研究科博士課程修了，博士(文学)

名古屋大学名誉教授，日本学士会委員，フランス学士院会員

主要著書：『修道院と農民』(名古屋大学出版会 1997)，『ポスト・ローマ期フランク史の研究』(岩波書店 2000)，『歴史書を読む』(山川出版社 2004)，『中世初期フランス地域史の研究』(岩波書店 2004)，『カール大帝』(山川出版社 2013)，『禁欲のヨーロッパ』(中公新書 2014)，『贖罪のヨーロッパ』(中公新書 2016)，『剣と清貧のヨーロッパ』(中公新書 2017)，『宣教のヨーロッパ』(中公新書 2018)，『歴史探究のヨーロッパ』(中公新書2019)

林田 伸一　はやしだ しんいち
1954年生まれ。東京大学大学院人文科学研究科修士課程修了
現在，成城大学文芸学部教授
主要論文：「革命前フランスにおける地方行政と王政改革」(専修大学人文科学研究所編『フランス革命とナポレオン』未来社 1998)，「ロラン・ムーニエと絶対王政期のフランス」(二宮宏之・阿河雄二郎編『アンシアン・レジームの国家と社会』(山川出版社 2003)

谷川 稔　たにがわ みのる
1946年生まれ。京都大学大学院文学研究科博士課程修了，文学博士
歴史家（元 京都大学教授）
主要著書：『フランス社会運動史』(山川出版社 1983)，『規範としての文化』(共著，平凡社 1990)，『十字架と三色旗』(山川出版社 1997，岩波現代文庫 2015)，『世界の歴史22 近代ヨーロッパの情熱と苦悩』(共著，中公文庫 2009)，『国民国家とナショナリズム』(山川出版社 1999)，『フランス史からの問い』(共編，山川出版社 2000)，『歴史としてのヨーロッパ・アイデンティティ』(編著，山川出版社 2004)，『越境する歴史家たちへ』(共編，ミネルヴァ書房 2019)

渡辺 和行　わたなべ かずゆき
1952年生まれ。京都大学大学院法学研究科博士課程修了，博士(法学)
現在，京都橘大学文学部教授
主要著書：『ナチ占領下のフランス』(講談社 1994)，『ホロコーストのフランス』(人文書院 1998)，『フランス人とスペイン内戦』(ミネルヴァ書房 2003)，『エトランジェのフランス史』(山川出版社 2007)，『近代フランスの歴史学と歴史家』(ミネルヴァ書房 2009)，『ド・ゴール』(山川出版社 2013)，『フランス人民戦線』(人文書院 2013)，『ドゴールと自由フランス』(昭和堂 2017)

# ■索　　引

## 人名索引

●カーコ

●ヤ―ヨ



●ラ―ロ

## 事項索引

●アーオ

●カーコ

●マーモ



●ヤーヨ

●ラ－ロ・ワ

## ■写真引用一覧

1……*Guide de la nature en France*, Paris, Bordas, 1971.

2……Christian Goudineau, *Regard sur la Gaule*, Paris, Errance, 1998.

3……*Le Point* (13 août, 1999), La Gaule Romaine.

4……Johan et Thierry Durand, *Scènes de vie Gallo-Romaine*, Paris, Armine-Édiculture, 1996.

5……Patrick Périn et Laure-Charlotte Feffer (éd.), *La neustrie. Les pays au nord de la Loire de Dagobert à Charles le Chauve (VII^e^-IX^e^ siècles)*, Paris, Musées et monuments départementaux de Seine-Maritime, 1985.

6……Philippe Brochard et Patrice Pellerin, *La Vie privée des hommes, 《A l'abri des châteaux du Moyen Age...》*, Paris, Hachette, 1949.

7……Pierre Riché et Danièle Alexandre-Bidon, *L'enfance au Moyen Age*, Paris, Seuil, 1995.

8……Georges Duby (dir.), *Histoire de la France urbaine*, t.3, *la ville classique, de la Renaissance aux Révolutions*, Paris, Seuil, 1981.

9……Pierre Goubert et Daniel Roche, *Les Français et l'Ancien Régime*, t.1, *La Société et l'État* (Deuxième édition), Paris, A. Colin, 1991.

カバー――ユニフォトプレス提供

p.20――1, p.45
p.27――ユニフォトプレス提供
p.33――2, p.54
p.41――2, p.173
p.49――3, p.118
p.55――4, p.99
p.72――著者(佐藤)撮影
p.73――5, p.81
p.76――5, p.239
p.102――著者(佐藤)撮影
p.113――6, p.48
p.115――7, pp.134-135
p.122――著者(佐藤)撮影
p.127――著者(佐藤)撮影
p.142――ユニフォトプレス提供
p.156――著者(佐藤)撮影
p.181――8, p.221
p.202――9, p.311
p.209――8, p.325
p.220――8, p.217
p.225――9, p.191
p.250――8, p.346

## ■図表出典一覧

p.40――*Le Point* (13 août, 1999), La Gaule Romaine.

p.46――*ibid.*.

p.66――A. Wieczoreck, P. Périn, K. v. Welck und W. Menghin (hrsg.), *Die Franken*, Bd. 1, *Wegbereiter Europas*, 5. bis 8, Mainz, Jahrhundert, 1996, S. 243.

p.84――Ian Wood, *The Merovingian Kingdoms, 450-751*, London/New York, Longman, 1994, p.367.

p.90——Jean-François Lemarignier, *La France médiévale. Institutions et société*, Paris, A. Colin, 1970, p.155.

p.95——『世界歴史大系　フランス史』第１巻　山川出版社　1995　177頁

p.97——Jean-François Lemarignier, *op. cit.* p.155.

p.166——Jean Boutier, Alain Dewerpe et Daniel Nordman, *Un tour de France royal*, Paris, Aubier Montaigne, 1984.

p.169——*Histoire de la France*, sous la direction de André Burguière et Jacques Revel, *L'Etat et les conflits*, Paris, Seuil, 1990, p.138.

p.180——Richard Bonney, *Political Change in France under Richelieu and Mazarin, 1624-1661*, Oxford University Press, 1978, p.215.

p.192——Georges Durand, *Etats et institutions, XVI$^{e}$-XVIII$^{e}$ siècles*, Paris, A. Colin, 1969より著者作成。

p.194——A. Guéry, Les finances de la monarchie française sous l'Ancien Régime, in *Annales E.S.C.*, no.2, mars-avril 1978.

p.200——John A. Lynn, Recalculating French Army Growth during the *Grand Siècle*, 1610-1715, in *French Historical Studies*, no.18, 1994.

p.213——Pierre Deyon, *Amiens, capitale provinciale*, Paris, Mouton, 1967, p.498.

p.213——Jacques Dupâquier et al., *Histoire de la population française*, t.2, *De la Renaissance à 1789*, Paris, P.U.F., 1988, pp.61, 68.

p.240——René Rémond, *Atlas de l'histoire de France*, Paris, Perrin, 1996.

p.245——浜忠雄『ハイチ革命とフランス革命』北海道大学図書刊行会　1998　14頁

p.251——Philip Benedict (ed.), *Cities and Social Change in Early Modern France*, London, Unwin Hyman, 1989, pp.24-25.